高校思想政治教育建设与辅导员工作研究

于钟凌◎著

线装书局

图书在版编目（CIP）数据

高校思想政治教育建设与辅导员工作研究 / 于钟凌著. -- 北京：线装书局, 2024.2
ISBN 978-7-5120-5984-9

Ⅰ. ①高… Ⅱ. ①于… Ⅲ. ①高等学校－思想政治教育－研究－中国②高等学校－辅导员－师资队伍建设－研究 Ⅳ. ①G641②G645.1

中国国家版本馆CIP数据核字(2024)第054755号

高校思想政治教育建设与辅导员工作研究
GAOXIAO SIXIANG ZHENGZHI JIAOYU JIANSHE YU FUDAOYUAN GONGZUO YANJIU

作　　者：	于钟凌
责任编辑：	白　晨
出版发行：	线装书局
	地　址：北京市丰台区方庄日月天地大厦B座17层（100078）
	电　话：010-58077126（发行部）010-58076938（总编室）
	网　址：www.zgxzsj.com
经　　销：	新华书店
印　　制：	三河市腾飞印务有限公司
开　　本：	787mm×1092mm　　1/16
印　　张：	17.25
字　　数：	390千字
印　　次：	2025年1月第1版第1次印刷
定　　价：	68.00元

前　言

随着高等教育改革的进行，辅导员队伍建设也成为高校思想政治教育工作中的一项重要内容。为此，如何立足高校思想政治教育工作，打造一支思想坚定、素质过硬、能力突出的辅导员队伍就成为高校日常工作的重中之重。本书针对这一课题进行了深入研究，希望能够为高校辅导员队伍建设提供一定的理论支撑。

随着《国家中长期教育改革和发展规划纲要（2010-2020年）》的全面实施，高校辅导员队伍建设面临着新的挑战。传统意义上的辅导员工作职能得到了极大程度上的拓展，学生思想工作也被纳入辅导员日常工作范围之内。为此，在高校辅导员队伍建设中必须对辅导员的角色进行重新定位，明确职责，提高辅导员队伍整体政治素养。

在高校思想政治教育工作体系中，校党委、团委是领导层，院党委、院团委、思想政治教师是中间层，辅导员（或班主任）是基础层。辅导员队伍建设中，必须要明确自身在思想政治教育工作中所处的层次，不能将自身脱离思想政治教育工作体系之外，这是辅导员队伍建设的重要条件之一。之所以要将辅导员纳入高校思想政治教育工作体系之中，主要在于辅导员能够深入高校学生日常生活之中，能够更加清楚地了解到学生最真实的思想动态，并对其进行思想引导和心理疏导。辅导员将学生的思想动态及时反馈到思想政治教育体系的中间层和领导层，院党委、团委和思想政治教师会结合辅导员的反馈情况对学生思想动态开展有针对性的教育活动。而一旦学生思想动态不能得到及时转变，领导层则会针对思想政治教育工作的落实方案进行调整，下达到中间层和基础层，以此来解决高校学生主观思想普遍存在的波动问题。

伴随高等教育改革与发展的日益深化，高校思想政治教育也在改革与发展的道路中探索前行，而辅导员队伍建设路径正在通过不断地深入探索加以完善。然而，本书所提出的研究观点依然会有不足之处，还需要广大高校辅导员、学者提出更多有建设性的意见与建议，为高校建设出一支高水平的辅导员队伍而贡献力量。

本书在写作过程中参考引用了许多国内外专家、学者的研究成果，在此表示衷心的感谢！尽管本书的编者本着严谨的治学制度和高度的工作热情编写本书，但书中仍可能存在某些不足，敬请广大读者批评指正。

编委会

陈　萌　王诗颖　李育红
李　明　严东博　梁　硕
孙　娜　祝吉良　张泽林
温英杰　宗　佳　金马鸣

内容简介

本书紧密围绕大学生思想政治工作这一核心主线，针对高校辅导员专业化、职业化发展需求，以作者十年辅导员职业生涯中的理论沉淀、工作经验和工作心得为依托，分别从思想政治教育概述、高校思想政治工作价值与教育管理、高校思想政治教育的教学探索、高校辅导员岗位职责与角色定位、高校辅导员的思想政治教育功能、高校辅导员在思想政治教育中的工作解读、思想政治教育中高校辅导员队伍的建设与发展，以及新时代提升高校辅导员职业能力的有效路径等八个方面，从理论和实践两个方面，较为全面地阐释了高校辅导员相关工作的原则、路径、方法和技巧，提出了辅导员工作的落脚点是大学生思想政治教育工作。理论探索涉及辅导员思想政治教育工作的根本任务、辅导员思想政治教育工作的基本职责、辅导员思想政治教育工作的角色定位和辅导员思想政治教育工作的职业规划，为辅导员们提供了工作上的借鉴。本书的读者对象广泛，主要面向高校辅导员，尤其对刚刚入职的"新手"。此外，对于有意向从事辅导员职业的大学生，本书也是一本极具参考价值的入门指南。

目 录

第一章 思想政治教育概述 （1）
    第一节 思想政治教育的价值与目标 （1）
    第二节 人文素养文化融入的理论思考 （9）
    第三节 高校思想政治教育的内涵 （12）

第二章 高校思想政治工作价值与教育管理 （29）
    第一节 精神价值塑造与重建 （29）
    第二节 高校学生思想政治教育与载体 （38）
    第三节 多维视角下高校思想政治教育与心理环境研究 （52）

第三章 高校思想政治教育的教学探索 （68）
    第一节 高校思想政治教育的教学原则补充 （68）
    第二节 高校思想政治教育的教学内容创新 （73）
    第三节 高校思想政治教育的教学方法改进 （81）
    第四节 高校思想政治教育的教学模式转换 （86）

第四章 高校辅导员岗位职责与角色定位 （99）
    第一节 高校辅导员制度的历史演变 （99）
    第二节 高校辅导员的工作职责 （117）
    第三节 高校辅导员的角色定位 （119）

第五章 高校辅导员的思想政治教育功能 （136）
    第一节 高校辅导员在大学生思想政治教育中的作用 （136）
    第二节 高校辅导员思想政治教育功能面临的严峻考验 （139）
    第三节 高校辅导员思想政治教育功能实现的策略探讨 （141）

第六章 高校辅导员在思想政治教育中的工作解读 （161）
    第一节 辅导员思想政治教育的主要内容 （161）
    第二节 辅导员思想政治教育的角色定位 （175）
    第三节 辅导员思想政治教育的基本原则和主要方法 （187）

  第四节 辅导员思想政治教育的创新发展……………………………（200）

第七章 思想政治教育中高校辅导员队伍的建设与发展………………（210）
  第一节 高校辅导员面临的机遇与挑战…………………………………（210）
  第二节 高校辅导员队伍建设的重要意义…………………………………（213）
  第三节 高校辅导员队伍建设的途径………………………………………（217）
  第四节 高校辅导员队伍的未来发展方向…………………………………（227）

第八章 新时代提升高校辅导员职业能力的有效路径……………………（232）
  第一节 完善高校辅导员职业能力建设的制度保障体系…………………（232）
  第二节 建立高校辅导员职业生涯规划体系………………………………（242）
  第三节 完善高校辅导员的职业认同体系…………………………………（249）
  第四节 强化辅导员学习培训制度体系……………………………………（253）

参考文献 ………………………………………………………………………（262）

第一章 思想政治教育概述

思想政治教育作为一门学科确实是20世纪才正式确立的，然而，无论古今中外，各个国家都有与其阶级意识形态相适应的思想政治教育的理论和实践。因此，对比国内外的思想政治教育发展史，合理地对其进行批判与借鉴，对完善我国思想政治教育学科具有重要意义。

第一节 思想政治教育的价值与目标

一、思想政治教育的价值

思想政治教育的价值，就是思想政治教育对社会的进步和人的发展的效用和意义。思想政治教育的价值主要体现为个体价值和社会价值。

（一）思想政治教育的个体价值

思想政治教育的个体价值是指思想政治教育对个人发展的效用和意义。通常表现在引导政治方向、激发精神动力、塑造个体人格、调控品德行为几个方面。

1.引导政治方向

所谓引导政治方向，就是运用启发、动员、教育、监督、批评等方式，把人们的思想和行为引导到符合社会发展要求的正确方向上来。当前，我国正处在改革开放以来经济和社会快速发展的社会转型期，不少人的思想观念、价值取向和社会道德标准等与这种巨大变化不相适应，形成了一些模糊乃至错误的认识。因此，我们需要通过思想政治教育，引导人们转变落后、过时、错误的观念，正确认识构建社会主义和谐社会的深刻内涵以及中国共产党为构建社会主义和谐社会所制定的各项政策与方针，从而实现中华民族的伟大复兴。

高校大学生具备积极健康向上的思想基础,大学时代正是他们思想世界变化的重要时期。因此,趁他们世界观、人生观、价值观逐渐走向成熟之际,应引导他们树立马克思主义的人生观、价值观、世界观以及社会主义荣辱观。人类的进步、祖国的荣辱、人民的忧乐,应当成为大学生心中永不熄灭的火炬;贡献高于索取,拼搏重于享乐,应当成为大学生思想政治教育工作的主旋律。

2.激发精神动力

所谓激发精神动力,就是运用多种手段,充分调动人们的积极性和创造性,从而实现个体价值,为社会主义现代化建设提供强大的精神动力。思想政治教育虽然对物质生产起着间接作用,但对精神生产的影响却是直接的。它是丰富和发展人的精神世界的重要手段,对于启发人们的智力和创造力,丰富人们的需求体系和情感世界,从而发展人们的自我意识和创造精神,都具有重要的作用。

3.塑造个体人格

人格是指一个人的品格、品质、思想境界、情操格调以及道德水平等方面的综合体现。思想政治教育的核心任务,就是塑造个体健全的人格,使社会成员形成崇高丰富的精神境界和健康良好的心理品质。思想政治教育在丰富人的精神需求方面起着导向作用。人格塑造和发展的重要标志在于需求的不断丰富,这种丰富涵盖物质、精神和社会三个方面。丰富人的物质需要是物质文明建设的目的,而丰富人的精神需要和社会需要,则是思想政治教育的任务。思想政治教育是丰富人的精神世界的重要方式,它旨在培养高度的政治自觉性和正确的道德观,提升和丰富人的精神世界,发展人的需求体系和选择满足人的需求的正确方式,帮助人们形成坚定的信念和崇高的理想。

4.调控品德行为

所谓调控品德行为,就是对人们的思想、品德、行为的规范、调节和控制,它确立思想政治教育方向、目标和行为的正确性,界定偏离思想政治教育方向、目标的思想品德和行为,排斥和纠正干扰、冲击思想政治教育方向、目标的思想品德和行为。当代社会具有开放、复杂、多样、变化快的特点,人们的思想、品德、行为也呈现出多层性、多样性、多变性的特征。所以,在现今条件下,我们必须强调思想政治教育的规范性,并充分发挥其规范作用。思想政治教育的规范作用既是思想政治教育本身的特性,也符合现代社会发展的需求。

(二) 思想政治教育的社会价值

思想政治教育的社会价值是指思想政治教育对社会发展的效用和意义。即思想政治教育通过与经济、政治、文化、生态的发展交互作用,而呈现出来的经济价值、政治价值、文化价值和生态价值。

1. 思想政治教育的经济价值

所谓思想政治教育的经济价值，是指思想政治教育所创造的能促进社会经济增长和发展，同时满足人们物质和精神需要的效应。通过思想政治教育，我们旨在激发人们贯彻并落实科学发展观，进而推动社会经济的全面发展，具体表现在以下几个方面：

(1) 思想政治教育是发展生产力的精神动力。由于生产力是经济基础，而思想政治教育属于上层建筑，根据上层建筑反作用于经济基础的马克思主义哲学原理，思想政治教育对生产力的发展必然起着积极作用。此外，从思想政治教育与生产力的重要因素——劳动者的关系看，思想政治教育具备提高人的思想道德素质，促进人的全面发展的功能。其本质作用在于使人们具有良好的思想品质和行为，思想政治教育能够激发和调动劳动者的生产积极性和创造性，从而推动生产力水平的提高和发展。而且，在变革生产关系的过程中，思想政治教育使劳动者具有坚定的政治信念，使它们认识到变革旧的生产关系、建立新的适应生产力发展的生产关系的必要性，使生产力得到解放和发展。

(2) 思想政治教育是经济发展的有力保证。思想政治教育对经济发展起着导向和调节的作用，因此思想政治教育要紧紧围绕经济建设这个中心来进行。党的十一届三中全会后，党和国家的工作重心转移到经济建设上来，确立了以经济建设为中心的基本路线。1999年《中共中央关于加强和改进思想政治工作的若干意见》指出，思想政治工作必须紧紧围绕经济建设这个中心，就要通过各种切实有效的思想政治工作，形成万众一心抓经济建设的局面，促进生产力的大力发展，这是正确处理和协调各种利益关系、解决这样那样思想问题的根本途径。经济工作中蕴含着大量的思想政治工作，思想政治工作要想紧紧围绕经济建设这个中心，就要善于把思想政治工作渗透到纷繁复杂的经济活动中去，为经济建设提供精神动力和思想保证。

(3) 思想政治教育为经济发展创造精神环境。它能够清除阻碍经济发展的精神层面的障碍，从而为经济发展提供一个良好的精神环境。具体地说，思想政治教育有助于引导人们全面地、辩证地看待经济发展问题，促使人们用全面、可持续的科学发展观指导经济社会的全面发展。

2. 思想政治教育的政治价值

思想政治教育的政治价值是指维护社会稳定、促进社会发展的作用。在当今的社会主义现代化建设时期，我们更应强化思想政治教育的政治功能。这意味着需要系统地对广大青年进行主旋律教育，包括共产主义理想教育、社会主义和爱国主义思想教育、集体主义道德观和各种行为规范的教育等，使其成为社会主义"四有"新人。这样才能使国家政权牢牢掌握在具有坚定的马克思主义信仰的人的手中，具体表现在如下两个方面：

一方面，思想政治教育控制上层建筑，调节社会的精神生产，确保本阶级的思想成为社会的主导思想。中国共产党就是通过思想政治教育控制社会上层建筑，从而实现对精神生产的导向和调节作用。

另一方面，思想政治教育促进社会政治稳定和发展。思想政治教育不仅要对受教育对象进行党的路线、方针、政策的教育，以保障党的路线、方针和政策的贯彻落实，还要积极反馈来自基层群众的意见和建议，为领导决策提供依据。此外，维护社会政治的稳定和发展，还应和社会的其他建设联系起来。比如与法制建设有机地结合起来，形成德治与法治统一的功能网络，从而达到维护社会稳定，促进政治发展的目的。

3.思想政治教育的文化价值

思想政治教育作为社会意识形态的重要组成部分，其价值与文化密切相关。一是文化是判断思想政治教育价值的参照系，思想政治教育的价值如何，取决于它所处的文化背景。其次人的政治社会化过程，即人接受思想政治教育，进而是接受和适应社会，接受与内化社会规范和思想政治教育价值观念的过程。具体表现在如下两个方面：

（1）思想政治教育的文化选择功能。思想政治教育对文化的选择，大致包括两个方面：一是肯定性选择，即吸收与思想政治教育同向的积极文化并将其纳入思想政治教育的轨道，使之成为思想政治教育系统的有机组成部分；二是否定性选择，即对与思想政治教育异向的文化的排斥，抵制与清除不良文化对受教育者的侵害，以使思想政治教育获得正向发展的推动力。目前，我国的思想政治教育一方面不断加强对中华民族传统文化的吸收和改造，另一方面对西方文化进行合理地借鉴和改造。

（2）思想政治教育的文化渗透功能。除了社会主义主流文化以外，还有非主流的各种亚文化形态，如企业文化、社区文化、村镇文化、校园文化、军营文化、家庭文化等。思想政治教育作为一个开放的系统，理应批判继承各种亚文化中的合理成分，以促进主流文化的发展。因此，思想政治教育必须在社会主义文化大背景下进行社会主流文化的传播。当前思想政治教育的主旋律就是要大力弘扬社会主义、爱国主义和集体主义思想。思想政治教育应发挥自己的文化渗透功能，将社会主流文化渗透到各种亚文化中去，引导其发展，调节社会文化冲突，创建良好的文化交流、文化吸收、文化融合氛围，进而为促进社会主义文化的大发展、大繁荣服务。

4.思想政治教育的生态价值

长期以来，人们总是把思想政治教育的价值局限于政治价值、经济价值，片面地认为思想政治教育只是解决人与人之间、人与社会之间的关系问题，没有认识到思想政治教育在时代背景下的新发展、新变化。面对生态环境日益恶化所带来的人类生存的新危机，面对社会自身发展领域所发生的新变化，思想政治教育必须冲破原有的价值局限，重视其生态价值的创造，这是时代赋予思想政治教育的全新课题。一方面，通过思想政治教育帮助人们树立正确的道德责任感和生态责任感。通过思想政治教育，使人类的精神境界不断得到提升，使人们在改造自然过程中克服过度向自然索取以及过度破坏环境的行为，以人类社会的全面、协调可持续发展为根本出发点，处理好人与自然的关系，从而使人类与自然和谐相处。另一方面，帮助人们形成正确的生态意识和生态思维。思想政治教育应该帮助人们形成正确的生态意识和生态思维，认识到人类只是大自然家庭中的一名成员。只有这样，人类的自我实现和幸福感才能得到可持续的保障。

二、思想政治教育的目标及其实施

思想政治教育的目标通常可理解为在一段时期内，思想政治教育活动所要达成的预期结果。关于此论述，大致存在以下几种观点：教育部认为思想政治教育目标是指教育者根据社会与人的发展要求，通过思想政治教育活动使受教育者的思想政治品德在一定时期内所要达到的预期结果。张耀灿教授则认为，思想政治教育目标是在一定时期内实施思想政治教育活动所要达到的预期结果。陈秉公教授则进一步细化，他认为思想政治教育目标即教育者在一定时期内，通过各项思想政治教育工作，在受教育者思想品德、心理素质、人格及行为实践等方面所要达到的预想结果。苏振芳教授认为思想政治教育目标，就是思想政治教育者通过一定时期内在一定条件下所进行的有目的的活动，预期在教育对象的思想和行动上要达到的状态。仓道来教授认为思想政治教育目标，指教育主体期望自己的思想政治教育活动在教育客体的思想品德、政治素养、心理素质以及人格行为等方面所要达到的境界，即一定时期、一定阶段所实施的思想政治教育所要达到的预期结果。通过以上论述，虽然大家一致认为思想政治教育目标是一段时期内思想政治教育活动所要达到的预期结果，但是在具体的内容上又有些区别。如教育部强调受教育者的"思想政治品德"，而陈秉公、仓道来、苏振芳等在强调受教育者的"思想政治品德"的同时，还强调受教育者的"心理素质和人格行为"等。

（一）思想政治教育目标的确立

1.思想政治教育目标的确立依据

总的说来，思想政治教育目标的确立是从"社会"和"个体"两个方面来考虑的。教育部认为需要综合考虑以下几个方面来确立教育目标：（1）党和国家的奋斗目标；（2）教育对象的思想政治品德现状和发展需要；（3）历史实践的依据；（4）外部环境和内部条件。其中，外部环境包括政治、经济、文化环境；而内部条件则涵盖以下几个方面：①在制定和实现目标中，单位或部门的人力、物力、形象力的条件；②前期目标的完成情况；③本单位领导和群众的思想政治道德素质的基础。

学者张耀灿认为应从以下两个方面来确立思想政治教育目标：（1）适应社会发展需要，要始终服从和服务于党和国家的总的奋斗目标和根本任务；（2）适应人的发展需要，人的发展不仅包括体力和智力的发展，而且包括社会化所必需的思想道德品质的发展。既要考虑受教育者思想道德品质发展的现实状况，又要考虑受教育者思想道德品质发展的未来需要。

学者陈秉公认为，确立思想政治教育目标要考虑以下几个因素：（1）社会依据；（2）文化依据；（3）时代依据；（4）身心依据；（5）理论依据。陈教授在阐述"文化依据"和"时代依据"时强调，文化和时代在塑造人格中的作用，是适应人的发展需要的。除社会依据外，其他依据都可以归为从"个体"角度考虑的。

学者仓道来认为，思想政治教育目标的确立要适应和满足教育对象和社会发展的双重客观需要。适应和满足教育对象的需要的理论依据就是人的全面发展。人的全面发展依赖于人的综合素质的不断提高，人的综合素质包括：（1）思想道德素质；（2）科学文化素质；（3）心理身体素质；（4）审美素质。以上素质正好对应"德智体美"要求。适应和满足社会发展的需要的现实依据就是全面建设小康社会。

2.思想政治教育目标的内容

关于思想政治教育目标的内容，明显有两种不同的倾向。一种是着重阐述思想政治教育目标内容的"个体目标"层面，如教育部和陈秉公的观点；另一种是以张耀灿、仓道来为代表的把思想政治教育目标的内容分为"社会目标"和"个体目标"两个层面。

教育部认为，思想政治教育总的目标内容包括：思想素质、政治素质、道德素质、心理素质等方面。细化的目标则是从满足人的发展需要的方面阐述的，也就是"个体目标"。

陈秉公认为，思想政治教育目标的内容应包含：（1）培养社会主义思想品德；（2）塑造社会主义理想；（3）引导积极正确的行为实践。这三个方面的内容也是从思想政治教育在促进人的发展方面的目标来阐述的。

张耀灿认为，思想政治教育目标层次结构应包含：（1）个体目标。以培养"四有"新人为思想政治教育目标的总的要求，它包含着不同层次的个体目标：①思想素质；②政治素质；③道德素质；④心理素质。（2）社会目标。具体分为三个方面：①经济目标——生产力中最活跃的因素是人，通过提高生产力中人的素质，促进生产力的发展；②政治目标——维护社会制度和政治稳定，巩固国家政权，促进国家政治生活的发展与进步。在我国，还要全面贯彻党的基本路线、方针、政策，加强巩固党的执政地位；③文化目标——促进社会的文化发展，建设与社会经济、政治发展相适应的精神文明，提高全民族的思想道德素质与科学文化素质。

仓道来认为，思想政治教育目标的内容应包含：(1) 个体目标——社会主义公民人格，即社会主义"四有"新人；(2) 社会目标——社会主义政治文明建设。

为什么会出现两种不同倾向的状况呢？实际上，从不同的角度理解思想政治教育活动就产生了上述的分歧。比如说，从狭义上把思想政治教育活动理解成学校思想政治教育，强调对受教育者的培养，于是思想政治教育目标就着重地阐述其"个体目标"层面。而从广义上理解思想政治教育活动，不仅突出思想政治教育活动对受教育者的作用，而且强调思想政治教育活动的社会作用，这就会产生"社会目标"和"个体目标"两个层面。

目前，我国高校把思想政治理论课作为思想政治教育的主渠道。思想政治理论课程以理想信念教育为核心，对大学生进行系统的世界观、人生观、价值观教育；以爱国主义为重点，进行弘扬民族精神的教育；以基本道德为基础，进行公民道德教育；以大学生全面发展为目标，进行素质教育。

（二）思想政治教育实施方法与创新

实施思想政治教育目标，是实现思想政治教育目标的实际步骤和重要保证。同时，思想政治教育目标的实施过程也是实行思想政治教育目标管理的过程。研究思想政治教育目标实施的程序和基本要求，是掌握过程规律的前提，并为目标管理和科学方法提供理论基础。思想政治教育目标的实施是一个多层次、多维度、立体化合力的过程。

1.思想政治教育实施方法

(1) 心理咨询法的运用。在高校设心理咨询、心理卫生类机构，这类机构应有固定的编制、经费和正规的工作制度及规划。工作人员必须有心理学或教育学专业硕士学位，并受过专门心理训练，同时具有很高的责任感和职业道德。心理咨询人员对大学生进行生活指导、学习指导、心理辅导和就业指导，其服务涵盖课堂、日常生活等各个方面。心理咨询对帮助学生解决认知过程中知与不知的矛盾、消除心理障碍、发挥自身潜力、促进学生思想和心理上的成熟、健全人格等方面起着重要的作用。

(2) 大众传媒的推动作用。大众传媒是由人所发明、制造、控制、运用的，是承载和传递社会信息、交流思想感情的一种载体和工具。它改变了人类的生活方式，以特有的方式传播人类思想文化，改变人们的思维方式，重构人们的价值观，推动教育事业的发展，丰富大众的文化生活。大众传媒的特点和功能决定了它与思想政治教育有着天然的密切联系。在党的基本路线指引下，掌握实际情况、正确引导舆论，是党的宣传思想战线非常重要的工作。舆论导向正确，人心凝聚，精神振奋；舆论导向失误，后果严重。大众传媒在思想政治教育工作中扮演了重要的角色，因此，应积极推动各种传统的与现代的媒介方式的运用。人们通过报刊、电视、网络等高效率的传播方式可以随时随地了解世界各国发生的政治、经济、社会生活等各方面的最新信息，有利于思想政治教育者适时调整教育内容和教育方式，快速准确地传播最新的思想政治信息，塑造正确的舆论导向，从而达到更好的教育效果。另外，大众传媒通过对社会生活中的热点、难点问题进行追踪报道、宣传和深入讨论，帮助民众明辨是非、开阔眼界、转变思想观念。当然，若运用不当，大众传媒也会带来消极影响。比如，大众传媒过分的娱乐功能在一定程度上消减思想政治教育功能；大众传媒尤其是信息网络的发展使外来文化与日俱增。这些都会对思想政治教育形成巨大冲击，也给思想政治教育工作提出了新的难题。

2.思想政治教育实施方法的创新

思想政治教育实施方法的创新是对思想政治教育理论的发展研究。我们要有纵观国际、国内新形势的战略眼光，结合我国当前的实际问题，丰富思想政治教育实施方法的内涵，促进思想政治教育实施方法创新发展。

（1）注重发挥教育客体的主观能动性，避免单向说教，直接灌输。要调动教育客体的主观能动性，就要时刻关注客体自我意识的发展态势，在国际、国内形势下，用发展的眼光去认识和解决新问题，实现思想政治教育方法的有效性和针对性。

当前的全球化不仅仅局限于经济领域，还在向政治、文化等领域不断扩展。思想政治教育实施方法需要在继承和借鉴我国优秀传统教育方法的同时，对当代的思想政治教育进行现代化的诠释，以适应新时期的新要求。实现思想政治教育方法的创新，要在传统方法与现代方法之间保持适度的平衡，既要用开阔的国际眼界对待思想政治教育，又要适时加以传统方法的灌输，避免文化过激，从中国传统教育的思维视角出发，认识问题并解决问题。

（2）加强马克思主义理论学科建设，提升理论水平，用科学化的思想政治教育指导我们的创新思维。我们应加快马克思主义理论学科建设，在各大高校建立马克思主义学院，并在各单位加强马克思主义理论的学习。所谓思想政治教育的科学化，是指思想政治教育要在马克思主义指导下，宣扬科学精神，运用科学理论和规范去揭示、掌握和运用思想政治教育相关规律，以提高思想政治教育工作的实效性。

首先，要加强马克思主义理论学科建设，提升思想政治教育主体的理论水平，掌握思想政治教育客观规律，发挥思想政治教育实效性。其次，思想政治教育实施方法要在创新中实践，在实践中发展，在实践中产生的困惑将推动思想政治教育理论的不断提高。

（3）创新除了要建立在本学科的基础理论上外，同时也要掌握相关或相近的学科知识，甚至借鉴相关或相近学科的理论与实践方法，使思想政治教育更有创新性和感染性。如心理学理论、心理学与教育学的终极目标都是培养为社会主义现代化建设服务的人才，其理论有很多值得借鉴的地方。而在借鉴过程中，知识的碰撞不仅能增强思想政治教育的实用性和实效性，同时更能产生创新思维和灵感，推动思想政治教育方法的发展。

第二节　人文素养文化融入的理论思考

随着经济社会的发展，高校的任务也发生了重大变化。新时期的高校不仅要承担起培养专业人才的使命，更要从人的发展角度承担起培养全面发展的人的任务，这也是教育的本义所在。而人文素养正是"全面发展的人"所应具有的基本素养。一般认为，"人文"是指人类社会的各种文化现象，而人文素养主要是指人的世界观和人生观，其内容包括人生的意义、追求、理想、信念、道德、价值等，是人类文化的灵魂，是做人的基本准则。

当前，随着高等教育普及化进程的不断深入，受因大学办学开放化加强而出现的社会文化中的不利因素的影响，以及教师、高校管理者对大学生人文素质培养的重视程度不够等原因，当前大学生的人文素养状况不容乐观。在一次针对高师院校理科学生进行的人文素养情况调查中，高师院校理科学生人文素养得分40.15，得分率65.25%，处于中等偏下水平。其中，人文科学知识得分12.74，得分率53.08%；对人文现象的态度得分13.90，得分率77.22%；对人文现象的预期行为得分13.50，得分率75.00%。从结果可以看出，对人文现象的态度是得分率最高的，而人文科学知识的得分率是最低的。这反映出高师院校理科学生的人文科学知识相当缺乏，也在一定程度上影响了其对人文现象的理解和行为预期。其实，不仅仅是理科学生，就大学生整体情况看，普遍存在着人文基础知识缺乏、人格境界有待提高、心理素质不够健康稳定、人生观价值观偏离等现象。

因此，从学校教育、人文氛围的营造方面，我们可以通过加强校园文化建设、优化学校教学课程设置、打造校园精品人文活动、积极发挥学生社团的载体作用、加强校园网络建设等途径，提升大学生的人文素养。在本质上，高校学生人文素养教育与大学文化建设工作是相辅相成的，提升学生人文素养的过程与大学文化建设在行为主体和环境营造方面具有极高的重叠性和互补性。提升学生人文素养的过程，也就是梳理和树立一所大学所具有的精神和理念的过程。大学文化的形成和变化反过来也深刻影响着学生人文素养教育的实施过程和效果。下面，笔者将以校园文化建设的"例行重大文化活动"视角为例，探讨如何提升大学生的人文素养。

何谓大学"例行重大文化活动"？我们或许都已经习惯了在教师节为师长送上一束鲜花和祝福，习惯了在逢五和逢十的建校周年纪念日举行庆祝活动，更习惯了端午的粽子、中秋的月饼……大学"例行重大文化活动"，本文特指在大学师生中具有重要教育意义和引导功能，或具有深刻文化内涵的，每年或逢整数周年的固定日期都会举行的重大文化活动。如元旦、清明节、端午节、青年节、七一党的生日、教师节、中秋节、国庆节、春节等节日的庆祝活动，以及校庆等学校节日活动；纪念"九一八事变""七七事变"等历史事件类纪念活动；在学校历史上有重要影响并已去世的著名学者、学校管理者的诞辰纪念日、逝世周年纪念日等学校重要历史人物纪念活动；毕业典礼、开学典礼、学位授予仪式等典礼仪式类活动。

这些例行重大文化活动，不仅蕴含着中华民族的优秀文化传统，更深刻体现着中国革命发展的艰辛历程，也展现了一所大学所深厚的文化底蕴。充分发掘这些活动的文化内涵，发挥其教育意义和引导功能，对于丰富大学文化内涵，提高学生培养质量，乃至提高学校的"软实力"，发挥大学传承文化、创造文化、传播文化的功能都具有重大意义。

但是这些本应在大学发挥重要作用的例行重大文化活动，却面临着十分尴尬的境况：端午节、中秋节等传统节日的庆祝活动变成了吃吃喝喝，不仅其文化内涵没有被充分发掘，反而陷入了庸俗化；"九一八事变"等历史事件的纪念活动，变成了校园中可有可无的活动；对学校重要历史人物的纪念活动也变成了"想起来就搞，忘了就拉倒"的可有可无的活动，具有很大的随意性。对于一些活动如教师节、青年节、校庆等其中蕴含的教育意义也没有充分发掘，使活动在形式上和内容上具有盲目性、无组织性。这些活动本身的作用更是没有得到充分发挥。

基于以上认识，我们认为应该对大学例行重大文化活动进行制度化、规范化建设。制度是保障一个组织健康、有序发展的最重要基础。在一所大学的制度体系中，不仅包括关于人事、财务、管理等方面的"硬制度"，也应该包括关于文化、历史等方面的"软制度"。对大学例行重大文化活动进行制度化、规范化建设，无疑是旨在提高学校"软实力"的"软制度"建设。"软制度"建设对于确保这些活动的举办并发挥其基本功能,完善学校的制度建设,推动学校发展具有重要意义。

通过制度规范活动的基本内容。如在青年节、七一党的生日、国庆节,以及各类历史事件纪念日举办爱国、坚定共产主义信仰等主题活动;在教师节举办尊师重教类主题活动;在相关传统节日举办弘扬优秀民族文化类主题活动;在校庆纪念日、历史名人纪念日,以及有关典礼仪式上开展体现大学精神、大学文化的主题活动。当然,对活动基本内容进行规范只是为了确保活动的开展,而绝不是对创新活动内容的限制。

通过制度规范活动的规模及组织级别。对活动规模及组织级别的规范旨在保证活动影响范围,明确活动组织责任。在中国现行的大学体制中,一般都实行校院（系）两级管理体制,院（系）下又包含若干专业、班级。有些例行重大文化活动需要全校参与,由学校层面组织开展,如校庆活动等;有些活动则以学院、班级为单位能达到最佳效果,如传统节日庆祝活动、教师节相关活动,以及历史事件纪念活动等;有些活动需要在校院（系）两层面同时开展,如纪念历史名人活动等。

通过制度规范活动的参与者。不同的例行重大文化活动因主题、内容不同,需要不同的群体参与。如七一党的生日要以党员为主体,积极吸引非党员教师、学生参加;教师节需要教师和学生共同参与;青年节要以青年学生为主体……这些例行重大文化活动本身就具有重大的教育意义,是大学培养人必不可少的重要内容。因此,规范活动参与者、保证参与群体是学校实现教育目标的一种必要手段。

为保证活动达到理想效果,我们在对其进行制度化、规范化建设过程中还应秉持如下原则:鼓励对活动内容进行精心设计,鼓励对活动形式进行新颖包装,鼓励对活动创意进行创新性打造。目前,大学例行重大文化活动之所以面临尴尬境况,一方面是因为有关部门对活动本身具有的重要意义没有充分认识,另一方面是因为活动本身缺乏吸引力,不能吸引广大师生积极参与。但过犹不及,我们鼓励通过例行重大文化活动来实现教育、传承文化的目的,并不是要变活动为"运动"。因此,在进行制度化、规范化建设过程中要充分考虑到本校实现,对一些活动进行重点策划,使之形成品牌效应。如对于师范大学来说,要着重加强对教师节相关活动的策划。

当前,在整个高等教育界都在注重大学文化建设的背景下,将大学例行重大文化活动作为大学文化建设工作的重要内容和载体,对其进行制度化、规范化建设,充分发挥其在大学文化建设中的作用,是我们当前亟待解决的一个问题。

大学"例行重大文化活动"是对大学生进行人文素养文化融入的重要途径。

在大学的运行发展中,每一环节、每一次活动都是文化行为,对大学生人文素养的培养,也应体现在文化建设的每一环节中,尤其是学生能够积极参与的校园文化活动。20世纪90年代初以来,笔者在东北师范大学团委、党委宣传部工作期间,曾组织开展了一系列在师生中颇有影响力的校园文化活动。这些活动对于提高学生人文素养就起到了很好的促进作用。

第三节 高校思想政治教育的内涵

加强和改进高校思想政治教育,首先要把握高校思想政治教育的基本内涵。一旦明确了内涵,在具体实践中,高校思想政治教育才能有的放矢。在本节,我们首先对高校思想政治教育的基本内涵进行界定的。随后,我们将深刻揭示了深入探讨其社会内涵、个体发展内涵以及其他一些延伸性内涵。

一、高校思想政治教育的基本内涵

高校思想政治教育的内涵深刻揭示了这一教育实践活动的本质属性。这一本质属性具有相对稳定性,但也随着高校思想政治教育的社会环境、任务、目标的变化而不断发展。前者体现为高校思想政治教育内涵的继承性,后两者体现为高校思想政治教育内涵的创新性。

(一)高校思想政治教育的内涵

在《现代汉语词典》中,内涵是指"一个概念所反映的事物的本质属性的总和,也就是概念的内容"。按照内涵的这一定义,高校思想政治教育的内涵就应当是"高校思想政治教育"这一概念所反映的事物的本质属性的总和,即"高校思想政治教育"这一概念的内容。在实践中,高校思想政治教育主要是高校思想政治工作者利用一定的思想观念、政治观点、道德规范,对大学生施加有目的、有计划、有组织的影响,使他们形成符合中国特色社会主义所需要的思想品德的教育实践活动。因此,高校思想政治教育的基本内涵是指最能反映这一教育实践活动本质属性的核心内容。

在哲学中,事物的本质属性是指事物固有的、决定事物性质、面貌和发展的根本属性。由此可见,高校思想政治教育的本质属性也应当是高校思想政治教育固有的,并决定其性质、面貌和发展的核心要素。因此,这种本质属性应包括两个方面:第一,本质属性应贯穿高校思想政治教育活动的始终,作为高校思想政治教育活动中最普遍、最一般的固有属性,它规定和影响其他派生属性(非本质属性);第二,本质属性应该是高校思想政治教育变化发展的根据。根据这两个方面，笔者认为高校思想政治教育的本质属性是政治性与科学性的有机统一。政治性是高校思想政治教育的阶级属性。如果没有表示阶级意志的政治性，不能维护统治阶级的有效统治，那么高校思想政治教育就不可能存在，更不可能发展。因此，政治性是贯穿高校思想政治教育始终的一个特有属性。科学性是高校思想政治教育的客观实践属性。如果不反映客观事物的本质和历史发展的趋势，不能最终促进社会生产力的发展，不代表最广大人民群众的根本利益，高校思想政治教育就不能得到发展，当然也不能长久的存在。因此，科学性是高校思想政治教育本身得以发展的内在规定性。

综上所述，要完整准确地认识高校思想政治教育的本质，就必须坚持高校思想政治教育政治性与科学性在理论与实践上的有机统一。在这一问题上，目前存在着两种不良倾向：一种倾向是过分强调高校思想政治教育的政治性，而忽略了高校思想政治教育的科学性，从导致高校思想政治教育变得空洞和教条化，呈现出泛政治化的趋势，就形势而追踪形势，就热点而炒作热点，缺乏系统的科学理论支撑。这种倾向在一定程度上削弱了高校思想政治教育的效果。另一种倾向是强调高校思想政治教育的科学性，否定高校思想政治教育的政治性，从而使高校思想政治教育变得十分盲目。例如，在实践中，一些高校的"法律基础"课上成"法学概论"课。高校思想政治教育丧失政治性，就意味着主动放弃意识形态领域的主导权，后果将是不击自垮。因此，深化对高校思想政治教育本质属性的认识，是当前提高高校思想政治教育有效性、加强高校思想政治教育学科建设的当务之急。

（二）高校思想政治教育内涵的继承性

伽达默尔认为，所有的概念都不是固定不变的，其意义必定随着时间推移在阐释者的实践理解中发生变化。因此，语言概念的意义只能在持续不断的交流或对话中得到明晰，阐释者只能通过不断与其他阐释者对话来验证自己对世界的阐释是否正确、是否理性。而传统——语言传统、意义传统以及有关主体间相互理解时所依赖的共同语言环境的一切因素，正是使这种对话得以顺利进行的基础。传统是历史的沉淀。流传至今的"传统"是历史的超越，必定有其存在的理由。因此，善待传统是人类明智的表现。向传统学习，把传统转化成我们心智的一部分，就成为每个人应当持续进行的过程。

为了避免低水平地重复研究，人们必须遵从学术传统，在传统的基础上提出和研究问题，使传统得以发展。在思想发展史上，但凡新思想的出现，都不是孤立的现象，都能从传统中找到它的碎片和痕迹。在历史的演进过程中，传统并非一成不变，它会发生演变。就大的方面而言，分为以下几类：一些传统历经时代变迁，活力依旧，本色不改；一些传统被赋予新质，在蜕变中仍显其本质特性；一些传统与社会发展方向相悖，但终因各种复杂的因素而悄然存活。区别这些各自不同的传统是必要的，至少可以给如何继承提供方向。显然，对前两类传统应视其情况予以继承，对后一类传统则应力拒。

  作为一个概念，高校思想政治教育的内涵也有着自身的变与不变。从不变的角度来看，今天的高校思想政治教育是历史的延续，其基本内涵首先体现在对传统的继承上。重视思想政治教育是党的优良传统。在经过党的历史进程中，高校思想政治教育已经形成了自身丰富的内涵。继承党的优良传统，把经过传统证明科学的东西纳入高校思想政治教育中，是高校思想政治教育自身发展的需要。在2016年12月7日至8日召开的全国加强和改进大学生思想政治教育工作会议上，习近平同志指出："要坚持继承优良传统与改进创新相结合，坚持党的思想政治工作的优良传统，积极探索新形势下大学生思想政治教育工作的新途径、新办法。"习近平同志的讲话高屋建瓴，要求高校思想政治教育继承传统、继往开来，在理论和和现实上有很强的指导意义。

  在中国共产党思想政治教育史上，为了把大学生培养成为对祖国和人民的有用之才，我党曾先后提出了许多科学的标准和要求。从毛泽东同志当年提出"身体好、学习好、工作好"的"三好"要求，到邓小平同志提出"有理想、有道德、有文化、有纪律"的"四有"标准，再到江泽民同志提出"坚持学习科学文化与加强思想修养的统一""坚持学习书本知识与投身社会实践的统一""坚持实现自身价值与服务祖国人民的统一""坚持树立远大理想与进行艰苦奋斗的统一"的"四个统一"要求，都着眼于中国革命、建设和改革的具体实践与客观要求，为大学生成长为栋梁之材指明了方向，设定了标杆。从总体上看，这些针对广大青年特别是大学生专门提出的标准和要求，是一脉相承的科学体系，从强调德、智、体协调发展，到强调理想、道德、文化、纪律兼备，再到强调求学和做人、知识和实践、个人和社会、理想和现实的统一，既体现了人才培养的目标，同时也包含了丰富的思想政治教育内容，揭示了高校思想政治教育的丰富内涵。这些内涵在高校思想政治教育中具有都恒久的意义。

  党的十八大以来，习近平总书记从坚持和发展中国特色社会主义、实现中华民族伟大复兴的全局高度，从巩固党的执政地位、实现党的执政使命的战略高度，通过参加会议并发表重要讲话、给高校师生写信或回信、到高校考察与师生座谈交流等方式，对做好大学生思想政治教育提出了一系列富有创见的新思想、新观点新论断、新要求，深刻回答了"培养什么样的人、如何培养人以及为谁培养人"这个根本问题，形成了思想深邃、内涵丰富、科学完整的重要论述，是指导高校做好新时期大学生思想政治教育工作的根本原则。

习近平总书记关于大学生思想政治教育重要论述的主要内容，可以概括为以下五个方面：

一是把立德树人作为根本任务。在全国高校思想政治工作会上，习近平总书记把立德树人作为高等教育的"根本任务"，指出"高校立身之本在于立德树人"。他在全国教育大会的重要讲话和同北京大学师生座谈时，多次提到我们党的教育方针就是要"培养德智体美劳全面发展的社会主义建设者和接班人"。

二是教师育人和家庭育人是大学生思想政治教育的两翼驱动。在全国教育大会上，总书记指出，"教师是人类灵魂的工程师，是人类文明的传承者，承载着传播知识、传播思想、传播真理、塑造灵魂、塑造生命、塑造新人的时代重任。"他在北京师范大学考察时号召全国教师做"有理想信念、有道德情操、有扎实学识、有仁爱之心"的"四有"好老师。在全国高校思政会上，他强调要加强师德师风建设，"坚持教书和育人相统一，坚持言传和身教相统一，坚持潜心问道和关注社会相统一，坚持学术自由和学术规范相统一"。今年教师节来临之际，总书记寄语广大教师"不忘立德树人初心，牢记为党育人、为国育才使命"。同时，总书记多次强调，"家庭是人生的第一个课堂，父母是孩子的第一任老师"，指出家庭的生活依托不可替代、家庭的社会功能不可替代、家庭的文明作用不可替代，要"重视家庭建设，注重家庭、注重家教、注重家风"。

三是大学生思想政治教育的三大任务：理想信念教育、价值养成教育、文化传承教育。理想信念是青年大学生思想行动的"总开关"，总书记多次对理想信念的高度、硬度、纯度、深度等进行深入论述；价值养成是青年大学生人生起航的"定盘星"，总书记要求青年大学生做社会主义核心价值观的坚定信仰者、积极传播者、忠实践行者，以社会主义核心价值观引领文化建设；文化传承是青年大学生成长成才的"营养剂"，总书记在建党95周年庆祝大会上指出："文化自信，是更基础、更广泛、更深厚的自信"，是"更基本、更深层、更持久的力量"；在党的十九届五中全会上，他重申了坚定文化自信，建设文化强国的重要性。

四是大学生思想政治教育的四种途径：课程育人、实践育人、网络育人、组织育人。总书记指出："要用好课堂教学这个主渠道"，加强思政课程与课程思政建设；要读万卷书、行万里路，既多读有字之书，也多读无字之书；要依法加强网络空间治理，加强网络内容建设，为广大网民特别是青少年营造一个风清气正的网络空间；把组织建设与教育引领结合起来，强化高校各类组织的育人职责。

五是做好大学生思想政治教育的五项原则：1.坚持党的领导。在全国教育大会上，总书记强调指出，"坚持党对教育事业的全面领导，这是办好我国教育事业的政治保障。"做好高校思想政治工作，必须注重发挥学校党委的领导核心作用、院系党组织的政治核心作用、基层党支部的战斗堡垒作用、师生党员的先锋模范作用。2.坚持问题导向。无论是在全国高校思政会上谈高校思想政治工作面临的风险挑战，还是在全国教育大会上讲五育并举的重要价值，总书记从来不回避矛盾和问题。3.坚持遵循规律。总书记在全国高校思政会等多种场合强调，做好高校思想政治工作"要遵循思想政治工作规律，遵循教书育人规律，遵循学生成长规律"。4.坚持与时俱进。这意味着要紧跟时代步伐，不断更新教育理念和方法，以适应社会发展的需求。

（三）高校思想政治教育内涵的创新性

习近平总书记在2018年全国教育大会上指出："做好高校思想政治工作，要因事而化、因时而进、因势而新。""沿用好办法，改进老办法，探索新办法，不断提高工作能力和水平"，推动高校思想政治工作改革创新。坚持协同育人。总书记在全国高校思政会上指出，要"把思想政治工作贯穿教育教学全过程，实现全程育人、全方位育人。"总书记反复强调，做好高校思想政治工作，必须充分调动各级政府、各类学校、家庭和社会的积极性，形成育人合力。

传统固然重要，但是它不能包揽和代替现实。因为事物在发展，现实在变化，新的东西总是层出不穷，一味抱残守缺，无异于刻舟求剑，不能适应时代的发展和社会的需求。因此，在合理继承传统的基础上，改进和创新实属必然。

创新是对传统的大胆扬弃，重在创意、创建和创立。创新需要科学与人文的价值导向：求真、向善。求真，即贴近现实，追求真理；向善，即符合完美的人性，追求人类的终极关怀，体现符合多数人意向的道德情感，它是一种价值承诺，是教育信念确立的基础和前提。对创新要进行价值评价，不能唯新是从，否则就是庸俗的进化论，在创新这一概念中，"创"始终是手段，"新"才是目的。所谓新，并不仅仅是标新立异，更要看其是否具有新质，是否具有新价值，是否体现事物的本质，是否代表社会发展的方向。我们需要的是真正意义上的创新，反对徒有其表的所谓创新。那种把创新仅仅停留在现象层面，甚至停留在口号上的做派，是学风浮躁的表现，绝非真正意义上的创新。旧和新，只是相对而言，旧在以前也曾是新的，何况它能沿袭至今，必有其缘由，不能大起大落，作简单的肯定和否定。在各种思潮并起、社会价值观多元的当今社会，对"旧"和"新"进行梳理，还它本来面目，是继承和创新的逻辑起点。

针对教育，包括思想政治教育的保守性和封闭性，邓小平同志曾经提出了教育要面向现代化、面向世界、面向未来的主张，还提出了培养"有理想、有道德、有文化、有纪律"的社会主义新人的目标，为克服思想政治教育的功能性危机，推动思想政治教育实现创新指明了方向。同时，现代社会迅速发展的情况，和过去时代已有很大不同，现在绝不是过去的再现，未来更不是现在和过去的翻版，教育的重任是要为一个未知的世界培养人,在历史上第一次为一个尚未存在的社会培养新的人。这就为教育体系提出了一个崭新的任务。因此,在现代社会条件下,思想政治教育的生命线作用、先导性作用,应当合理地被理解,并作为创新功能进行发展和发挥。这种发展和发挥的基础和首要,就是思想政治教育向未来领域的发展。思想政治教育只有发展创新功能,即面向未来不断实现对自身的超越,并不断促进人们实现超越,才能真正把握未来、拥有未来,并形成未来社会的一个主要因素。否则,面向未来就是一句空话。

进入21世纪以来,在继承和发展毛泽东、邓小平、江泽民同志有关重要论述的基础上,胡锦涛同志对全国青年提出了"四个新一代"的要求,鼓励广大青年努力成为"理想远大、信念坚定的新一代,品德高尚、意志顽强的新一代,视野开阔、知识丰富的新一代,开拓进取、艰苦创业的新一代"。这一要求指明了大学生成长成才的目标,为当代青年的健康成长进一步指明了方向和途径,也为高校思想政治教育提出了新的更高的要求。在培育"四个新一代"人才标准的指引下,高校思想政治教育工作必须要在实践中实现创新。长期以来,我国高校思想政治教育较多地侧重了政治教育,而对思想政治教育是一个系统工程缺乏足够的认识和把握,同时对思想政治教育内容的划分也不够清晰和准确。在中央召开的全国加强和改进大学生思想政治教育工作会议上,习近平同志结合大学生成长成才的素质要求,结合社会主义人才培养的目标,提出了高校思想政治教育的基本内容:高校思想政治教育要以理想信念教育为核心,深入进行正确的世界观、人生观、价值观教育;以爱国主义教育为重点,深入进行民族精神教育;以基本道德规范为基础,深入进行公民道德教育;以大学生全面发展为目标,深入进行素质教育。这一论断科学而全面地界定了高校思想政治教育的内涵,构建起了一个既有核心又有重点,既有基础又有目标的思想政治教育内容体系。在这个内容体系中,"三观"(世界观、人生观、价值观)教育、民族精神教育、公民道德教育和素质教育有机统一,思想教育、政治教育、道德教育和心理健康教育紧密结合,个人、集体和社会相互承接,层次分明、重点突出、目标清晰、任务明确,使高校思想政治教育的内容更加完备、充实和科学,从而为培养造就德智体美全面发展的社会主义合格建设者和可靠接班人提供了保障和基础。

(四) 高校思想政治教育的领域拓展

近年来,社会的发展对高校思想政治教育提出了新的要求。基于教育要面向现代化、面向世界、面向未来的思维,也基于现代社会和学科领域的高度分化与高度综合相结合的发展趋势,高校思想政治教育的作用范围在扩大,高校思想政治教育在向新的领域拓展。

第一，高校思想政治教育向宏观领域的拓展。这种拓展表现在两个层面上：其一是国内层面，即高校思想政治教育要面向社会主义现代化建设，把社会主义现代化建设作为政治方向，作为高校思想政治教育的主题。高校思想政治教育要向业务活动、经济活动、管理工作广泛渗透，深深植根于现代社会生活之中。在现代社会条件下，政治、经济和科学技术的发展不断开辟出新的领域。环境问题和生态问题等新发展的领域和新涌现的问题，既广泛深刻地推动和影响着社会的进步，也折射出许多新的思想、政治、道德问题，迫切需要发展了的高校思想政治教育与之相适应，创建竞争伦理、科技伦理、环境伦理、网络伦理等，保证和促进新的领域的发展。其二是国际层面，为了适应对外开放的需要，我们要培养大批面向世界的人才。面向世界的人才不仅要有参与世界范围竞争的科学技术水平，也要有面对世界的思想、道德和心理素质。面对世界上各种文化和价值观的冲击，更要有正确分析、鉴别和选择人生观、价值观的思想基础；投身于世界范围的经济、科技、人才竞争，更要有敢于竞争的勇气和自强不息的精神；生活在对外开放的环境并活动在各种场所，更要有健康的心理和文明的风度。这些思想政治素质，比过去要求更高，也更全面。

第二，高校思想政治教育向未来领域的拓展。随着开放的扩大和改革的深化，科学技术的迅猛发展、物质文化生活水平的提高和竞争机制的广泛引入，既增加了社会的复杂程度，又加快了社会的变化频率。因此，现代社会对大学生来说，既存在机遇，又存在风险。青年学生希望自己能抓住机遇，避免风险。他们更加关注发展的前景，更加重视未来领域的发展趋向。高校思想政治教育必须面向未来发展，探索适用未来领域的理论与方法。

高校思想政治教育的一个重要作用是导向，即以正确的思想指导大学生进行实践活动。因而，高校思想政治教育应当具有先进性和预防性，要保证和促进大学生面向未来的顺利发展。高校思想政治教育当然不能代替大学生的预测与决策，但高校思想政治教育可以帮助大学生增强面向未来的意识，使之对未来的发展趋势有一个清晰认知，学会抓住机遇，化解风险，避免偶然因素和不道德行为的干扰和冲击，增强预测与决策的自觉性。同时，高校思想政治教育还要帮助大学生掌握科学的预测和决策方法，克服经验主义、盲目主义倾向，防止因复杂因素的困扰和不能面对差距而陷入宗教、迷信的倾向。因此，社会的发展和大学生的发展，既向高校思想政治教育提出了面向未来进行预测和决策的要求，也为其开展预测和决策创造了条件。正确的预测既是为了现在，更是为了未来，为了在预见的前景和目标之前采取正确的教育决策和教育措施，实现教育的科学化。现代高校思想政治教育一定要研究预测和决策的理论和方法，形成高校思想政治教育预测与决策的分支学科，为高校思想政治教育提供理论指导。

第三，高校思想政治教育向微观领域的拓展。所谓高校思想政治教育的微观领域，就是指高校思想政治教育工作者与大学生的内心世界。宏观的客观世界同人们主观的内心世界，总是密不可分的。宏观世界的开放性、复杂性、易变性也会导致人们内心世界的开放、复杂与变动。因此，高校思想政治教育在向宏观领域发展的同时，也必须向微观领域发展。人们的内心世界具有更大的复杂性和潜隐性，它像一个"黑箱"，无法窥探，也难以敞开，只能通过深入研究，才能把握其发展变化的规律性。在现代社会条件下，社会因素和社会信息不断增多，并且变化节奏加快，整个社会的利益关系错综复杂，极易引起大学生的心理震荡，心理负荷增加，甚至导致一些人出现心理不平衡，甚至心理障碍与心理疾病。因此，大学生心理问题十分突出地摆到了高校思想政治教育者面前。于是，开展心理测试与心理分析，进行心理诊断与心理咨询，普及心理保健知识，提高心理素质，便成为高校思想政治教育的一项重要任务。研究人们内心世界的问题，还有一个更重要的任务就是开发人力资源。每一个人都有一个复杂的内心世界，每一个人都有巨大的潜能。我们要把人们的潜能充分发挥出来，把人力资源充分开发出来，如果不掌握人们内心世界的发展变化规律，不能有效地把外在教育内化为人们的思想，就只能是一句空话。所以，我们要探索思想内化理论，掌握心理发展规律，建立具有中国特色的高校思想政治教育心理学。

二、高校思想政治教育的社会内涵

社会性内涵是高校思想政治教育的基本内涵。在党的历史上，为社会现实服务、依据社会发展的需要确定教育内容，是高校思想政治教育的光荣传统。新中国建立前，高校思想政治教育为新民主主义革命服务；新中国建立后，高校思想政治教育先后为社会主义革命和建设服务，形成了高校思想政治教育在不同历史时期的特定社会内涵。在新的历史时期，高校思想政治教育的社会内涵主要体现在树立中国特色社会主义共同理想、弘扬民族精神与时代精神、树立社会主义核心价值观等几个方面。

（一）树立中国特色社会主义共同理想

一个国家的可持续发展和内部和谐，与该国政治经济状况密切相关，与该国国民的共同理想也密切相关，这两种相关是同等重要的。强大而明确的共同理想，甚至能在很长的时期内克服政治经济结构的现实裂痕，这在历史上不乏其例。中国经过近现代的曲折徘徊与浴血奋争，经过近几十年的探索发展，已经走出了一条适合自身国情、能有效发挥本国优势且取得了辉煌成就的道路，这就是中国特色社会主义。

如果说在共产主义启蒙时期形成理想信念，需要思想上的睿智与敢为天下先的勇气的话，那么目前已经积累的辉煌的历史成就则使新的一代人更容易形成更坚定的中国特色社会主义共同理想。但新的一代人是没有苦难记忆的一代人，他们生活在一个思想多元化的开放社会，所以主旋律的高扬更显得十分必要。目前，中国改革开放的社会已经进入转型期，也是一个矛盾凸显期。更深入的中国特色社会主义共同理想的教育，有助于包括大学生在内的社会成员正确认识改革过程中出现与积累的矛盾，树立人们解决矛盾的信心，构建和谐社会。中国特色社会主义共同理想教育是当代高校思想政治教育的"灵魂"和基础，它决定着高校思想政治教育的基本性质。可见，中国特色社会主义共同理想教育是当前高校思想政治教育的关键和核心所在。其功能和作用主要体现在以下几个方面：

第一，中国特色社会主义共同理想教育决定着高校思想政治教育的基本性质。大学阶段是大学生确立自我、实现人生目标的关键时期，引导大学生树立高远的志向是思想政治教育的核心内容。共同的理想信念是一定社会主体共同价值目标的集中体现。当代中国高校思想政治教育的实质就在于从思想政治理论的高度，使大学生充分认识到中国特色社会主义共同理想的科学性，使他们不仅在情感上，还能从世界观的高度，理性地接受和认同中国特色社会主义的价值目标。只有牢固地树立起中国特色社会主义共同理想，以社会主义核心价值体系凝聚广大青年学生，才能产生经久不衰的动力，使他们既能看到中国特色社会主义事业面临的挑战和困难，又能看到中国特色社会主义事业所具有的旺盛生命力，在构建社会主义和谐社会、加快社会主义现代化建设的历史进程中奋发有为，建功立业。

第二，中国特色社会主义共同理想教育是振奋大学生精神、鼓舞大学生进取的有效途径。中国特色社会主义充分反映了我国最广大人民的共同愿望、利益和要求，是全国各族人民不懈追求的共同理想。这个共同理想把国家、民族与个人紧紧地联系在一起，它有利于调动全体人民共同为之奋斗，能够在最大限度上统一社会意志、集中社会智慧、激发社会活力，为构建社会主义和谐社会提供有力的精神保证。大学生是十分宝贵的人才资源，是民族的希望，是祖国的未来。加强和改进高校思想政治教育，提高他们的思想政治素质，对于确保中国特色社会主义事业兴旺发达、后继有人，具有重大而深远的战略意义。通过中国特色社会主义共同理想教育，可以使大学生深刻理解并认同：要实现个人理想，就必须从现实出发，从自己做起，从身边的小事做起，脚踏实地，百折不挠；要实现中国特色社会主义理想和中华民族的伟大复兴，就必须多读书、读好书，努力学习科学文化知识，提高科学文化素质，掌握科学知识、科学方法和科学思想，提高自己辨别是非的能力。

第三，中国特色社会主义共同理想教育是衡量高校思想政治教育效果的重要标准。高校思想政治教育的目的是使大学生认同和接受社会主义的基本思想和价值目标。在我国现阶段，就是要使大学生接受我们党的政治主张和政治信仰，并且充分认识到广大人民群众的利益与自身利益的一致性，使建设中国特色社会主义的理想成为他们的共同理想。所以，评价高校思想政治教育效果的一个重要标准，就是要看党的政治主张、政治信仰和现阶段我国各族人民的共同理想是否为广大青年学生所认同。能不能培养出一代又一代有觉悟的社会主义新人，既是衡量高校思想政治教育效果的重要标准，更是关系到社会主义和共产主义远大目标能否实现的关键。在教育大学生成为"四有"新人的目标体系中，中国特色社会主义共同理想始终摆在第一位。只有树立中国特色社会主义理想，学生才能自觉地运用社会主义的道德和纪律来约束自己，才能产生努力学习科学文化的强大内在动力。

（二）弘扬民族精神与时代精神

民族精神是一个民族在长期的历史发展过程中逐步形成和培育起来的一种独具民族特色的、自觉的群体意识，是民族文化、民族智慧、民族情感、民族心理、民族共同理想、民族共同价值取向和民族行为规范等民族个性的综合体现。中国自古便是一个多民族的国家，几千年来，在以中原地区民族为中心与周边少数民族绵延不断的文化碰撞与融合中，形成了以汉族为中心的一体多元的民族结构，由此而逐渐萌生的民族意识最终升华为中华民族精神，成为推动中华民族发展壮大的精神力量。加强中华民族优秀传统和艰苦奋斗教育，是新时期高校思想政治教育的重要内容。中华民族在五千年的文明发展史中，为我们留下了丰富的文化遗产，蕴含在其中的伟大的民族精神，是中华民族传统文化的积淀和升华。我国如何在更加开放的环境下不断发展壮大中华民族传统文化，增强广大群众特别是青少年对民族文化的认同和自信；如何在激烈的国际竞争中努力确立并发挥我们自己的民族文化优势，增强民族文化竞争力，维护国家文化安全等，成为高校思想政治教育面临的重大课题。因此，我们必须坚持以人为本，挖掘中华民族的文化资源，把民族精神教育作为高校思想政治教育的重中之重，实现古今文明的优势互补。

时代精神是时代思想的结晶，是一个时代科学认识成果和进步潮流的凝聚，是对时代问题的能动反映和应答。它是某一社会在特定时代代表主流文化的内在、稳定而深刻的精神特质，是一个时代、一个民族大多数人所希望、所向往、所信奉、所为之激动不已、追求不止的观念和精神。时代精神具体体现在这个时代大多数人的精神风貌、民族特质、理想信念、生活态度、价值取向、人生追求、风俗习惯、行为规范及所有活动之中，是贯穿其中的原则、灵魂和起统摄作用的力量。时代精神产生于时代之中并反映时代，与时代具有高度的一致性和同步性。因为它就是时代变化的晴雨表或集中体现。时代精神反映了时代的特点、内容并适应了时代的要求，为特定时代提供精神支柱、动力和文化条件。当今时代精神主要体现在科学精神、人文精神、民主精神、开放精神和创新精神上，体现在"解放思想、实事求是、与时俱进、勇于创新，知难而进、一往无前，艰苦奋斗、务求实效，淡泊名利、无私奉献"上，其本质和灵魂在于创新。高校思想政治教育要善于从时代精神中汲取营养，在时代发展和社会进步中掘取资源，吸纳并表达时代精神，将时代精神作为塑造一代新人的核心内容，贯穿于教育的全过程，渗透到教育的方方面面。如果忽视时代的进步、社会的发展，与时代精神和时代发展相左，高校思想政治教育就很难被人们接受，很难体现时代感，很难取得实效。

（三）树立社会主义荣辱观，树立社会主义核心价值观

中国共产党在领导中国革命、建设和改革的过程中，对加强思想政治教育极其重视，并在实践中积极探索思想政治教育的基本规律。总结这些规律，其中的一条重要经验就是，要高度重视思想政治教育的育人功能，要特别强调人才思想道德素质的重要性，强调道德养成对于人才培育的重要意义。

当代大学生理应是思想道德素质和科学文化素质协调发展的一代。高校不但要注重大学生的文化素质教育，更要注重大学生的思想道德教育。正如大科学家爱因斯坦所说："用专业知识教育人是不够的。通过专业教育，他可以成为一种有用的机器，但是不能成为一个和谐发展的人。要使学生对价值有所理解并且产生热烈的感情，那是最基本的。他必须获得对美和道德上的善恶鲜明的辨别力。"

习近平总书记指出，当代中国青年要在感悟时代、紧跟时代中珍惜韶华，自觉按照党和人民的要求锤炼自己、提高自己，做到志存高远、德才并重、情理兼修、勇于开拓，在火热的青春中放飞人生梦想，在拼搏的青春中成就事业华章。"志存高远"——习近平总书记多次对青年树立远大理想提出殷切期望。他强调："中国梦是我们的，更是你们青年一代的。中华民族伟大复兴终将在广大青年的接力奋斗中变为现实。""德才并重"——在"修齐治平"中，修身是第一位的。习近平总书记和北大师生座谈时曾说过："道德之于个人、之于社会，都具有基础性意义，做人做事第一位的是崇德修身。这就是我们的用人标准为什么是德才兼备、以德为先，因为德是首要、是方向，一个人只有明大德、守公德、严私德，其才方能用得其所。""情理兼修"——情和理一直是中国人价值观中相辅相成、不可分割的两个维度。"以情动人，以理服人""通情达理""合情合理""入情入理"，这些都是"情理兼修"的表现。"勇于开拓"——青年如旭日初升，草木方萌，要

敢于开风气之先，有一股"于满是荆棘的荒野里踏出一条路"的闯劲儿。

面对新世纪新阶段我国经济社会发展对人才培养的客观要求，党的十八大提出，倡导富强、民主、文明、和谐，倡导自由、平等、公正、法治，倡导爱国、敬业、诚信、友善，积极培育和践行社会主义核心价值观。富强、民主、文明、和谐是国家层面的价值目标，自由、平等、公正、法治是社会层面的价值取向，爱国、敬业、诚信、友善是公民个人层面的价值准则，这24个字是社会主义核心价值观的基本内容。

"富强、民主、文明、和谐"，是我国社会主义现代化国家的建设目标，也是从价值目标层面对社会主义核心价值观基本理念的凝练，在社会主义核心价值观中居于最高层次，对其他层次的价值理念具有统领作用。"自由、平等、公正、法治"，是对美好社会的生动表述，也是从社会层面对社会主义核心价值观基本理念的凝练。它反映了中国特色社会主义的基本属性，是我们党矢志不渝、长期实践的核心价值理念。"爱国、敬业、诚信、友善"，是公民基本道德规范，是从个人行为层面对社会主义核心价值观基本理念的凝练。它覆盖社会道德生活的各个领域，是公民必须恪守的基本道德准则，也是评价公民道德行为选择的基本价值标准。

大学生代表着祖国的未来，肩负着中华民族伟大复兴的历史使命，对大学生加强社会主义核心价值观教育十分必要和迫切。培育和践行社会主义核心价值观要从个人抓起、从学校抓起。坚持育人为本、德育为先，围绕立德树人的根本任务，把社会主义核心价值观纳入国民教育总体规划，落实到教育教学和管理服务各环节，覆盖到所有学校和受教育者，形成课堂教学、社会实践、校园文化多位一体的育人平台，不断完善中华优秀传统文化教育，形成爱学习、爱劳动、爱祖国活动的有效形式和长效机制，努力培养德智体美全面发展的社会主义建设者和接班人。

社会主义核心价值观是社会主义核心价值体系最深层的精神内核，是现阶段全国人民对社会主义核心价值观具体内容的最大公约数的表述，具有强大的感召力、凝聚力和引导力。同时，社会主义核心价值观也是当前高校思想政治教育的一项崭新内容，在本质上是与高校思想政治教育的目标、指导思想、内容相一致的。所以，要加强高校思想政治教育，就要在大学生中牢固树立社会主义核心价值观。

三、高校思想政治教育内涵的延伸

社会内涵与个体发展内涵是高校思想政治教育最基础的内涵。除此之外，在实践中，高校思想政治教育还向许多相关领域延伸。这些延伸的内容，也是高校思想政治教育内涵的重要组成部分。例如，高校思想政治教育与历史教育、地理教育、国际政治教育相结合，延伸出认识基本国情与基本世情的问题；与法律教育相结合，延伸出培养民主意识与法制精神的问题；与时事相结合，延伸出认识形势与政策的问题；与大学生的日常生活相结合，延伸出高校日常事务中的思想政治教育问题。下面我们将对这些延伸的内涵进行探讨。

（一）引导大学生认识基本国情与基本世情

当前，人们受各种思想观念影响的渠道明显增多，程度明显加深，思想活动的独立性、选择性、多变性、差异性明显增强。当代大学生更是思想敏锐、勇于进取，思想观念趋于多元化。在各种社会思潮的影响下，他们往往表现出较强的事业心、责任感，但有时也会表现出良莠不分、社会责任感不强的弱点。针对这些复杂的现象，我们不能简单地肯定或否定，而应结合我国社会主义初级阶段的基本国情和当前国际形势，对大学生开展国情与世情教育，让他们充分认识到，只有社会主义才能使中国强大起来，从而激发学生树立为建设社会主义现代化强国、为人类做贡献的紧迫感、使命感和责任感。

在国情教育方面，除了加强国家历史、地理的教育，还要着重结合改革开放的历史进程，引导学生认识中国特色社会主义的强大生命力，以及在前进中面临的一些突出问题。近年来，中国，以一个发展中国家的身份，迅速成为全球经济增长的主力，这在现代经济发展史上是十分罕见的。但在巨变面前，我们仍需保持清醒的头脑。我们必须看到，中国处在社会主义初级阶段的基本国情并未改变，人民日益增长的物质文化需求同落后的社会生产之间的矛盾并未改变。"一个巨变""两个未变"的国情告诉我们，实现现代化和赶上世界先进水平还有很长的路要走。我国人均国民生产总值（GDP）在世界上的排名还较为落后。

在世情教育方面，除了加强世界历史与世界地理的教育，学校还要着重引导学生认识当今世界和平与发展的时代主题，以及我国国际环境的复杂性。在21世纪，世界多极化和经济全球化的趋势在曲折中发展，科技进步日新月异，综合国力竞争日趋激烈。世界经济失衡加剧，能源资源压力增大，生态环境问题突出，贸易保护主义趋势上升，国际安全面临新的挑战。国际大环境对我国发展既有许多有利条件，又有不少不利因素，这要求我们党能准确把握人类社会发展规律，进一步推动建设和谐世界，为中国实现可持续发展创造所需要的外部环境；要求我们党能抓住机遇、加快发展，在未来的发展中赢得更多的主动，在复杂多变的国际格局中始终立于不败之地。这是我们党面临的国际局势变动的新考验。

（二）培养大学生的民主意识与法制精神

民主与法制是现代国家的基本特征，也是中国特色社会主义的本质属性之一。

培养大学生的民主意识与法制精神，是高校思想政治教育的主要任务之一。民主意识与法制精神教育，是当代高校思想政治教育的重要内涵。

首先，高校思想政治教育要致力于培养大学生健康的民主观念。民主观念是现代国家公民的基本素养。我国是社会主义国家，我们培养的人才更应当具有民主的素养。高校思想政治教育要致力于培养现代国家合格公民，培养当代大学生健康的民主观念。众所周知，大学生作为青年群体的一部分，思想活跃，爱国热情高，参与国家政治生活的愿望强烈，向往民主。这种热情和愿望，如果引导到社会主义法制的轨道上，就会成为推进民主政治建设的一种积极因素。相反，如果缺乏正确的民主意识和清晰而牢固的法制观念，不懂得参与民主政治必须依照法律的规定和法定的途径，分不清社会主义民主同极端民主化和无政府主义的界限，就容易给社会带来动乱和危害，同时也违背了大学生的良好愿望。通过法制教育，可以使大学生学习到法律基本知识，增强法律意识，形成正确的民主意识和牢固的法制观念，从而通过正确的途径和方法表现自己的爱国热情，实现自己的政治愿望。

其次，高校思想政治教育要致力于培养大学生的法制精神。我国的社会主义法律是根据国家的经济、政治和社会各方面的需要，依据经济运行规律和社会历史发展规律而制定的，是保证社会稳定和社会发展的重要武器。法律是广大人民群众管理国家、建设国家的重要武器，也为大学生投身社会实践，行使主人翁权利，提供了可靠的法律保障。它指导和规范着人们的社会行为及方向，明确地赋予人们所享有的权利和应当承担的义务，当然也保护着青年大学生所享有的种种权利。它为青年大学生的成长开辟了广阔的天地，保护着他们健康成长。一方面，谁要是侵犯了青年大学生应享有的权利和利益，大学生可以拿起法律武器，依靠法律的保护而重新获得这些权力和利益。另一方面，大学生也要遵守国家的法律与制度，做知法守法的公民。大学生必须清醒地认识到，只有维护国家法律的尊严，才能赢得自己的尊严，才能在社会上正常发展。大学生作为有知识的群体，是国家未来的栋梁，他们是否具有法制精神，很大程度上影响着中国特色社会主义的法制进程。加强对当代大学生的法制教育，是高校思想政治教育的重要任务之一。

最后，需要指出的是，社会主义民主政治并不是依靠行政命令就能推行的，最终还要取决于人们民主意识、法制意识和政治素质的提高。只有提高人们的民主意识、法制意识和政治素质，他们才能够有序、有效地参与社会主义政治生活。当前，高校思想政治教育对大学生的政治素质教育相对突出，对他们的民主法制教育相对不足，这与社会主义政治文明进一步发展的需要是不适应的。今后，社会主义政治文明将会取得更大的发展。在这一过程中，高校思想政治教育应发挥强大的政治引导功能，强化对大学生的民主与法制教育，提高大学生的民主意识和法制意识，使之无论是在校期间还是毕业以后，都能够有序、有效地参与社会主义政治事务。

（三）认识形势与政策

形势与政策教育是我国高校思想政治教育的重要内容和重要形式，无论是从帮助大学生正确认识国内外形势，掌握党和国家的路线、方针和政策，培养学生正确运用马克思主义的思想观点分析问题、解决问题等方面，还是从开阔学生视野，拓宽学生知识面，弘扬科学精神等方面，形势与政策教育都显示了其独有的作用与地位。其受重视程度也随着时间的推移、形势的变化而不断得到提升：从提出形势与政策教育应当列入教学计划，到决定在高校思想政治教育课程中设置形势与政策课程；从把形势与政策课程的管理纳入思想品德课的课程管理体系、列入大学教育全过程、规定保证平均每周不少于一学时、实行学年考核制度、成绩列入学生成绩册，到对高等学校学生形势与政策教育的地位、作用、做法等提出了更加明确、更加系统的意见，我们不难看出，党和国家对加强高等学校学生形势与政策教育的重视程度。

高校开展形势与政策教育，应坚持以马克思列宁主义、毛泽东思想、邓小平理论、"三个代表"重要思想和科学发展观为指导，深入贯彻习近平总书记系列重要讲话精神。从适应国内国际大局的深刻变化来看，我国正处在大发展、大变革、大调整时期，在前所未有的改革、发展和开放进程中，各种价值观念和社会思潮纷繁复杂。面对世界范围思想文化交流交融交锋的新态势，以及改革开放和发展社会主义市场经济条件下思想意识多元多样多变的新特点，迫切需要我们积极培育和践行社会主义核心价值观，扩大主流价值观念的影响力，提高国家文化软实力。而将形势政策教育引进高校思想政治课堂，正是社会主义核心价值观的体现。

我国经济实力显著增强、市场经济体制逐步完善、人民的生活水平大幅度提升、民主法制建设不断发展、文化更加繁荣、社会更加和谐、国防和军队更加强大、国际地位日益提高、党的自身建设稳步深入。中国的发展不仅让中国人民稳步地走上了富裕安康的广阔道路，更为世界经济发展和人类文明进步做出了重大贡献。当代大学生出生成长在改革开放的年代，通过形势与政策教育，不仅要使他们充分认识我国发展的成就和大好形势，进一步树立民族自信心和自豪感；更要使他们深刻理解，改革开放以来我们取得一切成绩和进步的根本原因，归结起来就是：开辟了中国特色社会主义道路，形成了中国特色社会主义理论体系，从而坚定在中国共产党领导下走中国特色社会主义道路的信心和决心。

我国的政治经济形势在总体上呈现出健康向上的态势，然而，我们从事的是前无古人的事业，没有现成的经验可供借鉴同时，我们在国内外还面临着这样或那样的困难，这注定了我们前进的道路不可能是平坦的。因此，必须对广大学生进行形势政策教育，使他们能够正确地看待当前的形势，看到形势的主流和健康的发展趋势。更重要的是，我们党根据当前形势所采取的政策和措施，需要通过教育和学习的途径，为广大知识青年所掌握，以增强对他们社会主义事业必胜的信心。因此，形势与政策教育作为高校学生思想政治教育的重要内容，作为高校思想政治理论课的重要组成部分，在高校思想政治教育中承载着重要使命，具有不可替代的重要作用。同时，加强对大学生的形势与政策教育，是高校思想政治教育的重要内涵之一。

（四）高校日常事务中的思想政治教育

高校的思想政治教育是一项长期的工作，不容有丝毫松懈。为此，高校的思想政治教育必须广泛、细致、深入、持久，使之变成大学生日常生活的一部分。高校必须时刻关注大学生日常学习与生活中出现的每一个实际问题，力争将思想政治教育与大学生的学习与生活紧密结合起来，使思想政治教育无处不在、无时不有，这就是高校思想政治教育的生活化。注重日常生活中的思想政治教育，是高校思想政治教育的重要内涵。

大学生的日常生活丰富多彩，高校的日常事务纷繁复杂的。要做好高校日常事务中的思想政治教育，需要从多个层面入手。

首先，课堂教学是高校基本的实践活动。要充分发挥思想政治理论课在思想政治教育中的主渠道作用，同时充分发挥哲学社会科学在培养大学生的人文精神中的作用，以及各类自然科学课程在培养大学生科学精神中的作用。

其次，学生日常事务管理是高校正常运行的关键环节。要在学生日常事务管理中渗透思想政治教育，实现管理与教育相结合，需要加强制度建设。制度化是任何工作走向正规化、科学化的必经之路。高校日常思想政治教育制度化，既包括日常管理工作制度化，也包括专职队伍建设的制度化。

再次，丰富多彩的校园文化是大学生日常生活的重要组成部分。加强校园文化建设，才能为大学生的成才创造良好环境。校园文化建设的首要任务是加强校风、教风和学风建设，重点在于培育民族精神和大学精神，形成有自己学校特色的教风和学风。高校要通过开展丰富多彩的活动，寓教于乐、寓学于乐，以喜闻乐见的方式把思想政治教育融入大学生的学习和生活之中。

最后，网络已经融入大学生的生活，它以信息量大、快、杂等特点深刻地影响着大学生的生活方式和思维方式。为此，要切实加强校园网络建设，重点建设好集思想性、知识性、趣味性、服务性于一体的主网站，同时组建一支思想水平高、业务能力强、熟悉学生特点的网络思想政治教育工作队伍和网上评论员队伍。高校的网络工作者要密切关注校园网的动态，留意学生关心的话题，并注意加强正确的引导，牢牢掌握网上思想政治教育的主动权，使网络成为高校思想政治教育工作的重要阵地。

习近平总书记关于大学生思想政治教育的论述深刻指出了青年学生成长成才必须坚持的正确方向，分析了青年学生成长成才必须依循的科学路径，具有鲜明的时代性、战略性、创新性、实践性等特征。习总书记关于大学生思想政治教育的重要论述，是引导青年大学生健康成长和全面成才的行动指南，是指导高校做好学生思想政治教育工作的重要法宝，是各级党委政府制定青年工作规划决策的根本遵循。各高校一定要认真学习贯彻习近平总书记关于大学生思想政治教育的重要论述，准确把握新时代高校思想政治工作的新形势与新任务，充分利用编制学校"十四五"规划的重要契机，努力构建全员育人的利益调控机制、全过程育人的内部整合机制、全方位育人的外部协同机制，不断完善高校三全育人机制和十大育人体系，为落实立德树人根本任务、建设高质量教育体系和教育强国作出新的更大贡献。

第二章 高校思想政治工作价值与教育管理

价值观是一种应该和选择的意识。这种意识按性质而言，可分为科学价值观、审美价值观、功利价值观、道德价值观等，其中道德价值观对人的生活行为影响最大。众所周知，道德价值观是一般价值观的主要方面和核心部分。所谓道德价值观，是指对道德是否具有价值及其价值大小的基本观点和看法，人与人、人与社会之间的道德关系，对道德关系的基本规范，以及人的内在德性等核心内容。

第一节 精神价值塑造与重建

价值迷失有两种含义：一是弄不清价值观，或因价值观念的不同而持有的消极态度；二是丢失或丧失了应有的积极的价值观，导致不清楚人的存在和活动的社会意义。本书所探讨的价值迷失更多的在于第二种含义，表现为当前的价值混乱和道德下滑。价值是主体对客体的认识、评价和改造关系，表现为客体对主体具有的意义。而价值观则是对这种关系或意义再认识、再评价的结果，是人们对价值的特殊取向，是对价值关系反思之后形成并表示出来的。因此，我们在这里提到的价值迷失和价值重建的"价值"，实质上指的是价值观。

也许从某种程度上来说，改革开放唤醒了人们的危机意识。然而，当人们讨论各种各样的危机时，所注意的都是"物质"领域的危机，如经济危机、交通危机、人口危机、能源危机、环境危机等，而对精神领域方面的危机，则讨论得并不多。实际上，从某种意义来说，无论是对社会的发展还是对民族素质的发展，精神领域的危机所带来的危害比物质领域的危机要严重。随着经济的不断发展，人们的价值观有了许多不同的变化，但是这种变化的好与坏，有不同的定论。只是，不管我们愿不愿意，这种变化都已经出现，而且已经渗透到我们生活的每个方面。有的人认为，当前价值，特别是人们的道德，是处于一种"爬坡"时期，是随着我们的发展而带来的必然结果，因此，我们应该对这种"价值的混乱"保持一种理性的心态。

一、价值混乱的原因分析

（一）理论原因——价值观的代际差异

价值观，从其来源和基础来看，任何人的价值观都不是凭空产生和改变的，归根到底它反映了人的社会存在，即生存方式、生活条件和实践经历等特征。价值观的深层基础是主体的根本地位、需要、利益和能力等具体情况，是人的价值生活在头脑中的反应和积淀。因此，价值观总是和人的现实状况相联系，不同地位、不同条件、不同经历的人有不同的价值观。在存在着阶级、民族等多元化现实基础的社会中。人们的价值观也是多元的。

随着时代的发展和变迁，现代医学的进步，我们当前的代际辈分已经涵盖了从20世纪20后时代到21世纪10后时代的广泛范围。每一个成长的时代有每一个时代自己的生存环境，形成了每一个时代的价值观。因此，当不同时代的人的价值观放在一起比较时，例如我们最近的几代人，我们面临着一个选择：是该继承上一代所持有的价值观；还是根据当前社会现实状况选择适应的价值观呢？不同的代与代之间的价值观，虽然是社会价值观的不同呈现，但现在人们的频繁交流容易使人们产生混乱和冲突。这就是价值观的代际差异所带来的价值混乱。

1. 成长环境与道德价值需求的差异

不同代的人由于其成长环境的不同，导致了他们具有不同的道德价值需求，从而出现了道德价值观的代沟，这是一个不容忽视的事实。我们可以将不同代的人的成长环境简称为"代环境"。代环境主要是由社会的政治、经济、文化、教育等因素构成。特别是在经济环境方面，青年人通常更为敏感，他们在一定时期和一定程度上，人具有更强烈的与市场取向相适应的道德价值需求，并由此产生了与这一需求相适应的道德价值观。原来习惯计划经济体制环境的上一代人，则难以很快适应新的市场经济环境和新的道德价值观。相反，他们对过去计划经济和与之相适应的道德价值观有着更多的留恋和怀旧情结。这样，在经济转轨产生道德价值观的代际差异就具有某种必然性。可见，截然不同的成长环境以及培育过程，是导致道德价值观变迁和代际差异的长期的主要因素。

2. 文化特点：道德"话语霸权"与"自说自话"

这里所说的"自说自话"，是试图通过这种形象的词汇来反映一个体现在代际之间的文化现象，并力求揭示道德价值观代沟的原因。自说自话首先反映了代际间的沟通障碍，承认社会往往固守着话语权，而青年则沉浸在自身的话语氛围中，双方"各说各的话";自说自话还意指成人社会对青年的一种困惑或指责。因此，自说自话是与话语霸权相对的。也就是说，不论是文化间、人际间还是代际中，如果某一方拥有着话语霸权，那么，与之相对的另一方一般就只能以"独白"和"自说自话"的方式表达自己的意愿。这种表达方式表面上看是不与话语霸权拥有者相对抗，不挑战国家权力和意识形态，实际上却反映了自说自话者对话语霸权独特的反抗和疏离方式，体现了话语霸权拥有者与自说自话无权者的分裂。

3.教育背景：经验和知识的代际矛盾与伦理观念冲突

在传统社会，长期积累起来的经验对于个人来讲是一种十分重要的资源，这种资源可以转化为一种权力，即对社会和他人进行控制的权力。而在现代社会，由于变化迅速，经验常常不能"应验"多变的现实，因此失去了过去那种神圣的光环和恒久的价值，甚至常常被当作陈旧和过时的东西。更新周期大大缩短的知识取代了经验的位置，尤其是在现在的知识社会或知识经济时代，知识可以直接转化为资本和权力。

传统社会崇尚经验和现代社会推崇知识的矛盾，突出地体现在现代社会的代际关系中。年龄因素毫无疑问成了造成经验和知识代际差异的重要原因。然而，教育背景却是一个比年龄更重要的原因。由于社会变迁剧烈，信息和知识更新周期缩短，因此，人们在青年时期所接受的教育和这种教育所提供的最新知识，哪怕是最前卫的观念，到了成年时已经过时。而成年人哪怕是坚持终身学习，由于种种原因，也不可能像后来的青年人那样接受全新的教育，拥有完全面向未来的新知识和新观念。

4.价值依据：道德价值观代际评价的逆反

价值及价值评价是一个复杂的价值论或价值哲学问题。在这里，我们仅从道德价值观的代际评价和自我评价的差异入手进行探讨。青年人与成年人对对方道德价值观评价的差异，至少表现在以下几个方面：

第一，青年人与成年人成长的社会环境不同，他们的道德需要也就不同，因此他们对对方道德价值观的评价就有所不同。不同的成长环境，使不同年代的人有着不同的生存体验和道德需要，由此而形成了不同的道德价值观念。

第二，青年人和成年人的社会地位、社会角色和社会责任不同，对对方道德价值观的要求和评价也就会有所区别。评价主体之间的差异，主要来自他们所处的社会地位、扮演的社会角色以及承担的社会责任等造成的差异。

第三，道德价值观代际评价与代内评价的差异，也会导致青年人和成年人对对方道德价值观的评价出现差异。青年人和成年人分属于不同的代群。在代群内部即代内，由于都是同辈群体，相互之间的道德价值观评价属于代内评价，在代内往往亲和力更大，相互之间的影响力也更大，因此评价比较宽容。而在代与代之间，道德价值观的评价则属于代际评价，代际评价的差异往往更大，评价结论也更难以让对方所接受。比如，上辈人对下辈人的评价带有教训的意味，而下辈人对上辈人的这种评价，往往又不太认同和接受，而更加认同代内评价。因此，道德价值观的代内评价与代际评价被分隔开。

第四，青年人和成年人在道德价值观评价标准上的不同，最明显地体现出双方在道德价值观评价上的差异。由于上述种种因素的作用，不同代的人形成了各种不同的道德价值观及评价标准，并以各自不同的道德价值观产生去衡量另一代人的道德价值观，必然就会出现道德价值观代际评价的差异。

5.心理因素：心理成熟度与道德社会化的关联

心理因素是造成道德价值观代沟的一个重要因素，每一代人都有作为基本特征标志的包括道德心理在内的心理共性和心理共识。这种心理共性和心理共识又将一代人与另一代人在心理上区别开来。由于每一代人的成长环境和生存境遇不同，他们形成了相互有异的心理特征，这些心理特征深深地印上了当时社会环境和道德状况的痕迹；同时，每一个人在其生命历程的不同阶段，其心理也会或多或少地发生变化，并形成相应的心理特征。从代际的观点来看，老年人的心理更趋"怀旧"，中年人表现为"求稳"，青年人则以"创新变革"的心态面对人生。

青年的道德心理是自我意识不断增强、独立思考的要求不断提高、渴望得到成人社会承认的需求越来越强烈，总之，青年在不断社会化的同时，还表现出情绪化和非理性等心理不成熟的特点。这种情绪化和非理性的特点，常常是导致青年对现有道德价值观反叛的重要心理因素。

以上原因形成了价值观之间的代际差异。由于生存的环境是价值观差异的根本原因，因此，当前社会中的价值观代际差异，很多时候也扩大化为代内差异或者不同社会群体、社会中的不同个人之间的差异。

（二）现实原因——市场经济的冲击

什么是"价值观念"或"价值观"呢？最简要的回答是：它是指人们关于基本价值的信念、信仰、理想系统。这句话概括了价值观特有的一般思想内容和思想形式。价值观的内容：一方面表现为价值取向、价值追求，凝练为一定的价值目标；另一方面表现为价值尺度和准则，成为人们判断价值事物是否有价值、价值大小以及是光荣还是可耻的评价标准。

1.自由主义的价值目标与市场经济的一致性

一直以来，市场经济都崇尚个人自由。从历史角度来看，当初资产阶级正是在争取贸易自由的过程中逐渐发展壮大的。市场经济的本质就是要冲破任何人为制造的壁垒，以客观自由，并赚取最大限度的利润。从理论层面分析，市场经济是计划经济的对立面，它并不认为每个人如此丰富多样的个性、爱好和需求可以用一个庞大而"周密"的计划来加以体现。因而，计划经济几乎不可避免地要走向无视个人自由发展的道路。只有市场才能够最准确、最灵敏地反映个人需求，也只有市场才最尊重个人的这种需求，其中的道理既简单又明了。若非如此，就无法获得最大限度的利润。

自由竞争是市场经济的铁规。自由主义使整个社会各种资源之间的流动变得更加容易。当然，从社会公正的角度而言，一个健康的社会无论如何必须给弱者留下一席之地，以保障他们生存的基本权利，维护他们做人的起码尊严。就此而言，市场经济是存在着很大局限性的。

在我们看来，自由主义的主张有利有弊。它的弊端在于片面鼓吹自由的意义，其结果必定是自由的膨胀，并增大经济活动的盲目性和社会生活的不确定性，而自由竞争的残酷性会导致严重的两极分化。谁来调控市场？谁来为弱势群体说话？这一问题又一次严峻地摆在了人类面前。但从另一方面来看，自由主义的有利之处在于保证了社会生活的鲜活气息。由于利益的驱动，人们会最大限度地把自己的潜能挖掘出来，去争取自己想要的东西，从而使生产与生活充满活力。但是这种潜能的开发，在当前的社会状况下会导致有些人，在利益的诱惑和金钱的刺激下，完全放弃道德和价值的约束，而将潜能用于许多虚假商品、欺骗性交易、经济骗局等，从而助长了享乐主义等价值观对人们已有价值的冲击和道德底线的不断下滑。

2.功利主义的评价标准与市场经济的一致性

经济全球化以全球市场经济的形成为标志。为什么市场经济会成为全世界经济活动的普遍模式和普遍规则？因为它具有一种公认的优越性，这就是它能够创造出高效率，促进财富快速增长的原因。这种优越性首先在于它唤醒了人们内心深处的功利之心，创造出一套游戏规则，让人们在一个相对公平的条件下追逐利益，从而在客观上推动了文明的进步。可见，市场经济的内在机制就是追求物质利益的最大化，毫无疑问，功利主义是它在道德伦理上竖起的第一面旗帜。

现代功利主义之父哈奇逊在其《论道德上善与恶的观念的起源》一书中有一段对功利主义伦理观的经典表述："如果由行为所发生的快乐的程度，都是相等的，那么凡称为德行的行为，总是要看此快乐所普及的人数来决定，如果人数也相等，那么，德行还需看快乐或自然善之量而定。或者说，德行是善的量与享受的人数的乘积。同样，道德的恶或罪，则视不幸的程度以及受损者之数目而定。所以凡产生最大多数之最大幸福的行为，便是最好的行为；反之，便是最坏的行为。"由此看来，功利主义的道德追求是：物质实利是构成个人幸福或不幸的重要标志；只要一个人没有侵犯其他人的利益，社会就无法反对他追名逐利；衡量一个社会道德或不道德的唯一尺度，就是看它是否满足了最大多数人的最大幸福，换言之，功利的实现是一切社会认知以及社会行为的出发点。

毫无疑问，功利主义者都注重效果，他们并不怎么关注人们行为的动机。在他们眼中，动机隐藏在人的内心深处，他人难以对其做出准确的评价。而人的行为以及行为所产生的后果却是客观可见的，他们要么在为自己带来幸福的同时也惠及他人，要么损人利己，要么既损人也害己。总之，对于行为及其后果做出评价是容易的、可行的。如果承认趋利避害、追名逐利等源自于人的天性和本能，那么主要关注和追究后果的善恶，便不失为一种明智的、可靠的办法。

市场经济的运行机制正好体现了这一原则，即：市场不反对人追求利润，相反，所有进入市场的主体都以赢利为目的。一切美妙诱人的广告宣传、高品位的企业文化精神都不能掩盖这个目的。市场经济推崇功利主义，首肯人追逐利益的正当性。然而功利主义者也十分清楚，从理论上说，参与市场经济的不同主体在追求自身利益最大化的途中，难免发生冲突，其中的一部分人可能会不择手段，通过损害他人利益去实现自我利益的最大化。这样的后果显然不符合一个善的社会目标，即"满足最大多数人的最大利益"这个目标。但是偏偏功利主义者都是效果论者，他们认为，既然从动机上讲每个人都趋利避害，而善与恶只能跟乐与苦相联系，那么评价一个人的"动机的善恶"就是没有意义的，因为具备不可操作性。

当然，造成当前社会的价值混乱和道德下滑的状况，除了市场经济这个主因之外，还有大众传媒、法律制度约束不力等各种原因。但由于这些原因大部分是处于市场经济这一主因之下的，因此，不作特别列出的探讨。

二、价值重建：针对价值混乱和道德下滑的综合治理

治理道德问题是一个系统工程，仅靠某一方面的努力是远远不够的，必须从公民个人、政府、全社会三个维度同时治理，才可能收到较好的效果。

（一）个人治理：建立公民守德的微观机制

社会是由个人组成的，社会道德的堕落是因无数个人不守德而造成的。为什么会出现不守德现象，主要原因就是个人行为没有受到道德理性的制约。一些人道德理性不强，在利益面前、在他人诱惑下、在艰苦环境里，容易失去道德的操守和判断标准，做出一些违反道德规范的事情来，因而，个人要时时刻刻加强道德理性的培养。

在任何时候，个人都能用理性支配德性其实并非易事，这必须要有深厚的道德修养才能做到。要培养自己的善根应从以下几方面入手：

1. 学习科学知识

科学讲究真，道德讲究善。一个人为善就要正直，做到实事求是，言行一致，这就是讲究一个"真"字。从求真的角度来分析，科学与道德是相通的。先进的理论和知识，向来都是优良德行的渊源与指南。只有具备了一定知识、和理智的人，才能正确认识自己的责任与义务，从而确定健康的道德观念，做出有利于社会、有利于他人的道德选择。但是，提高道德水平的学习与业务学习、政治学习有所不同。

第一，不能搞突击，而应该把学习道德知识的活动渗透到人们的日常生活中。第二，不能停留在书本上，应该把书本上道德知识的学习与道德实践相结合，在道德知识的学习方面做到知行统一。第三，道德知识的学习，不仅是对小孩的要求，更应该是对大人的要求。绝不能因为某人已长大成人，或已进入老年，就放松学习。因为道德的警钟若不能长鸣，一些人就有可能步入丧德的歧途，尤其是年长者的行为更易成为年轻人或小孩效仿的参照系。

2. 拒绝媚俗

社会道德的败坏不是一天两天造成的，而是一个漫长的演化过程。若在社会道德变坏的过程中，每一个公民不去媚俗，而且坚决地制止和反对违反道德规范的行为，那么，社会道德是不可能变坏的。因此，如今要改变道德状况，还是要依靠大家的共同努力。不仅要保证自己不去做违反道德规则的事情，然后敢于制止他人做缺德的事情。只有通过这种办法，才能逐渐改善道德败坏状况。社会公民要做到拒绝媚俗是不容易的。第一，要有摆脱物质利益诱惑的勇气。不义之财，绝不牟取；对于应该得到的物质财富，也要做到"君子爱财，取之有道"。至于当他人牟取了不义之财，自己不能产生羡慕之情，更不能效法，而且敢于批评。第二，要超凡脱俗。在道德修养过程中努力要追求高雅的道德境界，在现实生活中带头守德、倡德，成为道德典范。在这个过程中不能怕别人指责，不要怕孤立。第三，要克己修德，严防自纵。克己就是克制和约束自己，严格要求自己。克己修德要有正确的理念、顽强的意志、持久的耐力。

3. 养成日省个人德行的习惯

一个人敢于做出缺德的事，并非一日之变，是平常生活不检点、口是心非等不良习惯积累而成的。所以，要对损德行为做到防微杜渐，对于危险的苗头要赶快消灭在心中；二是要见微知著，对于失德行为要自我检讨，要扪心自问。只有这样才会改正自己的失误；三是在心理回观周围其他人的所作所为，看看哪些人日行善行，自己应该如何向他学习；看看哪些人做了缺德事，自己又应该如何引以为戒。

(二) 执政者治理：建立公民守德的宏观机制

执政者是社会运行的引导者，在改善道德状况方面有其他社会群体无法比拟的特殊作用。我党采取德法兼治的治国措施，已将道德建设纳入社会发展的重要范围，这对改善当前的道德状况非常有利。根据我国目前的道德状况，站在执政者角度来看，应该抓好如下几方面的工作：

1.建立公民守德的经济机制

人的道德觉悟、道德素质的提高，虽然不会随着人的文化素质的提高而自然实现，但在今天的社会环境里，却以文化素质的相应提高为基础。所以，要提高人的道德素质，就要大力发展经济，并以此来促进文化教育事业的发展和人的文化素质的提高。经济的发展，经济实力的增强，还能为加强思想道德建设提供必要的物力财力。此外，还要深化经济体制改革、尽快完善市场规则，以及建立市场监管和调控体系，使人们的经济交往行为朝着守德方向发展。

2.净化公民守德的社会环境

自古以来，守德与损德是道德生活中的一对矛盾。任何社会都存在不利于道德完善的社会环境，要改善道德状况就应该对这些不利的社会因素进行整治。国家和政府可以利用特有的权威及国家机器，对一切不利于道德水平提高的社会设施和社会现象进行清理，制定统一的行为规范和操作办法，并加强监管，对于违反规定和道德规范的社会单位进行严肃处理。而且，这种工作应该常抓不懈，才能收到净化守德环境的效果。

3.利用国家宣传系统制造强大的守德舆论

我国具有在全国制造强大的守德舆论的独特条件，有国家垄断经营的广播、电视、出版、期刊、新闻报纸等传媒产业，并有专门的管理机构和意识形态管理政策来监管这些部门的经营。首先，要利用这些宣传工具对各种缺德、损德行为进行曝光，并发表对这种行为的社会评价，对其他人形成警戒作用。其次，大力地、频繁地报道好人好事，并给予这些人以精神奖励。第三，经常性地发布社会公德、职业道德、公民道德规范，提醒人们要做守德之人。

4.加快政治体制改革

(1) 加快干部人事制度的改革和民主政治的建设进程，形成科学合理的干部选拔、任命、升迁机制和民主监督机制，从制度上铲除党内和政府机关内腐败的根源，实现党风和社会风气的根本好转，为提高人的道德素质创造一个良好的社会环境。

(2) 从严治党，把党的建设纳入制度化、法制化的轨道。

(3) 建立内部和外部约束机制，把各种权力的行使置于法律、政策等规范、制度之下，接受群众公开监督，规范权力运行，控制权利越轨。

5.建立以法辅德的社会运行机制

道德与法律虽然有着严格的界限,但两者作为社会调控手段却存在高度的一致性。在当代,道德建设必须辅之以法律手段。法律中所包含的强制性、责任性的信息给人们的道德行为以启示、威慑和教育作用,使许多人的社会行为朝着符合道德规范方向发展。

6.加强和改进道德教育

道德教育是道德建设的重要环节,只有把社会的主流道德要求变成每个人的道德自觉,才能治理好道德问题。

(三) 社区治理:建立公民守德的中观机制

社区是一个"微型"社会,是在一定地域内,按一定的社会制度和社会关系组织起来的,具有共同人口特征的社会生活共同体。社区治理道德问题具有一定优势。相对个人治理而言,它拥有一定的社会舆论压力和社会评价机制;相对社会治理而言,它具有实际的直接管理的功能,社会治理的落实实际上要有社区或社区内的社会组织负责。社区治理道德问题的具体任务主要集中在如下几方面:

1.培养人生价值观

任何人的行为都是受自己的价值观支配的。人生价值观决定着人们的社会行为是否符合社会道德规范。所以,培养正确的人生价值观,是彻底治理道德问题的根本措施。

2.宣传和进行职业道德教育

职业道德可以由政府的相关部门进行教育,但由于各单位是分属不同地域的,所以采取属地原则开展职业道德教育的效果会更好。因为社区是熟人社会,由社区来评价各单位对外服务的态度好坏、经营行为如何,则具有更强的社会监督力和社会舆论压力。

3.推广守德家长制

家长是一个家庭的核心人物,对一家人的道德培养、道德操守等道德生活的各方面都有监管义务。作为一名合格的家长,首先,自己要做到身正为范,时时刻刻为家人做道德的榜样;其次,要担负起全家人的道德修养责任,对家人们的守德状况负责。若从人人做起、家家做起,那么道德状况会较快改观。

总之,治理道德问题,要从每个人、每个社区、整个社会三个层次着手,层层行动、层层落实、层层相扣,形成一个全方位的治德网络,不给不法之徒、损德之人留下任何活动的空间和机会,以期尽快改善我国当前的道德状况。

第二节　高校学生思想政治教育与载体

思想政治教育过程是思想政治教育者（主体）通过某种形式、手段向思想政治教育对象（客体）传输符合我国社会发展要求的思想观念、政治观点、道德规范等，使教育对象具备社会所要求的思想品德的过程。在这个过程中，主客体之间是通过一定形式、手段联系起来的。思想政治教育的形式和手段很多，我们把其中承载并能传递思想政治教育的内容或信息的形式称为思想政治教育载体。开会、办研讨班以及管理工作、文化建设、大众传媒等，都可以成为思想政治教育的载体。教育者和受教育者正是借助这些形式进行双边互动活动，从而实现到一定的教育目的。

一、思想政治教育载体的含义

思想政治教育总是要通过一定载体进行。在开展的实际工作中，思想政治教育者都会自觉不自觉地用到载体，但并不是每一个教育者对载体都有明确认识。这是因为，我们目前对思想政治教育载体的理论研究还比较薄弱，其突出地表现在对其内涵的把握不够科学，和对具体载体的划分不够合理等方面。笔者认为，作为思想政治教育的载体，必须同时满足下列两个基本条件：

第一，必须承载思想政治教育信息，并能为思想政治教育者所操作。开会、办研讨班等各种活动，之所以被我们看作是思想政治教育载体，是因为它们能承载并传递思想政治教育的内容或信息。事实上，它们也在这个意义上经常为思想政治教育所运用。从这个角度看，把社会环境作为思想政治教育的载体是不恰当的。环境因素非常复杂，有些因素能承载并传递思想政治教育的信息，且易于操作，可作为载体运用；有些因素则难以作这样的运用，因而不能作为教育载体。换言之，思想政治教育的载体与环境因素是可以交叉的，如文化、大众传媒，既是社会环境的重要因素，又可作为思想政治教育的载体加以运用；而当我们从特定角度研究问题或开展工作时，它们的归属又是明确的。但很多环境因素则不能作如是观，它们不符合这里提出的条件。因此，笼统地说社会环境是思想政治教育的载体，既不符合实际，又把思想政治教育的载体与环境相混淆了。

第二，必须是联系主客体的一种形式，主客体可借助这种形式发生互动。前述开会、办研讨班、文化建设等都具有这种特征。从这个意义上讲，党组织、工会、共青团以及企业班组等都不是思想政治教育载体，只是主体；而党团活动、工会活动则可以成为思想政治教育载体。把党组织等看作是思想政治教育载体，就会把教育主体和载体混为一谈；这就如同把思想政治教育载体和社会环境混同一样，是一种把思想政治教育载体泛化的倾向，会导致认识上的混乱，实际工作中的随意性。此外，人格、典型、实事显然不能同时满足上述两个条件，不能看作是教育载体。总之，只有同时具备上述两个基本特征的形式，才能将其看作是思想政治教育载体，也才能加以恰当地运用，而不能同时满足上述两个条件的，则不能看作是思想政治教育载体，应作为另外的范畴加以讨论。

二、思想政治教育载体与思想政治教育社会化

思想政治教育的载体并不是固定不变的。随着社会历史条件的变化和思想政治教育的发展，思想政治教育的载体也必然发生变化：原有的载体可能不适用或不够用，适应新情况的新载体在不断出现并要求我们很好地去运用它；各种载体对思想政治教育的重要性也会发生变化等。教育者应敏锐地注意到这些变化，及时地对思想政治教育载体的运用做出调整，从而恰当地运用各种载体尤其是与新情况相适应的载体，以增强思想政治教育的有效性。

过去，思想政治教育运用得比较多的载体如政治学习、开会、办学习班、作大报告、搞政治运动、群众运动等，多是与计划经济体制和相对封闭的社会文化环境，以及"以阶级斗争为纲"的政治路线相适应。党的十一届三中全会以后，我们废止了"以阶级斗争为纲"，把工作重点转移到经济建设上来，不再搞政治运动了，思想政治教育当然不能也不宜以此为载体了。改革开放以来，经济体制改革尤其是社会主义市场经济建设，改变了过去那种绝大多数人都被组织在全民所有制和集体所有制的企事业单位的格局，出现了外资企业、中外合资企业、私营企业以及大量的个体工商户等多种经济成分；国有企业和集体企业出现的大量下岗职工以及数以千万计的农民的流动，使他们与原有的社会组织的联系松散化，而又未完全融入新的社会组织体系之中；全方位开放的社会环境，使人们可以从更广阔的社会领域获得各种信息，包括思想政治信息，人们的思想显然更复杂了。以上种种因素，导致思想政治教育出现了明显的社会化趋向。

在这种情况下，原来行之有效的开会、办班等思想政治教育的载体，就显得不够用或不完全适用了。例如，对国有企业职工、学校学生，仅仅运用开会、办班这样的载体进行思想政治教育，其局限性就很明显；至于对个体户、下岗职工、流动农民，则很难采取开会、办班等形式进行日常性的思想政治教育。因此需要创造覆盖面广的新载体如文化载体、大众传媒载体、活动载体以及管理载体等，以适应思想政治教育社会化的需要，增强思想政治教育的吸引力、渗透力。而大众传媒的蓬勃发展、文化建设的空前兴旺以及全体社会成员文化素质的普遍提高，又为思想政治教育运用这些载体提供了条件。因此，要做好市场经济条件下的思想政治工作，除了继续运用开会、办学习班、党团活动等载体以外，还应特别注

意运用文化、管理、活动、大众传媒等新载体，充分发挥这些载体的思想政治教育作用。

思想政治教育的基本载体包括开会、办学习（读书）班、党团活动等传统的载体，也包括近几年为思想政治教育所运用的管理、文化活动、大众传媒等新载体。思想政治教育对传统载体的运用已积累了很多经验，认识也较一致，这里不再展开论述，拟着重就近几年出现的新载体的内涵、特征、作用，以及如何发挥它们的作用做些讨论。

三、思想政治教育的基本载体

（一）管理载体

以管理为载体，就是将思想政治教育内容渗透到管理活动中，渗透到人们的具体工作之中，以达到提高人们的思想道德素质、规范人们的行为、调动人们的工作、学习、生产积极性的目的。

管理是一种遍及社会生活各个领域的基本活动。从宏观上讲，它包括国家的行政管理、人事管理、经济管理和教育科学文化、卫生体育事业的管理等；从微观上讲，它包括遍及所有行业的难以计数的大大小小的社会组织的管理，如企业管理、学校管理、医院管理等。思想政治教育具有广泛的社会性，它所运用的载体也必须具有广泛的覆盖面，这样才能有效地对广大社会成员进行思想政治教育。

管理活动正好具备了思想政治教育载体的这一要求，它的普遍性为思想政治教育利用其作为载体提供了外在条件。同时，管理活动的基本内容虽然是协调社会（组织）内部的人力、物力和环境之间的关系，但其实质是调适人与人之间的关系，调动人的积极性，从而达到一定的目标。思想政治教育的一个重要任务，也是要理顺人们之间的关系，充分发挥广大群众的积极性。在这一点上，管理和思想政治教育有很高的契合度。管理活动以人为本的实质为思想政治教育利用其作为载体提供了内在根据。由此可见，将管理作为具有广泛群众性的思想政治教育载体是完全可行的。

在市场经济条件下，运用管理载体对人们进行思想政治教育不仅是可行的，而且还具有其他载体不可替代的重要作用。

首先有利于更好地把思想政治教育与经济、业务工作结合起来。思想政治教育与经济、业务工作相结合，是思想政治教育的重要原则和优良传统。而以管理为载体便是把两者结合在一起的最佳选择。

一方面，管理活动是提高经济、业务、工作效益至关重要的一环，而管理要达到这样的效果，就离不开思想政治教育。在管理过程中，经济手段、行政手段乃至法律手段的运用，都需要思想政治教育手段的密切配合。如果思想政治教育搞得好，人们对管理手段就会产生认同感，自觉遵守政策、法规、制度、纪律，从而使经济、业务工作秩序井然，顺利进行。如果忽视了思想政治教育，人们认识不到政策、法规、制度、纪律的正确性、合理性、必要性，那么，这些管理手段就有可能流于形式，得不到切实地贯彻落实，管理的作用也就无从实现。可见，在管理活动中坚持思想政治教育，是使管理活动顺利有效地进行的客观要求。

另一方面，思想政治教育也需要管理的支持。因为有效的管理是思想政治教育的重要基础，如果一个社会或单位管理混乱，人们的思想问题就会层出不穷，思想政治教育在这样的氛围中就很难产生良好的效果。同时，只有通过管理这个环节，思想政治教育才能更好地渗透到经济、业务工作实践中，切实促进经济、业务工作的发展。总之，思想政治教育与管理工作的关系，犹如车之两轮、鸟之双翼，合则双美，离则两伤。以管理为载体能够有效地克服过去那种思想政治教育与经济、业务工作相脱节的"两张皮"现象，使思想政治教育更好地结合着经济、业务工作一道去做，更好地为经济建设服务。

第二，有利于对人们进行深入细致的思想政治教育，更好地提高思想政治教育的效果。以管理为载体，可以使思想政治教育更深入、更贴近人们的思想实际。例如，在管理要求人们遵守规章制度、严守劳动纪律的同时，如果辅之以爱岗敬业的职业道德教育、遵纪守法的法制观教育，就能更好地引导人们把管理要求的各种规范以及相应的观念内化，使他们把管理要求其所做的被动行动升华到自觉去做的境界。这样，职业道德教育、法制教育就落到了实处。同时，以管理为载体，可以及时有效地解决人们的各种思想认识问题。人的一生有很大一部分是在职业工作中度过的，人们在具体的经济、业务工作中产生的思想认识问题最多、最复杂，思想政治教育所要解决的思想认识问题最多的也是这一类问题。而人们在工作中产生的各种思想认识问题往往首先反映在管理的过程中。以管理为载体，就能及时发现各种思想认识问题，实事求是地分析它们产生的原因，并采取措施予以解决，就能提高人们的思想认识水平，和工作积极性，为管理工作的顺利进行提供思想基础。如果等到问题成堆我们才发现，才去做思想政治工作，就有可能错过解决问题的最佳时机，降低思想政治教育的效果。

近几年，许多地方企事业单位的部门尤其是企业的思想政治教育领导，运用管理载体进行思想政治教育，取得了一定成效。但我们也应看到，在思想政治教育中对管理载体的运用还是不够的，运用中也还存在一些问题。在此情况下，应进一步加强对管理载体及其运用的研究，必须充分发挥其思想政治教育功能。这是个大题目，需要做深入研究，这里仅就如何运用管理载体谈一些建议。

首先，要提高思想政治教育者运用管理载体的自觉性。管理能否作为思想政治教育的载体,管理载体有什么作用?这是每一个思想政治教育者尤其是领导者都应弄清的问题。如前所述,管理活动的普遍性以及它所包含的某些思想政治教育功能,使它能够作为思想政治教育载体被我们所运用,并且能起到其他载体不可能起到的重要作用。我们只有对此有明确认识,才能自觉将管理作为思想政治教育载体予以运用,并使之发挥更大作用。如果认识模糊,就很难自觉地去运用管理载体,即使运用也很难有理想的效果。

当前,管理载体运用中的一些问题以及对其运用的局限性都与对管理载体的认识模糊有关。例如,由于对管理载体的普遍性认识不足,致使目前对管理载体的运用主要集中在企业思想政治教育中,国有企业把思想政治工作看作是现代企业管理的重要组成部分,创造了"双文明工作法"等经验,而在其他领域运用则较少。其实,不仅企业的思想政治教育可以借助企业管理进行,其他行业的思想政治教育也可借助于相应的管理进行,比如对干部的思想政治教育可借助于人事及行政管理进行,对学生的教育可借助于教学管理进行等。

不仅如此,对某部分群体如个体工商户借助于管理进行思想政治教育也是一种较好选择。对个体户的思想政治教育是改革开放以来思想政治教育的一个新领域,也是一个薄弱环节。对其进行思想政治教育的困难之一在于过去没有找到一种适合个体户特点的教育形式,因而其思想政治教育长期处于一种"粗放"状态。如果拓宽思路,将思想政治教育渗透到工商管理中,就能有效地解决这种困难,使个体户的思想政治教育得以加强。部分地区的实践表明,以工商管理为载体,在对个体户的经营行为用法纪以及经济手段加以约束的同时,进行经常性的爱国主义教育、改革开放的教育、职业道德教育、法制教育等,是逐步提高他们的思想道德素质以及社会文明程度的行之有效的方法。

由此可见,只有提高思想政治教育者对管理载体的认识及运用管理载体的自觉性,才能使管理载体得到普遍的恰当地运用,充分发挥其承载和传递思想政治教育内容的作用。

其次,提高管理人员的思想政治素质和思想政治意识,使其承担一部分思想政治教育职能。要用好管理载体,充分发挥其教育功能,仅靠思想政治教育者的努力是不够的,还需要广大管理人员也来做思想政治工作,即在管理中融进思想政治教育内容,运用思想政治教育方法。但如果管理人员自身的思想政治素质不高,他就难以履行思想政治教育职能;如果缺乏思想政治教育意识,他就不会在管理中融进思想政治教育内容。因此,提高管理人员的思想政治素质以及思想政治教育意识,是用好管理载体的一个基本性的工作。这一工作有多方面的内容,其中很重要的一点就是要帮助管理人员克服把思想政治教育和管理分离开来的错误认识。

许多管理者认为，思想政治教育仅仅是思想政治教育者的事，管理人员只需管好自己的业务。这是一种囿于分工所造成的片面认识。实际上，任何工作都离不开思想政治教育。因为任何工作都是人做的，要做好工作，就要发挥人的积极性、主动性、创造性，而调动人的积极性，除了其他手段以外，思想政治教育是不可缺少的重要手段。同时，在做工作的过程中，人们不可避免地会产生这样或者那样的思想问题，不解决这些问题，工作就会受到影响。管理当然也不例外，只有切实调动人们的积极性，及时解决各种思想认识问题，管理才能有效。这就需要在管理中渗透思想政治教育内容，运用思想政治教育手段。由此可见，管理和思想政治教育是互相联系和互相作用的。管理人员对此要有明确认识，把二者紧密联系起来，自觉承担一部分思想政治教育职能。在制定和实行"岗位责任制"的时候，主管部门要大力推行和落实"一岗两责"，这既是管理工作的内在需要，也是"以管理为载体"内容的一部分。

同时，要促进管理水平的提高，为思想政治教育创造良好的环境。思想政治教育要以管理为载体，努力促进全社会各项管理工作水平的提高。这是因为管理水平的高低，对思想政治教育有着重要的影响。科学规范的管理可以起到理顺关系、化解矛盾，促进一个地区或单位活动有序化的作用，这在客观上为思想政治教育创造了一个良好的环境，有利于人们良好行为习惯的养成。

相反，如果管理乱糟糟，由各种实际问题引起的思想问题必然层出不穷，这就增加了思想政治教育的难度。无怪乎有人说"科学的、民主的、公平的、规范的管理，本身也是一种思想政治教育"。这当然是在一定意义上讲的，但它也说明管理水平的高低对思想政治教育具有非常重要的意义。因此，思想政治教育者应积极支持各级管理人员大胆管理，并主动参与管理过程，包括参与制定规章制度、宣传规章制度、督促规章制度的执行，以及协调各种关系等，努力促进管理水平的提高。这也是以管理为载体的题中应有之义。

（二）文化载体

文化是一个有着多重含义的复杂概念。广义地说，文化是指人类不断创造和积累起来的物质财富和精神财富的总和，涵盖除自然生成物之外的一切社会事物；狭义地说，文化则是指语言、科学知识、文学、艺术及一切意识形态在内的精神产品。文化既是一定时代一定社会的产物，又是一个连续不断的动态过程。所谓以文化为载体，就是将文化看作是一个动态过程，把思想政治教育的内容寓于文化建设之中。这里的"文化"主要是指狭义的文化，在很多时候也涉及广义的文化。

一般认为，文化主要由符号、语言、价值观、规范和物质产品等因素构成，其中，价值观及其具体化的规范是文化的核心。思想政治教育的基本任务正是要向人们传输符合我国社会发展要求的价值观以及相应的法律、道德规范等，以使他们的思想和行为向着社会要求的方向发展。可见，文化本身就蕴含着大量的思想政治教育内容，并潜移默化地影响着人们。只不过，我们过去对文化载体缺乏自觉地运用，文化载体的思想政治教育功能未能得到充分发挥。进入20世纪90年代以来，随着社会环境的巨大变化，思想政治教育者逐渐认识到文化载体的重要作用，并开始自觉地运用这一载体开展思想政治教育。党中央也非常重视文化建设，十四大报告强调要搞好社区文化、村镇文化、企业文化、校园文化的建设；十五大报告又从社会主义初级阶段党的基本纲领的高度，论述了建设中国特色社会主义文化的问题。按照党中央的要求，运用好文化载体，是社会主义市场经济条件下加强和改进思想政治教育的重要措施。

运用好文化载体，首先是要正确认识文化的思想政治教育功用。如前所述，文化本身就蕴含着大量的思想政治教育信息，它对人的影响本来就包含着思想政治方面的影响，具备了作为思想政治教育载体的内在特质。其次，文化遍及社会生活的各个领域，无所不在，无处不有。文化的这种普遍性特征为思想政治教育利用它作为广泛群众性的载体提供了条件。文化的这些特质，决定了它能够作为思想政治教育的载体被我们所运用，也决定了它具有较强的思想政治教育功用。

第一，以文化为载体，有利于增强思想政治教育的吸引力、渗透力，有利于思想政治教育作用的广泛实现。如何提高思想政治教育的吸引力、有效性，是思想政治教育理论和实践的一个重要课题。以文化为载体，从一个方面为解决这一问题提供了新的方案。文化具有渗透性强、影响持久以及形象、生动、直观等特点。将思想政治教育的内容寓于文化建设之中，会使思想政治教育更生动活泼，更具有吸引力，更容易为人们所接受；同时，思想政治教育也能更好地产生"润物细无声"的作用，让人们在不知不觉中受到其内容的熏陶。那些蕴含丰富的思想政治教育内容的优秀文艺作品对人们强烈而持久的吸引力，以及对提高人们的人文素质和思想道德面貌的深远影响说明了这一点。此外，文化的覆盖面广，可以影响到每一个人；以文化为载体，就能扩大思想政治教育的影响，使其作用在最大范围内得到全面实现。

第二，以文化为载体，有利于全面提高人们的思想道德素质和科学文化素质。人的素质的全面提升，包括思想道德素质和科学文化素质的提高，是思想政治教育的根本目的。文化载体为实现这一目的提供了有效途径。文化对人的影响具有全面性，它既包括科学知识、专业技能的影响，又包括思想观念、道德规范等的影响，两者的影响相互交织、紧密相连。将文化作为思想政治教育载体，就是要充分发挥文化对人的这种全面影响，通过举办各种文化活动，增进人们的文化科学知识，提高人们的专业技能，同时充分发挥文化内涵的思想政治教育资源，并赋予新的时代内容，以此潜移默化地感染人、影响人，从而促进人们把社会所需求的思想观念、道德规范、政治观点内化为自己的品德素质。由此可见，文化载体能满足人们全面发展的多方面需要，是把思想道德素质的养成和科学文化素养的培养有机结合起来的有效的途径。

第三，以文化为载体，有利于形成与社会主义现代化相适应的全民一致的价值观。引导人们树立正确的价值观，进而在全社会形成符合现代化要求的大体一致的价值观，是市场经济条件下思想政治教育的基本任务。以文化为载体，是完成这一任务的重要环节。因为任何文化的核心即在于是一定的价值观，而就心理机制而言，文化可以看作是一定群体所形成的共同的心理程序，即群体成员对一定社会刺激产生的类似反应。例如，在特定社会里，为文化所否定的事物和行为，必定为大多数人所鄙弃；被文化所肯定的事物和行为，则会为大多数社会成员所追求。文化的这种机理对于塑造全社会共同的价值观是有利的。思想政治教育应充分利用这种机理，将社会主义现代化所要求的价值观融入文化活动中，使人们经过文化的熏染，在社会生活的基本方面形成大体一致的价值观。文化载体在这方面的作用是其他载体不可比拟的。

文化载体的思想政治教育作用是多方面的，从上述讨论中便可窥见一斑，其重要性在思想政治教育中的作用是不可替代的。正确认识文化的思想政治教育功用，是运用好文化载体的前提。

运用好文化载体，关键是要加强文化建设。文化的内容是庞杂的，对人的影响也是复杂的。把文化作为思想政治教育载体，就是要发掘文化内涵的思想政治教育资源，并赋予其时代的意义，同时将思想政治教育的新内容渗透到文化中，从而使文化对人产生积极影响。为此，就必须大力加强文化建设。

首先，是要保证文化建设的社会主义性质，充分发挥文化载体培养"四有"新人的作用。文化建设的性质最终是由思想建设的内容所决定的。因而，在我国的文化建设中，必须坚持马克思主义的指导地位，坚决贯彻执行党的路线、方针、政策，以确保文化建设的社会主义方向，更好地为现代化服务，为培养社会主义新人服务。

其次，是要大力发展教育、科学、文学艺术、新闻出版、广播电视、卫生体育，以及图书馆、博物馆等文化事业，提高我国文化建设的水平，满足人民群众日益增长的精神文化需求。教育科学、文学艺术等各项文化事业具有广泛的群众性，直接影响到人们的思想道德素质和科学文化素质。只有在大力发展生产力的同时，积极发展各项文化事业并不断提高其水平，提高其覆盖面、影响力，渗透于其中的思想政治教育的内容才能更广泛更有效地影响人。相反，如果文化事业发展缓慢，水平低下，就很难满足人们的精神文化需求，文化载体的思想政治教育功能就难以实现。可见，努力发展各项文化事业，是加强文化建设的重要内容，也是运用好文化载体的内在需求。

再次，是要建设好社区文化、村镇文化、企业文化、校园文化、军营文化甚至家庭文化，并借助于这些载体，把思想政治教育落实到城乡基层。在我国社会中，全体人民共同奉行并占主导地位的社会主义文化，既通过教育、科学、文学艺术、新闻出版等文化事业得到体现，又通过林林总总的群体文化如社区文化等表现出来。这些群体文化既包括社会主义文化中的基本内容，如马克思主义思想体系、共产主义信仰、社会主义法律、道德等，又包括各种群体独特的价值标准、规范和生活方式，如社区文化中的习俗和社区意识，村镇文化中的乡规民约，企业文化中的企业目标、企业精神，校园文化中的校规、校纪、校风等。群体文化对生活于其中的人们有着直接的深刻的影响，对与其有着这样或者那样联系的人们也有着某种程度的影响。

只有建设好群体文化，即在城市建设好社区文化，在农村建设好村镇文化，在企业建设好企业文化，在学校建设好校园文化等，并使其形式多样，生动活泼，为人民群众喜闻乐见，寓于其中的思想政治教育的内容才能更好地为人们所接受。因此，建设好社区文化、村镇文化、企业文化、校园文化，是加强市场经济条件下文化建设的重要任务，也是以文化为载体的必然要求。

总之，加强文化建设，使各项文化事业和各种群体文化处于良性互动之中，是思想政治教育充分运用文化载体的前提，也是运用好文化载体的至关重要的一环。有鉴于此，思想政治教育应充分发挥自己的优势，努力促进文化建设的发展，使思想政治教育与文化建设处于良性互动之中。

（三）活动载体

以活动为载体，就是有意识地开展各种活动，将思想政治教育的内容寓于活动之中，使人们在活动过程中受到教育，提高觉悟。

人类的活动是多方面的，包括经济、政治、军事、教育、科技活动等，这些活动多属于人们的职业活动。这里所说的作为思想政治教育载体的活动，则主要是指这些职业活动以外的一般性社会活动，如文化活动、社会服务活动、社会调查活动、参观访问活动、各种群众性的精神文明创建活动等，当然也包括围绕经济、业务工作开展的各种有益活动。人们在社会生活中，除了参加职业活动以外，还要参加大量其他的社会活动，以满足精神生活的需要。随着社会的发展，人们闲暇时间的逐渐增多，职业活动以外的社会活动越来越丰富多彩，对于人们的生活也越来越重要。这种情况既要求思想政治教育者必须重视各种群众性活动的开展，善于寓教于活动之中，学会运用活动载体开展广泛的教育活动，又为思想政治教育运用活动载体创造了有利的条件。

选择活动为载体是对思想政治教育优良传统的继承和发展。通过各种活动对人们进行思想政治教育，是党的思想政治教育的好传统。二十世纪五六十年代的学雷锋、学王杰、学焦裕禄等活动，在提高人们的思想道德素质方面，曾产生过广泛而深远的影响。日常思想政治教育中的"寓教于乐"，即通过各种文体活动开展思想政治教育，同样产生了很好的效果。然而，过去的做法主要是经验型的，对活动方式的运用也主要限于文体活动及学英雄模范人物活动。而新时期思想政治教育对活动载体的运用，既继承了二十世纪五六十年代思想政治教育的好传统，又有了新的发展。这主要表现在，在理论上明确提出以活动为载体，并对活动载体的特征、作用等进行了初步研究；在实践上，除上述活动形式外，更创造了大量的新的群众性精神文明创建活动形式，如"为您服务"活动、"十星文明户"活动、"讲文明，树新风"活动、"五好家庭户"活动、"青年文明号"活动等。这些活动有很多本身就是作为思想政治教育的活动开展起来的，有明确的思想政治教育目的，蕴含着丰富的思想政治教育信息。由此可见，新时期思想政治教育的活动载体，无论是内容还是形式都比过去大大丰富了。

选择活动为载体也是思想政治教育的内在要求。思想政治教育要培养人们具备良好的思想品德并促使人们将其外化为相应的行为，而良好的思想品德只有通过教育并在社会实践活动中才能得以形成和巩固，符合社会规范的行为也只有通过社会实践活动才能得以表现。思想政治教育的过程及结果都离不开实践活动，这是思想政治教育的特点所在。而各行各业的业务活动以外的其他社会活动，是人们社会实践活动的重要内容。以这些活动为载体，积极组织和引导人们参加各种社会活动，使人们在活动中逐渐提高思想道德素质，是促使思想政治教育顺利进行并取得较好效果的内在需要。

选择活动为载体还是提高思想政治教育有效性的要求。活动载体在发挥思想政治教育作用方面有其独有的特点：

其一，活动载体能够较好地使思想政治教育内容被人们潜移默化地接受。各种活动生动活泼，形式多样，丰富多彩，能吸引人们自愿参加其中。将思想政治教育内容渗透到活动中，人们就能在不知不觉中受到教育，其思想道德素质的提高就会呈现潜滋暗长的态势。这种效果正是思想政治教育所要追求的较理想的效果。

其二，活动载体能较好地实现教育与自我教育的统一。教育与自我教育是思想政治教育过程中同时并存的两种活动，只有把这两者协调统一起来，思想政治教育才能取得较好效果。活动载体就是实现二者统一的重要形式。把思想政治教育的内容有机地融入活动中，并积极组织广大群众参加各种活动，这是教育的过程；而群众在活动的过程中，在受到感染、不知不觉地接受教育的同时，又会自我鉴别、比较、判断、取舍，从而提高认识，使自己的思想品德向社会要求的方向发展，这又是自我教育的过程。在活动中，教育与自我教育有机地统一在一起。

其三，以活动为载体在一定意义上使思想政治教育客体主体化，扩大了思想政治教育面。参加各种活动的广大群众，相对于思想政治教育者来说，是受教育者——思想政治教育的客体。他们在受到教育，使自己的思想道德素质提高的同时，又以自己的活动在感染着、教育着未直接参加活动的人，影响着、改变着社会风气。这样，他们又在某种程度上扮演了教育者的角色，使教育面大大扩展。例如，"青年文明号""爱心社""青年志愿者"一类活动，无疑会使千千万万参加者的行为得到规范，文明程度得到提高，为人民服务的意识得到加强。同时，他们的优质文明服务，又会把社会主义精神文明带给更多的人，使广大群众通过他们的服务活动受到感染，言行举止趋向文明化，社会风气也得以改善。

要用好活动载体，充分发挥其思想政治教育功能，必须做到以下几点：

1.加强对各种活动的指导，组织好各种活动

活动如果组织得不好，就难以产生预期的效果，思想政治教育的功能就难以实现，因而应加强对活动的指导与组织。思想政治教育者要提高认识，把各种活动的开展纳入思想政治教育范畴；要指定专人筹划组织各种活动，对群众自发性的文体活动也要加以引导；要在经费、场地、设施等方面为活动的开展创造条件。只有这样，活动才能正常有序地进行，也才能充分发挥活动的思想政治教育载体的作用。

2.各项活动都应有明确的目的性

这是指思想政治教育在以活动为载体时，对每一项活动应该达到什么目的都要明确规定。只有目的明确，通过活动进行的思想政治教育才能产生好的效果。许多农村地区开展的"五好家庭户"活动、"十星文明户"活动，之所以能取得较好的思想政治教育效益，一个重要原因就是这些活动的目的非常明确，并且可以分解成一些具体目标，这就为激发广大农民参加这些活动提供了动力。

3.尽可能将活动与经济建设等业务工作联系起来

以经济建设为中心，要求思想政治教育者在开展活动时，要注意与经济建设以及其他业务工作联系起来，通过活动调动人们的积极性，促进生产和工作的顺利进行。许多事实表明，这样做不仅必要，而且可能。如一些企业开展的劳动竞赛活动、双增双节活动、技术练兵比武活动、合理化建议和技术革新活动、民主管理活动等，都取得了很好的效果。活动既直接促进了生产的发展，又使职工受到主人翁意识、敬业精神等方面的教育。其他如最佳营业员评选活动、最佳出租

车司机评选活动、十佳公仆评选活动等，都产生了较好的经济效益和广泛的社会效益。

4.活动应因地制宜，丰富多彩，具有吸引力

各地、各部门、各单位的情况不一样，条件也有差异，在开展活动时，一定要从实际出发，切不可不顾具体情况，别人搞什么活动，自己也搞什么活动。此外，不论是什么活动，都应力求形式多样，搞出特色来，以吸引更多的人参与。

5.活动应讲求实效，不可太多太滥

开展活动是要达到一定的效益，而不是做给领导或其他人看的。同时，活动应有阶段、有节奏。在一个活动的目的基本达到以后，再开展一个新的活动，切不可一哄而上。过多过滥的活动会使得人们"消化"不良，甚至使人们产生厌烦情绪，从而使活动的效果大打折扣。这是有很多教训的，应引起思想政治教育者特别注意。总之，注意到上述各点，把各项活动组织好，使之正常有序、生动活泼地进行，是对以活动为载体的基本要求，也是充分发挥活动载体思想政治功用的重要保证。

（四）大众传媒载体

大众传媒是指多种形式的通讯手段，包括报纸、杂志、书籍、广播、电视、电影、录音、录像、电脑等工具。以大众传播媒介为载体，就是指通过上述各种传播工具，向广大人民群众传输思想政治教育内容，使人民群众在接受广泛的社会信息的同时，接受思想政治教育。

大众传媒的发展，为日益社会化的思想政治教育以其为载体提供了科技的条件和物质的基础。同时也要求思想政治教育必须以此为载体，对人民群众进行广泛的宣传教育工作。如果不充分利用这一影响极大的载体，思想政治教育的影响力就会受到很大限制，那将是当代思想政治教育的一大缺憾。利用大众传媒进行思想政治教育，有两大优点：

一是能最大限度地扩大思想政治教育的覆盖面。如前所述，大众传媒渠道多，覆盖面广，深入社会的每个角落，影响到每一个人。现代社会中的人们，借助不同类型的大众传媒，获得跨越家庭、学校、工作团体、社区乃至国界的各种信息。传媒传播的各种价值观念、思想观点、社会规范等，使人的精神世界受到极大的影响。毫不夸张地说，现代社会中每一个人的思想品德的形成和发展几乎都不能摆脱传媒的作用。因此，通过大众传媒如报纸、期刊、广播、电视等进行思想政治教育，能够广泛地作用于社会的各个阶级、阶层、各种利益群体乃至每一个人，使思想政治教育真正具有全民性。

二是能提高思想政治教育的时效。大众传媒与社会生活联系密切，能迅速及

时地反映社会生活。这一特点因为电子媒介的发展，变得更加突出。电视、广播等电子媒介的使用，使传媒对社会生活的反映更加快捷，甚至同步化，并且不受时空的限制。互联网的发展，更使得"地球变小了"，世界犹如一个"地球村"。这就使我们有可能利用它们，及时地进行思想政治教育，使其作用很快体现出来。例如，现场直播江泽民同志在十五大上的报告，就使广大群众及时了解到十五大精神，及时了解到党对我国政治、经济、文化等方面的建设以及党自身的组织、作风建设的新的战略部署，明确了世纪之交我们的前进方向。这一现场直播无疑是一次成功的宏观思想政治教育，其效果非常明显。大众传媒的这些优点，表明它是现代化建设和市场经济条件下思想政治教育的优良载体。我们应努力用好这一现代载体，充分发挥它在思想政治教育中的积极作用。通过大众传媒对人民群众进行思想政治教育具有多方面意义，其中下述两点尤其明显。

第一，能直接促进社会主义精神文明的建设，促进全国人民建立共同的理想。一位美国学者曾经说过，传播媒介可以用一国的生活思想规范教导人民，可以提供一个团结全民的场合，得到举国的政治一致。这一点在我国表现得尤其突出。我国是社会主义国家，大众传媒从根本上反映了人民的利益和愿望，直接传达党和政府的声音。它的一个重要任务就是要向人民群众宣传马列主义、毛泽东思想、邓小平理论，宣传党的路线、方针、政策，宣传共产主义、社会主义思想，宣传代表时代精神的新人新事。大众传媒的这种广泛、深入、持久的宣传教育，对提高社会主义精神文明的水平，提高全体人民的思想道德水平，以及使全体人民建立起实现社会主义现代化的共同理想都具有重要作用。

第二，能够有力地促进社会风气的好转，为思想政治教育创设良好的社会环境。通过大众传播媒介宣传反映共产主义、社会主义思想的先进人物、先进事迹，鞭挞落后腐朽的事物，能够形成强大的舆论场，用正确的舆论引导人，有力地影响社会风气。如我们通过大众传媒大力宣传孔繁森、李素丽、李国安、谭彦、吴天祥等各条战线的优秀人物的先进事迹，在社会上引起了极大的反响，对形成良好的社会风气，起到了直接的促进作用。而社会风气的好转，就为思想政治教育创造了日益优化的社会环境。运用大众传播媒介进行思想政治教育，其实施方式主要有：

1.大范围的社会宣传教育，即由宣传、文化部门通过报纸、期刊、电台、电视台等大众传播工具对人们进行思想政治教育。它具有面广、量多、快速的特征，是一种社会化的教育方式。这种方式的具体实施方法是多种多样的。以电视为例，现场直播领导人讲话以及重要会议，实况转播英雄模范人物报告、专题片如《邓小平》、人物特写如"东方之子"社会问题讨论如"焦点访谈""社会经纬""新闻调查"，以及大型文艺演出、优秀电视剧、通过电视播出的优秀电影等，都是具体的实施方法。其他传媒工具如电台、报纸、期刊,也都有许多各具特点的督促检查实施方法。具体运用哪一种方法,要根据形势的需要和教育对象的实际来定。

2.小范围的思想政治教育,主要是指通过收看录像、收听录音以及自办广播、电视节目来进行思想政治教育。如通过电视放映具有教育意义的录像片,可把理论教育与形象教育结合起来,其效果比单纯地讲报告好得多。这种方式能保证教育的高质量,同时在时间上比较灵活,组织起来也比较方便。随着大众传媒的发展,这种方式成为工厂、学校、机关、商店的思想政治教育中经常采用的方式之一,也是较受教育对象欢迎的一种方式。

随着社会现代化和大众传媒的迅猛发展,大众传媒在思想政治教育中的作用越来越重要。充分运用这一载体进行思想政治教育是时代发展的需要。在运用这一载体时,应该对传媒影响的复杂性问题予以特别注意。传媒所反映的内容及其对人的思想的影响都是复杂的,既有积极的有利的一面,也有消极的不利的一面;不同的信息会使大众传媒的教育作用可能出现相互抵触、相互干扰的矛盾现象。这就要求加强对大众传媒的宏观管理和指导,坚决取缔非法出版物和音像制品,倡导网络道德,努力净化传媒所传播的内容,使之积极健康向上,能反映社会主义的时代精神,并向同一方向起作用。只有这样,才能更好地发挥大众传媒的思想政治教育功能。

综上所述,管理载体、文化载体、活动载体、大众传媒载体各有各的特点、功用以及适用范围。因而,我们应根据思想政治教育的不同内容和教育对象的不同情况,选择相对应的载体,以充分发挥每一种载体的思想政治教育功能。但同时,它们之间又是相互联系、相互渗透、相互作用的。因此,我们又不能片面强调某一种载体的作用,而应学会综合运用或交替运用包括上述四种载体在内的多种载体,发挥多种载体的综合效应,以形成全方位的思想政治教育态势。

四、正确运用载体

新时期,人们在研究思想政治工作的载体上做了大量工作,载体也渐新渐多,这本是社会的进步,然而有些单位往往单纯为了博取兴趣,不从效果着眼,结果载体虽新,形式虽多,效果反而呈下滑之势。无论多么珍贵的妙药,不能正确运用,就不能达到治病强身的目的,无论多么先进的政工载体,不能正确运用,也不能达到教育人、改造人的目的。对于思想政治工作的载体,关键在于正确运用,使之发挥最佳教育作用,并在此基础上实现载体的创新和发展,才有积极意义。

世界上没有一种万应灵丹,可以包医百病;也没有一种政工载体,可以打开所有的思想问题之锁。政工载体要不断创新,改进方式方法,以适应不断发展的新形势的需要。只要正确运用,新的载体就能够大大提高工作效率。有时,运用一种富有新意的、为群众喜闻乐见的载体，能取得令人鼓舞的教育效果。关键是不要忘记一条重要原则：就是要在坚持正确运用的前提下，来实现思想政治工作载体的创新和发展。

第三节 多维视角下高校思想政治教育与心理环境研究

一、高校思想政治教育心理环境概述

（一）高校思想政治教育心理环境的概念

心理环境的概念是由格式塔心理学派代表人物勒温（Kurt Lewin）提出来的。勒温从"部分相加不等于全部"的基本观点出发，把人或环境看成是一个整体的存在，心理和行为事件就是在这个整体的制约下发展和变化的。他还援引现代物理学中有关"场"的各种概念，论述了场、心理环境的基本思想。

心理环境就是存在于人脑中对人的行为产生影响的一切环境，是观念的环境。在主体将客观环境转化为观念环境的时候，经过了主体与客体、生理与心理的相互作用、相互转换的过程。客观事物作用于大脑，经过大脑的分析、综合的加工改造，主动地把客观的东西内化为主观的东西之后，便产生了主体的各种心理活动。这些心理活动在主体的心理时空又经历了反映者内部特点的折射、扩展、积累、反馈，就形成了以观念形式表现出来的心理环境。为了区别客观环境，勒温给心理环境冠以"准"字，称为准环境。这是一个由准物理的事实、准概念的事实、准社会的事实三类准事实组成的环境（心理环境）。不管是人意识到的事件，还是没有意识到的事件，只要成为心理的实在，都可以影响到人的行为。

后人在勒温的基础上，提出了民族心理环境、社会心理环境、校园心理环境等概念，拓宽了对心理环境的研究。高校思想政治教育是在一定的环境中进行的，这些环境势必与受教育者发生作用，并经过受教育者主体的内化、积淀，形成了影响主体心理行为的心理环境。因此，高校思想政治教育心理环境就是指在高校思想政治教育过程中，存在于受教育者头脑中，对受教育者接受教育程度产生影响的一切环境。不管是受教育者意识到的环境，还是未意识到的环境，只要成为受教育者心理的实在，都可以成为受教育者的心理环境。

（二）高校思想政治教育心理环境的构成要素

高校思想政治教育心理环境包括：

1.社会的政治、经济体制

高校的思想政治教育总是在一定的社会中进行的，并受到社会现实的制约。

从德育目标的制定到德育教学计划的实施，都离不开社会生产方式的制约。所以，不同制度下的思想政治教育存在着明显的差异。国家的方针、政策影响着学校的发展方向、活动方式、组织方式、教学计划，还规定和影响着学校思想政治教育的内容，对学生的世界观、价值观和人生观具有重要的影响。

2.民族文化传统、地域性的风俗习惯

民族文化传统具有极强的渗透性和感染力，潜移默化地影响着我们的行为习惯和思维模式。不同民族文化传统的人在生活方式、行为习惯和思维模式上存在巨大差异。民族心理研究还表明，地理环境对人的性格的形成也有一定的影响，同一区域、民族的人往往具有相同的性格特征。因此，不同民族、不同区域的学生往往会受到这些地理、心理环境因素的影响，表现出不同的思维模式和行为习惯，这些是高校思想政治教育中必须考虑到的因素。

3.文化舆论环境

如前所述，文化舆论环境是社会心理形成的基础。健康心理环境的形成，离不开正确的文化舆论的导向。构成高校思想政治教育心理环境的文化舆论环境，包括校外的文化舆论环境和校内的文化舆论环境。校外的文化舆论环境，主要包括大众传媒、报纸杂志、电视、网络等。校内的文化舆论环境，主要包括学校的宣传栏、广播站、文化活动等。文化舆论环境具有一定的导向作用，营造健康的高校思想政治教育心理环境必须考虑文化舆论环境因素。

4.校风

校风，是学校集体成员在工作、学习和生活中表现出来的一贯的行为倾向。它对学生的心理起着潜移默化的导向作用、聚合作用和激励作用，以及对学生的心理健康起着保护、增进作用。因此，校风是治校育人的重要因素，是在建设高校思想政治教育心理环境中不可忽视、不可替代的重要因素。

5.人际关系

人际关系环境对人的心理状态有着巨大的影响和决定作用。有关心理研究表明，近年来，高校学生心理健康问题层出不穷，大部分都是人际关系不协调造成的。教学中，师生关系不融洽，会使学生产生"逆反心理"，对学习产生消极影响。学习生活中，同学关系不和谐，会使学生产生消极情绪，从而影响学生的学习情绪。

6.大学的生活方式，包括文娱、体育和校内各种课外活动

丰富多彩的生活方式，可以陶冶学生的情操、健全人格、培养意志、改善紧张的人际关系环境，从而充实和改善学生心理环境的结构。如果没有良好的生活方式，就会使人意志消沉。

(三) 高校思想政治教育心理环境的分类

根据高校思想政治教育过程中大学生接触的不同层面的环境和载体，我们可以将高校思想政治教育的心理环境划分为社会心理环境、学校心理环境、课堂心理环境、宿舍心理环境和家庭心理环境。

1. 社会心理环境

社会心理环境，是指对人的心理活动发挥着实际影响的整个社会生活环境，也可以说，是人们在社会生活中由于相互影响而形成的一定心理氛围，是社会生活主体与社会环境之间的主观与客观的统一。社会心理环境可分为外部的心理环境和内部的心理环境。外部的心理环境是指群体之外的社会环境，包括社会的政治经济方式、社会风气、社会思潮、民俗习惯、地域的传统等。尽管大学生生活在高校校园内，但由于开放式的教学制度，多样的信息渠道，大学生日益融入社会生活之中，必然会受到社会上的一些社会风气、舆论的影响，这对高校的思想政治教育起到或促进或阻碍的作用。内部的心理环境是指生活于其中的群体内部的社会环境，包括群体的共同目标和规则、群体内部的人际关系等。

2. 学校心理环境

学校心理环境，主要指校园内部一切影响师生员工心理的一切环境因素，其主要构成包括高校本身的历史传统、道德风气、学术气氛、管理方式、人际关系气氛、校园文化内容等。学校心理环境是大学生学习和工作的动力来源之一，也是大学生个性形成与发展的土壤，对大学生道德品质的形成起着熏陶、感染、引导的作用。

3. 课堂心理环境

课堂心理环境，是指在教学活动中，能为学生所感知和体验到的，并能影响学生认识、情感和学习行为的课堂教学气氛。课堂心理环境分为教师教的心理环境和学生学的心理环境。教师教的心理环境，是由教师的教学能力、教学态度、教学精神、人格魅力等因素构成的。学生学的心理环境，包括学生学的态度、道德行为、课堂行为等因素。高校思想政治教育主要是在课堂中通过教师进行的。因此，课堂心理环境是高校思想政治教育心理环境的关键环节。

4. 宿舍心理环境

宿舍心理环境，是指宿舍内影响学生心理行为的一切环境因素，包括寝室文化、宿舍内的人际关系、氛围等因素。大学宿舍不仅是学生休息的场所，也是学生学习、娱乐以及进行其他文化生活的主要场所。宿舍内人员集中、生活时间长，学生彼此之间的行为表现、道德品质最容易相互影响，因此，宿舍心理环境也是高校思想政治教育心理环境的一个重要因素。

5. 家庭心理环境

家庭心理环境，是指家庭内部影响家庭成员心理行为的一切环境因素。家庭的物质文化是构成家庭心理环境的物质基础，家庭意识文化是家庭心理环境的主导因素，家庭行为文化是家庭心理环境的直接因素。家庭是社会的首属群体，父母是孩子的启蒙教师，家庭是影响与教育大学生的重要环境之一。著名的"罗森塔尔期望效应"告诉我们，只有民主、和谐、温暖的家庭氛围才能使子女心情舒畅，并能把父母的爱和理解转化为学习的动力，同时形成良好的道德品质和行为习惯。

高校思想政治教育心理环境，是指在高校思想政治教育过程中，存在于受教育者脑中，对受教育者接受教育程度产生影响的一切环境，是一个由多种因素整合而成的极为复杂的心理构成物。它通过不同的心理层面、载体对高校思想政治教育发挥着促进或阻碍的作用。

二、心理环境在高校思想政治教育中的作用

高校思想政治教育总是在一定的心理环境中进行，心理环境在高校思想政治教育中发挥着举足轻重的作用。在高校思想政治教育中，大学生通过自身的知识结构、认知水平和思维方式，与周围环境发生相互作用，内化为道德品质。

（一）心理环境的影响内化为大学生道德品质的机制

心理环境的作用在高校思想政治教育过程中不容忽视。但是，环境的影响毕竟是外部的因素。唯物辩证法告诉我们，内因是事物发展的根本原因，决定着事物发展的方向和性质。那么，心理环境这一外部因素是如何发挥作用，内化为大学生的道德品质呢？它的内化机制是什么呢？

1.模仿心理

模仿，是个人受非控制的社会刺激所引起的一种行为。这种行为以自觉或不自觉地模拟他人的行为为特征。通过模仿这一手段，使得某一群体的人们表现出相同的行为举止。心理学家认为，模仿行为是一种自然倾向。人类最初的知识就是从模仿中得来的。可以说，模仿是人们道德社会化最重要的途径之一。

美国著名的心理学家班杜拉认为，人类行动的形成是一种靠直接经验的学习而进行反应的结果。而靠观察榜样的示范行为和间接经验的学习，靠自己行为反应的结果进行学习，是非常缓慢、吃力的，代价也是很大的。人类大部分行为是靠观察榜样的行为而习得的。他的观察学习理论，我们可以理解为人的行为是在观察榜样行为的基础上，通过模仿而逐渐获得的。这种在观察基础上的模仿对道德经验缺乏的大学生更为重要。大学生的许多行为都是通过观察和模仿父母、教师和同学的行为形成的。

2. 从众心理

从众，是指个人在社会团体的压力下，放弃自己的意见和观点，转变原有的态度，采取与大多数人一致的意见和观点。所谓的"随波逐流""人云亦云"就是这个道理。从众心理在日常生活中是很普遍的现象，大学生群体中更是如此。社会心理学家认为，从众是在团体的压力下，个体为避免与团体之间的冲突、增强安全感的手段。个体为了寻求与团体一致，受到了存在于自身头脑中的团体压力的影响，放弃自己的意见和观点，通过个体的行为和信念表现出来，从而产生了从众行为。从众与顺从存在着区别，顺从是指个体虽然改变了自己原有的态度和行为，但是仍然坚持内心的想法和信念。所谓的"口服心不服"就是这个道理。

社会心理学研究表明，个体产生从众行为主要是受到团体规范和信息的影响。一方面，个体总是隶属于一个团体，行为必然受到团体规范的影响。团体规范是团体成员必须遵循的行为规范，表现出的行为符合团体规范的成员，必然得到团体的接纳和喜欢，而违反团体规范的成员必然受到团体的拒绝和排斥。当个体的行为偏离团体规范时，就会产生可能被团体拒之门外的恐惧感，从而产生从众行为。另一方面，当个体在信息不详、情况不明、把握不大的情况下，总是倾向于把大多数人的意见看作正确的意见，进而作为自己的行为准则，从而产生从众行为。社会心理学家谢里夫的"游动错觉"就表明了这点。该实验就是请被试者判断一个黑暗中的光点的具体位置。被试者在独立判断情况下得出的结论大相径庭，但当被试者聚集在一起判断的时候，就产生了从众现象，得出的结论几乎一致。

高校思想政治教育过程中的大学生由于受到以下几个因素的影响，也常常产生从众行为，形成与他人一致的道德行为和品质。第一，建立和维持良好的人际关系。高校大学生渴望友谊，希望获得同伴的认可，建立良好的人际关系。因此，在学习生活中，往往改变自己原有的态度和观点，去迎合同伴，形成与他人一致的态度和观点，从而建立和维持良好的人际关系。第二，为取得其他同学的好感。大学生活中，根据性格特征和爱好，高校学生往往形成不同的团体，共同生活和学习。团体中的成员，为了获得其他同学的好感，在自己和别人的意见产生分歧时，常常会改变自己的意见，以博得同伴的好感。第三，不愿意感受到与众不同的压力。根据马斯洛需要层次理论，人有爱和归属的需要。大学生常常参加各种不同的社团和团体，满足内心需要。当与团体意见不一致时，他们就会产生压力和被团体排斥的恐惧感。这种情况下，大学生就容易改变自己的态度，与团体保持一致，从而产生从众行为。

3. 暗示心理

暗示，是指在无对抗条件下，用某种间接的方法对人们的心理和行为产生影响，从而使人们按照一定的方式去行动或接受一定的意见、思想。暗示可以通过语言的形式进行，也可以通过其他方式进行。例如，教师在表扬答对问题或者进步的学生时，就是语言暗示。上课时，教师惩罚讲话或者开小差的同学时，就是行为暗示。暗示对人的心理和行为有着巨大的影响。谢里夫曾经对暗示的作用做过一个实验。他要求大学生对两段作品做出评价，对学生说，第一段作品是英国作家狄更斯所著，第二段作品是一个普通作家写的，其实这两段作品都是狄更斯所著。受了暗示的大学生对两段作品做出了差异很大的评价：第一段作品得到了宽厚而又崇敬的赞扬，而第二段作品却得到了苛刻而又严厉的挑剔。两段作品，都是出自同一人之手，只不过受到了不同的暗示，就产生了差异悬殊的结果。由此可见，暗示对人的心理和行为具有很大的影响。

暗示可以分为他人暗示和自我暗示。暗示信息来自他人，就是他人暗示。他人暗示又可分为间接暗示和直接暗示。高校学生，往往受到课堂上教师和生活中同伴的暗示，产生与之相符的心理和行为。暗示信息来自本人，就是自我暗示。自我暗示对自身产生的作用最大，可以发挥积极作用，也可以发挥消极作用。大学生的信心其实就是自我暗示。当大学生面对新的环境、新同学和新的学习任务时，如果能看到自己的实力，并且有足够的勇气来承担，认为自己能够完成大学阶段的任务，就能很好地完成大学阶段的学习。

性格软弱，缺乏主见的大学生，往往容易随波逐流，接受暗示者的影响；独立自主的大学生，反暗示性很强，他们反对顺从，要求独立，按照自己的意志办事，尤其是当他们知道或意识到他人企图施加暗示影响的时候，就更不会接受暗示，所以暗示者施加的影响就不会起作用。

（二）心理环境可以促进大学生道德品质的形成

心理环境一旦形成，就会成为稳定的条件，对人的道德生活和道德品质的形成产生深刻的影响。它不仅影响人们的心理行为、价值观，而且影响人们的道德品质、道德情操和道德行为。心理环境在道德品质的形成过程中发挥着举足轻重的作用，健康的心理环境可以促进大学生道德品质的形成，主要表现在以下几个方面：

1.熏陶感染作用

熏陶感染是指生活在一定心理环境中的人，由于长期受到该环境内人们言行及情绪的熏陶感染和影响，其道德品质在不知不觉中发生变化，形成与他人一致的道德品质和情操。古人云："居楚而楚，居夏而夏""近朱者赤，近墨者黑"，说的就是这个道理。高校思想政治教育过程中，教师和周围同学的品格和行为，往往会对大学生的心理产生影响，形成一定的心理环境，影响大学生的道德品质和道德情操。教师和周围同学的人格魅力、道德品质会对高校大学生起到榜样的作用,潜移默化地促使大学生改变不符合社会要求的道德观念和道德品质。另外,熏陶感染作用也可以克服高校思想政治教育过程中消极心理定势的影响。定势,也叫心向,是指对某一活动的心理准备状态或倾向性。消极的心理定势是指大学生在接受思想道德知识教育时心理的阻抗作用。例如,一个言行不一、品质很差的老师讲授思想道德知识,只会使学生产生不信任和反感的情绪,从而对高校的思想政治教育产生抵触情绪,致使高校思想政治教育失效。由此可见,心理环境的熏陶感染性,是"随风潜入夜,润物细无声"的,容易被人们认同和内化。这一功能和作用,对于正处于身心成长中、可塑性极强的大学生来说,作用更为明显。一个人在青少年时期所获得的道德经验主要来自心理环境的熏陶。心理环境的感染熏陶作用,能使人在愉悦中实现思想的转变和心灵的净化。

2. 导向作用

良好的心理环境所构成的优势影响力是一种不成规章的行为准则,对人们的行为具有导向的功能,会自觉不自觉地受它的影响,即所谓的"随大流"。高校思想政治教育过程中,心理环境中一些健康的因素,如良好的人际关系氛围、积极向上的校园风气以及团体规范,大学生为了维持这种良好的人际关系,就会改变自己的行为,逐渐形成良好的道德习惯。另外,社会群体的行为倾向,是构成心理环境的要素之一,而行为具有直观性、可视性的特征,更容易被大学生理解和接受。

3. 无形的强制作用

高校思想政治教育过程中,当某种心理环境形成后,就会产生一种心理氛围,形成一种无形的压力,迫使大学生消除自己言行与心理环境的反差,以解决自身与环境不适应、不协调的矛盾。如前所述,大学生为了维持良好的人际关系、博得同学的好感和被团体所接受,都会改变自己的言行,以适应环境。当一个道德素质较差的大学生加入了一个道德风气良好的群体后,就会因自己道德素质现状与团体道德风气的反差而产生孤独感和恐惧感,进而促使其提高道德素质,以消除自身与群体之间在道德素质上的反差,逐渐接受群体的道德观念和行为方式,被群体同化而形成良好的道德素质。而当一个道德素质良好的人落入道德素质低的群体时,很可能就会入乡随俗,出现道德滑坡的现象,这就是心理环境无形的强制作用。

4. 促进作用

良好的高校思想政治教育心理环境,会激励个体释放道德潜能,促进大学生形成良好的道德品质。它可以产生巨大的吸引力、凝聚力,提高大学生的士气,同时也影响大学生的道德倾向。

心理环境在高校思想政治教育过程中发挥着重要作用,对大学生道德品质的形成具有熏陶感染、导向和促进作用。要提高高校思想政治教育的实效，就必须克服和消除心理环境中的不利因素，"五管齐下"为高校思想政治教育营造一个健康的心理环境。

近年来，大学生的心理健康教育问题受到各界的高度关注。心理健康教育对于高校思想政治教育的适用性已经成为越来越多学者的研究方向。学者们从关注大学生个体入手，了解他们内心的需求，遵循大学生心理发展规律来开展思想政治教育，有助于让思想政治教育走进大学校园时更深入人心，让高校思想政治教育真正成为符合社会需求，同时兼顾大学生内在感受的教育。

新时期的大学生，大都为00后。他们基本上属于家里的独生子女，在大学之前活在父母的宠爱之中。大学四年对于他们来说，就像是刚走进独立社会的幼儿期，难免会遇到各种不顺利的事情，因此会有各种不顺利。与此同时，如今的大学生不再是天之骄子，他们在四年里必须不断充电学习，才能在毕业时找到自己理想的工作。就业压力、学习压力、人际关系压力等都压得他们喘不过气。传统的思想政治教育形式和内容都比较单一，融入心理健康教育恰好能弥补这方面的不足，给学生以正确的心理健康教育。

心理健康教育对于高校思想政治教育具有很强的适用性，要实现两者的结合，需要从各个方面入手。首先，理念上要真正做到以人为本，从学生个体心理需求出发，转变传统思想政治教育观念，不仅要做到以学生为主体，同时还要实现思想政治教育生活化，达到润物细无声的效果。其次，内容上需要不断更新，并且融入心理健康教育的内容；再次，需要借鉴心理健康教育的部分有效方法，不断加强心理咨询，在教学过程中融合渗透心理健康教育，并且创建以网络为载体的新模式；最后，在教师队伍上要实现资源整合，专业队伍和非专业队伍都需要不断培训，以增强专业技能和实践能力。

总之，心理健康教育对于高校思想政治教育的适用性已经在实践中不断得到了证实，我们必须认真思考切实加强高校思想政治教育的有力措施和高效途径，促进学生全面而又自由的发展。

三、营造健康心理环境，提高高校思想政治教育的实效

社会心理环境、校园心理环境、课堂心理环境和家庭心理环境等因素共同构成了高校思想政治教育的心理环境，在高校思想政治教育中发挥着不容忽视的重要作用。要营造适合大学生成才的心理环境，就要营造健康的社会心理环境、校园心理环境、课堂心理环境和家庭心理环境。

(一) 营造健康的社会心理环境

1.坚持正确的社会导向

社会导向主要是指社会的舆论导向。社会导向对一个人品德的形成、发展影响很大，对高校思想政治教育的影响和制约更为直接和深刻。通常情况下，社会导向出自政府机构，它以社会经济为基础，是统治阶级意志的体现，对社会成员思想和行为的影响具有权威性。高校思想政治教育受到社会政治经济方式的影响和制约。政府的方针政策是高校思想政治教育的主要内容之一，从根本上说，它与社会导向是一致的。同时，它又是社会舆论导向的具体方式之一，是社会舆论导向实施的手段之一。因此，高校思想政治教育就要重视社会舆论的导向作用，坚持正确的舆论导向。众所周知，社会舆论主要通过大众传播媒介在社会上传播和流传。随着社会的发展，大众传播媒介的载体越来越多，渠道越来越广，速度越来越快，已由过去的电视和报刊传播转变为以网络传播为主、其他传播方式为辅的多元化的传播手段。心理发展尚未成熟的大学生，由于辨别是非的能力还比较弱，正义感强，情绪控制能力较弱，其心理特征容易被人利用。他们通过虚假社会信息的传播，腐蚀大学生的心灵，破坏大学生的道德品质。因此，高校要利用大众传媒（包括学校的网站、宣传栏和校园广播站）引导学生认识各种理论观点，引导学生遵循社会主流意识形态，拒绝各种错误思想，净化心灵，进而为学生营造一个健康的社会心理环境。

2.正确处理环境与教育的关系，在优化个体内部环境上下功夫

正确处理环境与教育的关系，首先，要努力发掘社会环境中的积极因素，克服消极因素。社会环境对人的影响是不能低估的。但是，这并不是说人就要消极被动地接受社会环境的影响；相反，人的知识结构和精神要求，使他们可以通过自身的同化和顺应等机制，吸收社会环境中营养，摒弃社会环境中消极因素的影响，不断地提高和完善自身。要调适社会环境对高校学生的影响，就要从两个方面入手：一方面要正视现实、扬长避短，既要看到环境中的积极因素，引导学生去接纳它，又要看到环境中的消极因素，讲明弊端和危害，增强学生的抵制力，或者教会学生如何去改造它。同时，加强校园内部环境的建设，优化育人环境，以抵制大气候中的不良因素的影响。另一方面，要加强思想政治教育和心理健康教育，优化学生的内部环境，提高高校学生辨别是非的能力和增强学生承受挫折的能力，促进学生的发展和完善。

其次，注重打好思想基础，努力发挥人的主动性。个体在接受社会环境影响的同时，也可以反作用于社会环境。也就是说，虽然社会环境对人的影响是自发的、潜移默化的，但是这种作用的实现取决于个体是否接受其影响，因为人脑是加工厂，是否接受环境的影响，是要经过思考的。相同的社会环境的影响，会由

于个体内在因素的不同而产生不同的结果。因此，高校思想政治教育过程中，就要注重打好学生的思想基础，引导学生树立正确的世界观、人生观和价值观，培养学生形成良好的心理品质，在接受社会影响的时候能够更好地发挥学生的主动性，吸收好的因素，摒弃消极的因素。

（二）营造健康的学校心理环境

学校心理环境是校园内部一切影响师生员工心理的环境因素，主要包括高校本身的历史传统、道德风气、学术气氛、管理方式、人际关系气氛、校园文化内容等。学校心理环境是大学生学习和工作的动力来源之一，也是大学生个性形成与发展的土壤。健康积极的校园心理环境有利于大学生道德品质的形成，消极颓废的校园心理环境阻碍着大学生道德品质的形成。因此，提高高校思想政治教育实效性，有必要营造健康的校园心理环境。

1.建设积极向上的高校校园精神

校园精神是校园心理环境的精髓和最高层次，它包括学校的历史传统、精神信念，是学校本质和学校办学精神和面貌的集中反映。具体反映在校风、教风和学风等方面。

高校校风，是在高校长期的办学过程中逐渐形成并表现出的相对稳定的学校的精神状态和作风，是师生员工的道德品质、理想信念、教职员工的工作态度和学生的学风的集中反映。培养良好的校风，首先应端正学校的办学思想，树立"全面提高素质、培养合格人才"的教育质量观和培养多层次、多类型、多规格的人才观，建立并严格执行校训，使其成为校风的标志。

高校教风，是一种教师的教学风格，是教师道德风尚、知识水平、教育理论、教学技能等的综合表现。良好的教风包括：爱岗敬业、爱护学生、为人师表、治学严谨和传道授业。形成良好的教风，首先就要提高教师的专业素质水平，尤其是从事高校思想政治教育的教师更应该提高专业水平。教师的职责就是"传道授业解惑"，没有扎实的功底，就无法做到这一点，同样不能赢得学生的信任和认同，进而影响教学效果。其次，要关心教师，照顾教师的生活之需。人只有在低层次的需要得到满足之后才能产生更高层次的需要，教师教书的社会职能就是教师实现自我的最高层次的需要。当教师基本的生理需要得不到满足的时候，就会直接影响到教师社会职能的履行，从而降低教学质量，影响教学效果。

高校学风，是高校学生在长期学习过程中形成的稳定的学习行为和学习习惯。包括学生刻苦钻研、勤奋好学的学习精神、学以致用的学习态度、举一反三的学习方法，同时也包括学生尊敬师长、遵纪守法的道德品质。学风是校园精神的主要体现，受校风和教风的制约，又反过来影响着校风和教风。培养优良的学风，首先要注重学生的心理特征,制订适合学生学习的教学计划。内因是事物发展的根本因素,学生学习很大程度受到自身心理需要的影响,要真正调动学生学习的积极性和主动性,首先就需要了解学生的心理特征,从学生的内心需要出发,了解到学生需要的是什么、感兴趣的是什么,才能充分调动学生的主动性,达到教学目的。其次,加强学生学习目的的教育,使学生树立远大的理想和坚定的信念。

2.创建人文关怀的校园文化氛围

学校教育的一项重要任务,是培养学生的优秀科学文化素质。校园文化对学生的智能发展具有引导作用、平衡作用、充实作用和提高作用。校园文化对满足学生的求知心理、好奇心理,将起到课堂教学不可替代的补偿作用。

校园文化包括文化观展和文化活动两部分。文化观展包括学校的宣传栏、走廊和教室悬挂的名人名言、组织参观的名胜古迹、红色旅游、英雄模范事迹宣传等活动。这些文化环境会对学生起到榜样示范、熏陶感染的作用,使学生在不知不觉中受到英雄事迹和社会主流意识的感染和渗透,并内化为大学生自己的道德情操和品质。文化活动包括学校组织的各种演讲比赛、辩论赛、知识竞赛以及各类文体活动,这些活动可以锻炼学生的意志品质、开发学生的智力和增强学生的体质,推动学生的智力和非智力因素共同发展。

创建人文关怀的校园文化氛围,可以从两方面入手。一方面从学生的思想实际出发,宣传一些学生在生活和学习中容易遇到的困难和难题的解决方法,使学生能够正确认识挫折,通过自身努力解决问题,提高学生的自信心,增强学生的心理承受力;另一方面从学生的心理需要出发,针对学生容易出现的心理障碍有计划地举办讲座,或者根据学生的需要开展有利于学生身心健康的文体活动,使学生在活动中得到锻炼,将对学生的关心落到实处,真正从思想上和心理上关心学生,提高高校思想政治教育的实效。

3.逐渐完善心理咨询机制

鉴于高校大学生出现心理障碍的比例越来越大和心理咨询在高校思想政治教育中的特殊作用,许多学校都引入了心理咨询机制。但是,仍然存在一些问题,其主要表现在:第一,心理咨询人员只是一些懂得心理学知识的人员或者心理学的爱好者,这部分人员缺乏专门的咨询心理学知识和心理咨询技术的培训,在遇到一些较为复杂的个案时,就束手无策,无法解决学生的心理问题。第二,没有建立一个系统的心理咨询体制。部分高校只开通了书信的心理咨询方式,并没有安排专门的人员进行面对面的咨询;或者缺乏多渠道的心理咨询。因此,高校心理咨询有必要建立一个键全、系统的体制,多渠道、全方位地为学生提供心理咨询服务。

(1)培养专门的心理咨询人员。心理咨询是一门综合了心理学、医学、社会学和哲学等学科知识的科学，对从事这项工作的人员有较高的要求。从事这项工作的人员，除了必须具备专门的心理学知识外，还需具备较强的沟通能力和社会阅历。有心理学系的学校，可以在心理学系选择专业的教师从事心理咨询。其他学校，也需要引进心理学人才，专门从事心理咨询工作，为学校学生提供专业的心理咨询服务。

（2）设立专门的心理咨询机构。各系（院）应下设研究分会，设置心理咨询室，开展心理咨询讲座，针对学生问题进行心理的测量和答疑等工作。实践表明，卡特尔的16种人格因素测验（即16PF）和SL90等量表是比较可靠的心理测验，可以较及时、准确地反映心理方面出现的问题。

（3）实施同伴辅导法。在心理咨询中，可以推行伙伴咨询。具体做法是在学生群体中选择一批具有心理咨询知识和技术且沟通能力较强的学生，经过专门的心理咨询培训后，担任心理咨询员，心理学上也称为同伴辅导法。同辈团体往往是大学生认同的对象，在心理咨询过程中，他们之间更容易建立良好的关系，接受同伴的辅导和帮助，找出问题的症结和解决的方法。

（三）营造良好的课堂心理环境

1.提高教师心理健康素质

教师是教学过程的领导者和组织者，不仅传授知识，同时也在创设着课堂心理环境。教育心理学家认为，课堂心理环境主要由教师创设。教师心理健康、情绪稳定、精神饱满，不仅可以很好地驾驭自己的情绪，充分发挥自己的潜能，也可以为学生创设一个平静、愉快的课堂氛围。据有关资料表明，近年来，随着教学任务和科研任务的加重，以及对教师要求的日益提高，许多教师长期处于一种亚健康状态，表现为情绪低落、精神萎靡，并把这种负面情绪带到课堂上，传染给了学生，降低了学生学习的效率。著名美国心理学家鲍德威在研究了73名教师和1000名学生的相互关系后说，情绪不稳定的教师很容易扰乱学生的情绪，而情绪稳定的教师也会使学生的情绪趋于稳定。可见，课堂心理环境的创设，首先依赖于教师的心理健康素质。也就是说，建设具有健康心理素质的教师队伍是营造良好的课堂心理环境的前提。教师不仅要加强自己的理论修养，提高自身的科研能力，还要提高自我控制和调节情绪的能力，提高心理素质，不断完善自己的品质和人格，并以自身健康的心理素质去感染学生，和学生一同营造一个健康良好的课堂心理环境，从而提高高校思想政治教育的实效性。

2.创设和谐的课堂气氛

班级人际关系是进行教学的重要背景，是和谐的课堂气氛的主要内容。在良好的人际关系中进行教学，师生之间和同学之间的关系所带来的愉快气氛，可以促进学生的学习效率的提高。要创设和谐的课堂氛围,教师首先要加强与学生的沟通。教师要了解学生的心理发展规律,了解学生的思想,了解学生的生活,从生活上关心学生,与学生打成一片,融洽师生之间的关系。在与学生交流的过程中,要做到"一视同仁",既要发扬优生的优点又要善于发现差生的"闪光点",加强优差生之间的沟通交流,从而创设一个关系融洽、气氛和谐的课堂心理氛围。笔者在授课过程中,就曾经试过与学生在网上进行沟通,并通过这种沟通了解学生的想法、和学生对课堂授课的建议,有效地改进了教学方法和提高了教学质量。其次,教师要培养自己的宽容精神。所谓宽容,就是指教师对学生的一种宽厚的态度和方法,主要包括态度上的宽容、时间上的宽限、处理上的宽待等。再次,教师要处理好突发事件。课堂上,突发事件时有发生,如东西掉在地上、某位学生发出的奇怪声音等都会引起一阵骚动、一阵哄笑。这个时候,教师要控制好自己的情绪,控制局面,恰如其分地处理突发状况。

3.运用心理学知识,改善教学方法

目前,高校思想政治教育课主要还是采取讲授法,传统的"填鸭式"教学。这种教学模式下,教师在授课过程中重灌输、轻引导,学生只是被动地接受,而不是主动地吸收,教学效果不理想。如果教师能改善教学方法,将心理学运用到平时的授课中,效果就会大大提高。改善教学方法的途径有很多种。首先,就是要着眼于诱导,让学生变"苦学"为"乐学"。对大多数学生来说,学习是件苦事,如何使学生以苦为乐,变苦为乐,最好的办法就是让学生获得成功的体验。心理研究表明,任何人做任何事都是为了获得成功,一旦成功就会获得满足感,心情就愉快。学习过程中获得越多的成功体验,就会产生想要获得更多成功体验的需要,持续学习的动机就会增强。如何教师能从学生的实际出发,找到学生的最近发展优势,制订学生的学习计划,就会让学生不断地获得成功的体验,从而产生持续学习的动机。那么,"苦学"也会变成"乐学"了。其次,在授课过程中,要注重指导,而不是灌输,让学生学会"学"。素质教育的一个重要方面,就是要让学生学会学,教师的责任就是指导学生学习,教会学生"学",培养学生自己学习和发现问题、解决问题的能力。指导包括学法指导和认知策略的指导。学法指导就是使学生养成良好的学习习惯,摸索科学有效的学习方法。学习习惯的养成和学习方法的积累,无外乎四个来源:书本介绍、自我总结、同学启示、教师指导。这四条途径归根结底离不开教师的指导。教师指导得当,就可以变知识为能力,变"学会"为"会学"。再次,教学过程中多采用"激励"的方法。心理学研究表明,激励更优于惩罚,更容易获得学生的认同,接受教师意见。惩罚往往会引起学生的负面情绪,对老师产生"憎恨"的感情色彩,转移到学习中,使学生产生厌学情绪,达不到教学目的。高校思想政治教育过程中,教师可更多地采用激励机制,激发学生学习的动机,达到教学目的。

(四) 营造健康的朋辈心理环境

朋辈包含了"朋友"和"同辈"的双重意思。"朋友"是指有过交往的并且值得信赖的人,而"同辈"是指同年龄者或年龄相当者,他们通常会有较为接近的价值观念、经验,共同的生活方式、生活理念;具有年龄相近、性别相同或者所关注的问题相同等特点。朋辈心理环境,就是指在高校学生与朋友和同学的相互交往过程中形成的心理氛围。据心理学研究表明,大学生更愿意向朋辈倾诉和求助,也更容易在相互交往过程中互相影响,互相作用。在高校思想政治教育中,教育者也可以利用这个环境,为大学生创设一个健康积极的朋辈心理环境,培养大学生形成良好的道德品质。

1.建立和谐的人际关系

人际关系是在人们共同生活的基础上,通过不同形式的交往形成的一种心理关系或者情感关系。在人际交往中,同伴的评价直接影响个体的心理和行为。和谐的人际关系,能使大学生产生安全感,通过人际交往可以满足大学生寻求友谊的愿望,发展情感、增强社会交往能力,有利于形成比较稳定的心理状态,对大学生的心理健康和学习都是有利的。对于大学生来说,主要的人际关系就是师生关系和同学关系。

形成融洽的师生关系,在前文中已经讲过,这里不再赘述。形成和谐的同学关系,首先要多开展活动,给学生提供人际交往的平台。在共同的特定的环境中,由于面临同样的处境、达到共同的目标,更容易使人产生"同病相怜"的情绪,惺惺相惜结成友谊,建立和谐的人际关系。其次,开设专门针对人际交往的讲座,为大学生的人际交往提供借鉴。有关心理学研究表明,大学生出现心理障碍的主要方面之一就是人际关系紧张。高校可以在这方面入手,针对大学生人际交往的问题,有计划地举办讲座,邀请教师进行辅导,制作以人际交往为主题的宣传栏和展板等,解决大学生心中的疑问,为大学生提供指导。

2.开展朋辈心理咨询

朋辈心理咨询,是指年龄相当者对周围需要帮助的同学和朋友给予心理开导、安慰和支持,提供一种具有心理咨询功能帮助的行为。它可以理解为非专业心理工作者作为帮助者,在从事一种类似于心理咨询的帮助活动。开展朋辈心理咨询符合大学生的心理需求。大学生喜欢向同龄人打开心扉、相互交流、倾诉苦恼。专注的倾听、合理的劝导、理智的分析、真诚的安慰,在很多时候有助于身陷困境的大学生恢复自己的思考和判断能力,脱离负面情绪,重拾信心,做出应对。同时,在这个过程中,也可以升华大学生的友谊,改善自我调节能力,促进了

"助人—自助"的良性循环。另外，也解决了高校缺乏从事心理咨询人员的困难。

3.创设团结和睦、积极向上的宿舍心理环境

宿舍是大学生生活和学习的主要场所，人员集中，许多思想和生活中的矛盾很容易暴露出来。为此，一方面，学校要建立宿舍的舆论阵地，加强宿舍的宣传舆论工作。学校可在寝室附近建立读报栏、板报、壁报专栏等，使学生能够了解社会信息和国家大事。同时，还可以通过板报、壁报宣传学校的好人好事，对学生进行正面引导。这些宣传的同时进行，可以形成一股强大的舆论力量，推动宿舍心理环境的形成。另一方面，学校要组织学生自己管理自己。这样，不仅调动学生的积极性，发挥学生的自觉性，而且有利于培养学生的管理能力，以及养成良好的行为习惯。学校的各种规范只有为学生多数人所实践、成为多数人行为方式时，才具有心理环境的意义。学生自己管自己，把学生看作学校管理的主体，无论是宿舍环境管理、卫生管理、纪录管理、设备管理，还是思想教育都由学生自己进行，对于学生养成"以校为家"等品质具有重要作用。

（五）营造健康的家庭心理环境

家庭在青少年的成长中发挥着基础性作用。父母是孩子的启蒙老师，父母的言行受到子女的模仿，对青少年道德品质的形成发挥着不容忽视的作用。具有良好心理环境的家庭，可以缓解青少年的心理压力，提高青少年的心理素质，增进心理健康，提高道德品质，是进行心理健康教育和思想政治教育的有机组成部分和有效途径。具有消极心理环境的家庭，就会增加青少年的心理压力，降低青少年的心理素质和道德品质。据有关研究表明，很多不良少年的形成原因都与消极、紧张的家庭心理环境有关。因此，营造健康的家庭心理环境，是高校思想政治教育的重要环节。营造健康的家庭心理环境，就要从以下几个方面入手：

1.提高家长的思想道德修养

俗话说，"打铁先得自身硬"。家长提高了自身的思想道德修养，才能起到榜样示范作用，家长的教育子女才会接受。古人云："其身正，则令行；其身不正，则令不行。"说的就是这个道理。因此，家长只有通过自身的不断努力，提高自身的文化修养和思想道德修养，才能赋予家庭生活更加丰富的内涵，为子女提供高质量的精神生活条件。从而使子女在潜移默化中汲取精神营养、陶冶情操、培养道德品质、增强性格，形成高尚的道德品质和健康的心理素质。

2.更新家长观念，树立民主、平等意识

心理学研究表明，人在孩提时就已经开始形成独立的个体意识。因此，尊重子女的独立人格，注重培养和发展子女的兴趣、爱好，允许其平等参与包括重大决策在内的各项家庭活动，鼓励子女自己动脑、自己解决自己的问题，对孩子的

成长大有裨益。然而，目前我国大多数家庭都是独生子女，子女就成了家里的"小皇帝""小公主"，衣来伸手、饭来张口，缺乏独立自主的能力，依赖思想严重，遇到挫折就无法承受，导致产生严重的心理障碍。鉴于此，家长要改变传统的"家长制"观念和保护过度的"溺爱"思想，以父母和朋友的双重身份去关心、理解、支持子女，对他们的期望也应与子女的实际相联系，充分尊重子女的独立意识，相信子女的能力和发展子女的兴趣，努力形成一种民主、和谐的家庭关系。

3.遵循教育规律，科学育人

从心理学角度来说，教学过程就是在青少年的心理发展水平上适应其心理需求，采用正确的教育策略，促进其心理健康发展的过程。这就要求家长努力学习教育心理学知识，掌握一些适合子女心理发展规律的教育方法，走出教育"误区"，学会真正地爱子女。具体地说，一是要坚持德才相长原则，将成人与成才密切结合起来，不能只重视成才而忽视成人，只重智育轻视德育。我国历来就是一个注重"德"的国家，古代教育更是将"德育"放在智育之上，讲求德为先的教育原则；二是要不忽视规则，从小培养子女的独立生活能力，踏实、认真、细致的办事习惯和坚强的性格和勇气；三要善于与子女沟通和交流，及时了解子女的心理变化及思想动态，并给予正确的引导和帮助。

第三章 高校思想政治教育的教学探索

高校思想政治教育对大学生思想品德的培养有着重要的作用,是规范高校思想政治教育建设、提高高校思想政治课程时效性的一条有效途径。因此,高校要规范思想政治教育的教学探索,提高思想政治教育的时效性。本章分为高校思想政治教育的教学原则补充、高校思想政治教育的教学内容创新、高校思想政治教育的教学方法改进、高校思想政治教育的教学模式转换四个部分。主要包括高校思想政治教育教学知行统一、以人为本与全面发展等原则,提高高校思想政治教育影响力、强化高校思想政治教育导向力、提升高校思想政治教育服务力等教学内容探索,以及情境式、体验式和互动式教学方法等内容。

第一节 高校思想政治教育的教学原则补充

一、知行统一

思想政治教育教学绝对不是学习文件、学习材料,也不是从各个有关学科里选取相关内容拼凑起来的知识集合,它应当有一个自己的学科体系。在这方面,我国优秀传统文化中的教育思想有丰富的案例,可以作为研究的重要材料。我国要建设自己的思想政治教育教学基本体系,建设共产党人自己的理学,建设共产党人自己的心学。思想政治教育教学从某种程度上讲就是理学、心学,理学就是规律之学,心学就是修养之学,我国高校应围绕规律之学、修养之学,承担起立德树人的职责、使命。知行统一原则,就是思想政治教育教学所要追求的最终目标。知行统一就是理论与实际相结合,思想政治教育教学的重点就是使学生的思想和行为在实践中实现统一,使理论对实践有指导作用,实践是检验理论正确与否的唯一标准。马克思主义认识论明确要求我们,要用理论联系实际的方法去认识客观事物，这既是对客观事物进行正确认识的原则，也是构建任何教学体系都需要遵循的原则。

行动是获得知识的动力，思想政治教育教学作为指导教学实践行动最基本的理论指南，其必须是正确的科学的知识，如此才能指导教学行动的正确方向。思想政治教育教学与学生的思想行为密切相关。其可以培养学生的思想道德素质，使学生更好地认识社会主义主流价值观，形成社会所认同的思想政治观念，并用以指导实践，即教学就是转变或提升学生思想的过程，这一过程只有在学生认知上有了转变和提升后才能实现。只有让学生在对正确的思想观念进行了解、学习的基础上，还坚信这一观念的真理性，并用以实践，形成知行统一，才能说达到了教学的目的；相反，如果知而不行，那"知"就失去其意义。对思想政治教育教学来说，这样的教学就是失败的教学。知是前提，行是目的，知行统一才能达到用正确的理论指导实践的目的。因此，遵循知行统一原则有助于思想政治教育教学实效性的提高与目标的达成。在研究思想政治教育教学时，遵循这一原则可以使研究过程中避免教学的教条化、公式化倾向。在思想政治教育教学中，要使学生对基本理论的形成、发展过程有基本的了解。因此，要通过对理论产生的背景进行阐述，从而引领学生感受理论的形成、发展过程。有了这样一个感同身受的接受过程，才能使学生在获得知识之后有一个与"知"相一致的"行"，思想政治教育教学的构建也必须遵循这知行统一的原则。

二、以人为本与全面发展

（一）以人为本

首先，思想政治工作具有人民性。思想政治教育教学的方向是政，偏离了这个方向，就不是思想政治教育教学了。这就是习近平给黄大年批示的"三学"之中的"第一学"。政者，众人之事也。高校应让学生学会为人民服务，为老百姓服务。其不管讲什么内容都不能偏离党和国家发展的方向。习近平多次提到，坚持正确的办学方向，要具体到每一门、每一个学科。在这个过程中，思想政治教育教学要把握好方向。所以，每一个思想政治教育教学教师、思想政治教育工作者都要把好手里的方向盘，这既是思想政治教育教师的责任，也是其使命。

其次，提高思想政治教育教学的质量和水平，要努力探索新的历史条件下思想政治课的内涵和精神要义。高校要深刻地认识到，思想政治教育教学就是做人的思想工作、政治工作、道德工作等。高校思想政治教育教学的对象是人，教师面对的人是历史的、社会的、具体的、活生生的。教师的目标是把学生这种历史的、社会的、具体的、活生生的人培养成能为社会主义建设事业添砖加瓦的新时代青年,这是由党的教育方针和思想政治教育的性质决定的。但由于教师对学生的认识是不全面的、不科学的,因此,提高思想政治教育教学的质量和水平,首要解决的问题就是科学地认识学生,认识其在现阶段的历史性特点。

最后,高校思想政治教育教学要防止人的异化。教师不能让学生在西方思想的影响下、在各种社会问题的碰撞中不断异化,走向自己的反面。教师必须认识到,教学对象的异化就是教学本身的异化,也是思想政治教育教学教师的异化,这是思想政治教育教学理论和实践的研究者要深刻认识的。不解决这个问题,教学质量和水平就无法得到根本的提升,思想政治教育教学就发挥不了它应有的作用,就会成为一种摆设、一种空洞的说教。在此基础上,高校还要防止异己异化。思想政治教育教学本身是为立德树人这个根本任务服务的,是培养接班人而不是培养掘墓人,不能让学生成为异化的人。

注重思想政治问题,防止异己异化,即要求教师一定要深刻认识思想政治教育教学的对象,所有教育工作的各个环节都必须有自己的服务对象。习近平指出,高校思想政治理论教学要全程全方位,每个学科、每个专业都要"守好一段渠,种好责任田"。防止异己异化的思路是思想政治教育教学要提升质量和水平。关于深刻认识思想政治教育教学对象的问题,当前,很多教育工作者关注的点不在对象上,只是在关注思想政治教育教学的主体和工具的过程中才关注对象。教育工作者应该在关注这个关系时将其转变一下,在关心思想政治教育教学对象的过程中,加强主体,加强工具,加强手段。

(二)全面发展

教师应从教学的整体性、综合性出发,用运动发展和辩证联系的思维进行思想政治教育教学及其体系的研究,尽可能从多方面、多角度、多侧面、多方位对这一问题展开研究分析。范畴体系中的具体内容是变化发展的,并在一定条件下相互转化,教师要用马克思主义对立统一的辩证思维方法,去研究范畴与范畴之间、每一组具体范畴内部的辩证关系,不能把它们割裂开来进行研究,即从总体上研究和把握范畴的所有方面、所有联系和环节,促进范畴研究的全面发展,这是思维的本质所在。因为这是具有逻辑性的一个系统,其包含的每一组具体范畴都不是独立存在的,都是彼此相连、互补的,且有一个隶属关系的存在,是从简单到复杂、从抽象到具体的,并在教学实践的具体过程中不断变化发展。这也说明了,教学实践环节是一个联系、发展的过程。教师建构范畴体系,要重点关注教学实践中种种现象之间的关系,如此才能从理论层面对教学发展的不同侧面展开全面的阐述,进而更好地指导教学。

三、问题导向性

教师要重视对思想理论领域问题的引导，努力排解矛盾的负效果，倡导积极健康的社会心理，坚持思想政治教育教学导向指引性的实践指向。思想政治教育教学实效和质量问题的出现，是教学面临的重中之重的问题，教师需要根据现实情况，在以问题为导向的原则下展开相关论题的研究。

（一）坚持问题意识

教师在实际的教学工作中，要自主自觉地寻找有价值的论题论点，并运用科学的方法展开研究，尤其是对当前学科领域的前沿问题进行探索。前人认为已有答案的地方，可能恰恰是问题所在。教师要在思想政治教育教学研究中培养问题意识，并提升教学实效性，其大致可从以下两方面来讲：

首先，从实践层面来讲：一是教师要善于在日常教学工作中发现和总结，逐步概括出具体内容；二是教师在教学实践中要实现科研与教学的有机结合，在教学中完成科学研究；三是高校要以教学的社会实践为载体，通过实践活动挖掘教学的具体内涵。

其次，从理论层面来讲：一是把握马克思主义关于范畴的经典理论与教学的结合点；二是明确当前马克思主义中国化的最新成果是培养问题意识的方向和宗旨；三是对当前的基础理论的不断反思和完善，是形成思想政治教育教学问题意识的源泉。

（二）坚持开放意识

教师在对学科领域内的前沿问题进行研究时，要以开放的眼光看待问题，吸收其他学科知识的有益成果，完善自身，以平等的态度对待中西方文化，取其精华，去其糟粕，推动马克思主义理论及思想政治教育教学的建设和发展。其主要包括以下几点：一是增强从交叉学科的视角进行思想政治教育教学研究的自觉性；二是使思想政治教育教学面向世界，这是促进学科综合化的现实需求，即在对教学进行研究时要坚持全面性和联系性，以发展的眼光对待问题的研究，以动态的方式对范畴进行构建，与实践联系，用实践检验范畴的真理性，教学实践过程是运动变化发展的。教师在研究教学时，要重视对教学过程中研究对象与社会环境之间的相互联系、相互作用进行分析，其关系会在一定时期内保持稳定，但不会固定不变，由其形成的真理也具有相对性，而关于它的认识则具有无限性，即开放性。开放意识也是由思想政治教育教学的相对的利益性特征决定的。思想政治教育教学是一个系统，必然具有系统固有的开放性。

（三）坚持改革创新意识

教师对教学理论的研究要持一种创新思想，要敢于打破常规、不破不立，只有打破，才能产生新东西。在研究的过程中，要勇于吸收新思想、新元素，用兼具独创性、新颖性和开拓性的思维方式为教学发展创造内生动力。思想政治教育教学是与实践密切相关的，作为其研究对象的大学生各具特色，教师要根据研究对象的需求，有目的、有意识地进行改革和创造性活动。教学体系的建构本身就是高校教学基本理论的改革和创新，改革创新意识是由教学的相对的利益性特征决定的，遵循改革创新意识，必须在现有基础上及时地更新新时代高校思想政治教育教学的基本内容，使之更加充满生机与活力。

四、从抽象到具体

从抽象上升到具体，是任何理论体系在形成过程中都必须坚持的原则。如果某一理论不具备这一特征，那研究者就没有对研究对象进行辩证认识。思想政治教育教学是一个严密的科学的理论形态，其发展是辩证的、运动的，且具有逻辑性。一般情况下，是从简单到复杂、从低级到高级、从局部到整体的螺旋上升的过程。对其进行从抽象到具体的研究，是要确定教学中各个现象内的所有方面、层次、关系的逻辑性，进而对其内在联系和本质特征进行解释，并将其有机融合的一个过程。

从抽象上升到具体，是对研究对象进行科学的辩证的分析探索，也是进行思想政治教育教学研究和构建必须遵循的基本原则之一。思想政治教育教学的运行过程是从范畴起点、范畴中介到范畴终点的一个从抽象上升到具体的过程。这个过程的展开与思想政治教育教学发展的客观进程是基本一致的。从确定起点范畴开始，到终点范畴这一个过程，每一具体的范畴内容都要经过转化、过渡、前进、上升。在范畴的运行过程中，其每一具体的范畴内容通过不断的显露，展现出与其他范畴之间的相互关系。范畴的整个逻辑运动过程都体现着从抽象上升到具体这一基本原则。

五、科学性与思想性结合

（一）科学性原则

思想政治教育教学的科学性指其具有真理性、规律性。思想政治教育教学在向学生传授科学理论知识的同时，还具有一个特殊功能，即对学生的思想进行改造升华，培养学生的马克思主义价值观点、立场、方法，使其具有符合社会要求的思想道德素质，成为新时代全面发展的新青年，能够为中国特色社会主义建设事业添砖加瓦。也就是说，学生要在掌握科学的专业知识技能的基础上，树立坚定的马克思主义信仰，并在实践中熟练地运用这一科学的理论解决问题。思想政治教育教学的内容是马克思主义基本理论，是科学的世界观和方法论，其本身具有科学的特点，其构建必然也是科学的。思想政治教育教学是科学的内容与科学的方法的紧密结合。

（二）思想性原则

在进行思想政治教育教学的过程中，思想政治教育教学有时会出现一种偏向，即用通识代替思想政治。思想政治教育教学的重点是思，思者，思考也、思想也。思就是要让学生享受到思想的大餐，就是党的基本理论，也就是思想政治教育研究的对象。因此，在思想概念中，思是重点，它的表现形式是具体的内容：一是规律、二是伦理、三是法律。它是用于塑造精神、塑造人格、塑造合格的人的。

思想政治教育教学不是单纯地只讲知识。教师要明确，一定要把党的理论的创新成果介绍给学生，灌输给学生。灌输这个词是有道理的，教师要改变那种用通识代替思想政治、用知识代替思想的做法。在向学生传递思想的同时要教会其思考，让其把握思维的规律，提高其思维能力，使其形成独特的思维风格。这是重要的教学方法，是教师进行思想政治教育教学的重点。

科学性与思想性的统一，可以让使思想政治教育教学，在保证教学方向正确性的基础上，使学生对科学知识有高质量的领悟，从而达到教学对象与教学内容、目的的高度融合。科学性与思想性两者是相辅相成的，科学的方法和内容是思想正确传递的前提，而思想的形成是用科学方法传授科学内容这一教学过程的目的，缺少任何一方面，都会使教学效果大打折扣。

第二节 高校思想政治教育的教学内容创新

一、提高高校思想政治教育影响力

（一）理论课增强影响强度

高校是思想政治教育的重要阵地，也是意识形态工作开展的重要平台。习近平在全国思想政治工作会议上对思想政治教育给予了高度重视。高校思想政治教育理论课，主要以理论知识为载体，对大学生进行有明确教学目的和教学任务的活动，向大学生传播和灌输党的执政方式和执政理念，传播我国的主流意识形态，从而达到使大学生形成正确思想意识的目的，使之在以后的人生中能够做出正确的价值判断和行为选择。高校思想政治教育的内容主要是对大学生进行纯理论知识的"说教"式灌输，这样的传统课堂枯燥乏味，且难以达到预期的教育效果。这就要求思想政治理论课教师要以生动形象的案例和幽默饱满的语言阐释单一枯燥的知识点，使学生对理论知识的理解能从"入耳"向"入脑""入心"转变，从而使思想政治教育达到事半功倍的教育效果。例如，在思想政治课上，教师应多将革命人物事例与高校思想政治知识点和教材内容结合起来。真实生动的事例，一方面能够使学生透过革命人物了解当时的时代背景和政治背景，更好地掌握思想政治知识；另一方面，革命人物在不同的历史情境下所体现出来的政治立场和行为价值选择，也是高校大学生理想信念教育的重要素材和内容。因此，用好思想政治课堂"主渠道"是促进大学生成长成才的关键，这不仅关乎着学生自身的发展，而且关乎着国家和社会未来的价值取向。新时代出现的社会复杂化、信息海量化、价值观多元化，极易对大学生的认知造成干扰，导致其做出错误的行为选择。因此，高校更应通过思想政治课堂"主渠道"，帮助学生培养以科学理论为指导的认知能力和符合社会发展趋势的正确三观。

（二）打造思想政治课程

思想政治理论课是高校思想政治教育的"主渠道"。新时代对"主渠道"作用的发挥提出了新的要求。高校是培养人才的重要场域，因而所有的课程都将围绕"立德树人"而展开。作为全新教育理念的"课程思政"是指通过将思想政治知识渗透到更多的课程中，来达到学生思想政治水平全方位提升的目的，从而实现思想政治教育成效的最大化。

首先，高校在思想政治教育工作中务必要抛弃过去思想政治理论课的陈旧理念，不断挖掘各门课程中的思想政治教育元素，促进"课程思政"和"思政课程"的同向同行，推动建设线上与线下相结合、传统课堂与多媒体课堂相协调的"思政金课"，不断强化理论与实践相结合的教学阵地，使高校课程在不影响专业教育发展的基础上尽显思想政治底色。近年来，上海市在"课程思政"的改革中总结了一些宝贵经验。面对新生代教育对象日新月异的变化，上海提出"课程思政"改革无论是内容还是形式都要符合年轻一代的特质。例如，复旦大学的《治国理政》、华东政法大学的《法治中国》等课程的推出，不仅结合了学校专业特色，而且内容以当下热点话题、时代发展大势为主，授课方式也以"头脑风暴"式讨论和调研为主，这些都极大地引起了学生的共鸣。同时，上海高校"大师剧"也受到了强烈追捧。如上海交通大学的《钱学森》、上海中医药大学的《裘沛然》等，用舞台剧的形式，将社会主义核心价值观教育和提升思想政治亲和力融入其中，将舞台就变为了思想政治的新课堂。上海"课程思政"创造性地将社会主义核心价值观的精髓融入形式多样的教学中，这对思想政治教育产生了潜移默化的影响。

其次，大学生对网络热点事件易产生较高的兴趣和关注度，思想政治教师应提高对热点事件的敏感度，在网络热点资源中捕捉能够与思想政治课内容相对应的素材，使之巧妙地与思想政治知识相融合，以提高学生的学习兴趣和教师的教学成效。

最后，在推动"课程思政"的建设过程中，思想政治课教师、专业课教师以及其他专业人员应当高效联合，找到思想政治课程与专业课程之间的契合点，完善"全员全程全方位"的育人体制机制，在不影响专业课程教学效果的前提下，将思想政治教育精神和内涵传达给学生，使高校学生能时刻用专业知识和科学理论知识武装头脑。

二、强化高校思想政治教育导向力

（一）推进思想政治教育科学理论中国化

高校是党领导的社会主义高校，应贯彻和落实党的教育方针和政策，坚持以马克思主义为指导。高校在引导大学生研读马克思主义经典著作时，还要引导他们将理论与中国的实际结合起来，将中国优秀传统文化作为思想基底。高校思想政治教育的内容包含了传统文化教育，因此，高校在推进科学理论中国化的过程中，在一定意义上也对大学生进行了传统文化教育。

（二）推进思想政治教育科学理论时代化

任何一种思想的出现都是特定时代的物质世界和精神世界的反射。推进思想政治教育科学理论时代化，即推进思想政治教育中马克思主义理论的时代化。马克思主义科学理论能够拥有强大生命力，历久而弥新，是因为其能不断适应时代提出的新要求、融入时代的新元素并回答时代提出的新问题。推进高校思想政治教育科学理论时代化是高校面临的新的历史课题，高校思想政治教育的实效性体现在时代化中。

首先，高校要重视理论内容的创新，紧跟时代发展的步伐，把握时代本质和时代发展趋势。高校对大学生而言是党和国家重要的"传声筒"，是向大学生传达最新理论、政策和会议精神的中间载体，因此更应及时并准确地将党和国家的重要思想内容和重大会议精神更新到思想政治教育的内容中。对于教材内容要做到及时更新并送到学生手中；对于重大会议精神的领悟，高校应及时开展专题讲座或召开主题活动，帮助学生和教师解读和领悟重大政策的精髓。

其次，高校的党团建设也应体现时代化的内容。高校党团是共产党人的摇篮，是高校党团建设的重中之重。其工作内容包括对积极分子的选拔、教育与考察，对预备党员的考察以及对党的路线、方针、政策的宣传和学习。因此，作为思想政治第二课堂的党团，其工作内容也应体现时代化精神。

最后，时代化也体现在教育模式、方法和途径的与时俱进中。高校应不断优化和改进教育理念、内容、方法以及环境，用符合时代的新理论指导学生，用全新的科技媒体辅导学生，用最新的教学方法引导学生，使理论知识更贴合学生的生活实际。运用理论内容的与时俱进和宣传教育手段的与时俱进，可以极大地促进高校思想政治教育的时代化，从而体现教育实效性。

（三）推进思想政治教育科学理论大众化

运用教育宣传马克思主义是推进马克思主义大众化最基础的方法。马克思主义理论只有为社会主体所接受、所理解、所掌握，才能成为改造世界的巨大精神力量。作为指导中国具体实践的科学理论，其根本要求和内在要求就是马克思主义大众化。高校开设的马克思主义理论相关课程，旨在通过有计划、有目的的教学活动，使高校大学生理解并接受马克思主义，同时将其内化为自身的一种信仰，指导和影响自身的思维和行为。

一方面，在高校思想政治教育中，教育者应将马克思主义理论枯燥乏味的语言，用生动、形象、诚恳的方式将内涵传达给学生，同时借助鲜活的案例和感人的事迹，在真实的教育情境中，让学生感悟科学理论的先进性和真理性。

另一方面，高校可以通过校报、校园专栏以及微信、微博公众平台等刊登或发布大众化马克思主义相关内容，以深入浅出、生动活泼的语言文字，将通俗化的马克思主义理论用来分析当前的热点事件和时代大势。

高校思想政治教育大众化，更是国家未来稳定发展的基础。高校培养了无数科技文化精英，他们承载着国家未来发展的重任，将通过与社会的互动，对社会各方面的发展产生影响。

三、提升高校思想政治教育服务力

（一）坚持"以学生为中心"的教育理念

高校在进行思想政治教育的工作中，应当参照习近平关于意识形态民生论述的观点，在高校思想政治教育中传承和弘扬"以人民为中心"的革命基因。在高校思想政治教育中，这体现在"以学生为中心"的教育理念上。高校务必树立"以学生为中心"的教育理念，强化"以学生为中心"的服务意识。这里所说的"以学生为中心"，指以学生的发展为中心。高校在教育过程中，应重视分析学生的发展需求和个人需求，要在满足学生发展需求的基础上，尽力满足其个人的需求。在课堂学习中，一方面，"以学生为中心"的教育理念强调学生要自主学习，要学会运用图书馆、网络以及新媒体等自主查找和搜集相关知识内容，增强独立学习的主动性和实效性；另一方面，"以学生为中心"也强调了协作学习环境的设计，其指在教学中使学生以小组课下自主学习，课上协商、讨论的方式，完善和深化对相关知识的学习。"以学生为中心"并不意味着学生至高无上，高校还应该坚持"立德树人"，学生的发展需要高校教师的引导。因此，高校在"以学生为中心"的思想政治教育中，无法忽视也不能忽视"尊师重道"的思想。在教育过程中，要坚持思想政治教育的层次性原则，根据不同学段学生的思想需求和知识储备，制订不同的教学计划，运用多样化的教学方法，促进教学活动贴近学生实际，提高学生学习的主动性。

（二）推进"双主体"教育模式改革

"双主体"教育模式，指在教学过程中既要兼顾学生在学习中的主体地位，又要重视教师的课堂引导作用。"双主体"教育模式于传统教育模式而言，在学生角色、教师角色、教学方法和内容以及教学媒体等方面都发生了相应变化。

首先，由于教师的思想政治知识理论水平远高于学生，对课堂的积极性和主动性相对较高，因此，在传统教学模式中，教师居于课堂的主导地位。作为课堂学习主体的学生因思想政治理论枯燥乏味、对思想政治知识认同度低等原因，参与度反而相对较低。"双主体"教育模式的核心是强调学生的自主学习，使学生通过多样化的获取知识的途径形成对客观事物的认识，提高学习的主动性。同时，教师作为另一主体，发挥着引导和指正的重要作用。

其次，该模式强调建立平等的师生关系。一方面，高校应通过"以学生为本"的教学理念逐步提高思想政治教育的亲和力和说服力，建立起学生与教师平等沟通的关系，使课堂教学过程中的施教者与受教育主体双方都能平等地参与到教学过程中；另一方面，高校应建立师生使用教学载体的平等关系。在"双主体"课堂教学中，作为教学载体的黑板、电子课件等不仅可以为教师教学提供教学帮助，而且还是学生主动学习的主要载体。在学习过程中，学生也拥有对教学载体的使用权利。

最后，完善教育反馈机制。良好的反馈能够促进教师更好地教学、学生更好地学习。教育者和受教育者应通过网络等科技平台对已学知识进行及时反馈，通过反馈，教育者可以根据受教育者情况的变化，灵活地调整教学内容和教学方式；而受教育者也可以在知识层面获得进一步提升。

四、增强高校思想政治教育渗透力

（一）倡导理论联系实际的马克思主义学风

中国共产党一贯坚持理论联系实际的马克思主义学风。学风建设自党成立以来，就被视为重中之重。毛泽东指出，学风反映了全党对待马克思列宁主义的态度，也反映了全党的思想和工作问题，因此学风问题显得尤为重要。他强调了理论联系实际的学风对于我党发展的重要意义。马克思主义学风对于中国共产党而言，是其保持纯洁性的必要前提。对于高校而言，学风的建设是提高高校人才质量的根本保证，良好的学风不仅规范着大学生的学习行为，而且还在潜移默化中影响着大学生三观的树立和日常的行为方式，影响和决定着高校人才培养的成效。思想政治教育的内容，就是马克思主义基本原理以及其与中国实际相结合的成果，因此高校应大力弘扬和推进马克思主义学风的建设。理论联系实际是马克思主义学风的灵魂。因此，高校务必要重视将课本理论知识以学生能够接触和感受到的实际生活结合起来。同时，高校也可在校园内开展活动，在课外的实践中将理论知识体现出来，使思想政治教育充分融入学生的实际生活中。高校应培养学生理论联系实际的自觉性和习惯性，努力建立良好的社会主义现代化的学风，从而提升自身培养高质量人才的能力。

（二）发扬求真务实的马克思主义作风

求真务实的工作作风，在高校体现为党员干部的工作作风和学生干部群体的日常工作作风。

一方面，高校领导干部思想作风是影响高校形象和高校人才培养质量的重要内在条件，是其政治素养、道德品质的具体表现。高校领导干部应自觉学习和不断深化对党的路线、方针、政策的学习和思考，在工作中坚持解放思想、实事求是、与时俱进、开拓创新的思想，将科学的思想内化为自身修养、外化为言行举止，将思想理论与学校工作的实践紧密结合。在高校工作中，要以全局为重。办事和对问题的思考应站在学校的全局高度上，以学校的改革和发展为重任，以师生利益为中心，履行好为高校师生和全体教职人员服务的基本职责，提高服务能力和师生满意度。

另一方面，随着高校校园文化的发展，我国高校的学生干部群体也日益庞大起来，且多数为党员干部。因而，求真务实的工作作风也应体现在学生干部的日常工作中。当前，多数学生干部个性较强且多为独生子女，因而在学生工作中个人主义思想较为严重，有些学生干部甚至党员意识淡薄、理想信念模糊，严重影响着高校学生干部工作的作风。

因此，高校首先要严格对学生干部的选拔，以公平、公正、公开、择优的原则选择学生干部；其次，要通过召开定期例会或述职等方式，在了解其工作状态的同时向其传递为学生服务的精神；最后，要加强学院之间学生干部的交流学习，建立开放型学生领导队伍，形成校内各学院资源共享的良好态势。

五、提升高校思想政治教育环境优化力

（一）共享网络思想政治教育微资源

随着互联网技术的不断发展，网络已然成为意识形态斗争的重要场地。在这样的情势下，人们对于意识形态安全工作的思考已经无法将网络置之度外，必须将其高度重视。网络以其自身快捷化、便利化、多元化的优势吸引着大学生的关注，网络衍生产品如网站、论坛、App等成为大学生获取资讯和信息的主要途径。这类网络产品大部分通过简短的文字或视频剪辑的形式，将复杂的社会性事件传达给大众，而如果大众无法通过其了解和掌握事件的全部信息，那就很容易被编辑者的思想影响。高校大学生三观还未完全成熟，思想理论素养还有待提升，这样的网络资讯容易使大学生形成对信息的片面化、碎片化认知，对大学生的思想发展很不利。为此，高校应重视并警惕校园环境的变化带来的影响，清晰地把握思想政治教育在网络环境下的机遇和挑战，从而在遇到相关情况时能采取有效应对措施。教育部门应整合挖掘高校网络信息资源，支持和推进国家思想政治教育门户网站的建立建设，站在国家教育的层面，向网络源源不断地输出具有专业性、丰富性、及时性的思想政治教育资源。各级高校应在结合办学理念和校园文化的基础上，创办和发展本校思想政治教育网络平台，将思想政治教育内容以学生喜闻乐见的方式如微电影等传递给学生，实现网络思想政治教育的隐性功能。在传递社会新闻讯息时，高校思想政治教育工作者应具有较高的政治敏锐性，及时关注社会焦点信息，灵敏地发现校园舆论的导向，给予学生正确客观的政治性引导。

（二）加强校园网络环境的舆情预警

在网络环境下，思想政治教育不仅需要校内外资源的强力整合，而且也需要在制度上被监管和约束，这就需要政府、高校以及学生自身的共同努力。对于政府而言，应不断完善网络信息管理法律和网络管理制度，对高校大学生的网络言行给予制度化的管理和规范。

首先，要建立健全校园网络监管体制机制以及思想政治教育平台网络舆情预警机制，加强同国家网信部门及公安部门的联系，从而形成从网络技术到网络内容、从日常网络安全到打击非法网络信息的监管合力，为高校建立健康化网络环境提供坚实的制度化基础。

其次，加强校园网络信息管理者的政治舆情敏锐性，对高校网络平台的信息进行全方位监管，有效规避和解决网络病毒、网络低俗信息给大学生思想意识带来的干扰和威胁，保障校园网络环境清净，营造相对安全稳定的教育隐性环境。

再次，在校园日常学习和实践活动中，教师应加强学生的网络安全教育。一

方面，授课教师在课堂知识内容的讲授中可以穿插大学生电信网络诈骗真实案例，以口述或视频的方式让学生感受网络环境的危险性，提高大学生电信网络安全意识；另一方面，辅导员在日常管理中应通过QQ、微信班级群的方式，发布关于电信网络安全教育的内容，也可以开展电信网络诈骗主题班会、专题讲座以及情景演绎等活动，提高学生对电信网络安全的警觉。

最后，大学生自身应不断提高和强化对网络信息的自我辨识力，和对网络运用的自我管理能力，提高思想政治素养，从根源上避免网络环境弊端带来的负面影响。高校应高度关注容易引起校园舆情的敏感性事件，通过举办校园活动或主题班会，呼吁大学生理性地思考和判断，以做好校园网络舆情的防御工作，从而使校园微平台更好地为高校思想政治教育提供潜移默化的思想引导和便利的教学体验。

（三）推进社会、家庭和高校协同育人

高校思想政治教育的开展需要考虑环境嬗变的影响，既要考虑校园环境对学生整体素质的培养作用，又要考虑社会和家庭环境对学生思想意识的深刻影响。对于社会环境，政府对其的调控对高校思想政治教育而言意义重大。政府应不断整合社会各子系统，出台相关的法律法规和政策，从而保障高校思想政治教育的大环境。

高校开展思想政治教育工作也应该兼顾家庭环境的影响。对于家庭，家长的言行举止会对学生的思想行为产生深远而持久的影响，家庭成员的思想政治情况直接影响着学生的政治立场、思想意识和价值选择。因此，家庭成员一定要做到言传身教，用自身的实际行动对身边的人产生影响，在对孩子进行正面理论教育的同时，还要用实际行动为孩子做示范，为孩子树立榜样，从而取得家庭思想政治教育的最佳效果。改革开放四十多年以来，我国涌现了大量的可以学习的人物和事迹，教师可以将其运用于思想政治教育的过程中，同时还应将这些内容以生活化的方式讲给学生，使之发挥榜样的教育影响力，帮助学生树立正确的三观，形成对社会主义的正确认知，更加坚定对马克思主义的信念。社会、学校和家庭不仅需要在教育内容上寻求共性，更需要构建强大的合力系统，推进全程、全员协同育人，尤其是学校和家庭之间，应形成具有连贯性的交流，实现课上课下、校内校外的良好互动和反馈模式，从而探求思想政治教育的最佳成效。

第三节　高校思想政治教育的教学方法改进

一、"情境式"教学

所谓"情境式"教学，就是集知识的传授、行为的指导、能力的培养、觉悟的提升于一体的立体式教学方法。"情境式"教学既可以改善高校思想政治教育的教学效果，又可以加强师生之间的交流互动，还可以培养大学生的创新能力和精神。"情境式"教学的作用可以从两个方面来阐述，即教学方面和学生学习方面，具体如下：

（一）教学方面

在教学方面，"情境式"教学首先可以显著改善高校思想政治教育课程的教学效果。这是因为在"情境式"教学活动过程中，教师能够顺应时代的发展趋势，依据新的情况和问题对教学内容采取有针对性的措施，这就使得教学变得更加富有时效性。其次有利于加快高校思想政治教育课程的改革步伐。通过一些生动的教学情境，提升学生的学习积极性，开拓他们的视野，激发他们的学习兴趣，并促进师生之间的交流协作，进而推动高校思想政治教育课程的改革。最后还可以起到推进学校教学管理制度改革的作用。在进行"情境式"教学活动的过程中，可以适当对一些学校的教学管理制度进行试点改革，并在实践中不断总结和推广，进而形成一个规范的教学制度。

（二）学生学习方面

在学生学习方面，"情境式"教学首先可以帮助学生形成一定的实践能力和团队精神。教师可以通过一些教学情境的模拟实习，让学生通过沟通、协作来形成团队合作的精神，并帮助他们克服因实际动手操作能力不足而带来的不适，解决理论与实战脱节的问题。其次还能够帮助学生转变学习方式。通过教学场景的设置，让学生更好地将知识和社会紧密地联系起来，提升他们的学习兴趣，培养他们的科学探究能力。最后还能够提升高校思想政治理论课的教学实效性。通过生动、形象、直观的教学情境，加深学生对教学内容的理解和印象，提升他们分析问题、解决问题的能力。

"情境式"教学方法实现的途径有以下几个：一是通过丰富优美的语言来对情境进行描述；二是通过动漫、影视、PPT等来渲染情境；三是通过设置角色，采用表演的方式来创设情境；四是通过组织调查、考察、访问的方式来观察实地情境。

二、"体验式"教学

"体验式"教学，指让学生从具体的体验中学会观察和反思，进而形成一个抽象的概念，最后再对形成的抽象概念进行检验。

（一）教学步骤

学生用具体的体验观察和反思抽象概念的形成，对抽象概念进行检验。"体验式"教学强调的是教学过程中的"师生共同参与"，而不是单方面学生的"学"和教师的"教"。

（二）教学意义

"体验式"教学在高校思想政治教育中的主要意义有三个方面，具体如下：

一是提升教学的深刻性和生动性，促使教学变得富有动态化、立体化、新颖化。随着社会经济的快速发展，采用传统思想政治教育方法的教学效果显著降低。其主要表现为教学方法不能适应教学对象，对现实问题不能够进行科学的分析、说明、解释；教学形式比较单一，过分侧重理论教育，与实际联系比较少，教育者和受教育者之间缺乏必要的交流；教学内容比较贫乏、枯燥等。这些导致高校的思想政治教育在一定程度上处于游离状态。

二是将学习内容和要求整合起来，使之更有针对性和有效性。教师可以利用丰富的社会资源来拓展教学的空间，有效地组织教学活动。

三是对学生的人际关系处理能力、团队交流合作的精神进行培养，提高教学的广泛性、凝聚性。一方面，吸引学生的眼球，拉近学生之间的距离；另一方面，"体验式"教学需要学生的互动和通力合作，进而培养他们的团队意识。

（三）教学原则

"体验式"教学在高校思想政治教育活动中运用遵循的原则有以下三条：一是目的性要强，要有明确的目标指向性；二是要在认真研究、多方调研之后进行严密的设计；三是要具备极强的导向性，能够对教学活动参与者起到真正的教育作用。

由此可见，要想使高校思想政治教育获得不错的效果，高校的思想政治教育工作者就必须以"大学生"为中心，不断采用新的教学方法。这样才能够切实地提升大学生的思想政治素质。

三、"互动式"教学

要提升高校思想政治理论课"互动式"教学的实效性，就要不断深化方式方法的运用，只有立足高校思想政治课的特点，结合新媒体发展的特点，从现有方式和手段出发，不断深化新媒体环境下高校思想政治理论课"互动式"教学的应用，才能激发出互动对象的主体意识，促进教与学的良性循环发展，从而达到教学相长的互动效果。

（一）设计贯穿教学始终的互动，以强化主体意识

高校思想政治理论课的教学过程可以分为三个阶段，即课前、课中和课后。在传统媒体环境中，师生在课前和课后的交流往往受到时间、空间等的限制，故而很难规模化地展开。但在新媒体环境中，借助科技的力量，师生之间时空的障碍在很大程度上可以被打破，思想政治课教师对互动的理解不应局限于课中阶段，贯穿教学始终的互动系统的建立是进一步激发思想政治课互动教学模式主体性的关键所在。

1. 课前阶段

思想政治课教师应当利用新媒体充分调动学生学习的自主性，将学生的需求和智慧融入教学设计之中。

其一，应当将新媒体思想政治组群纳入思想政治课互动教学的要素之中，引导思想政治课教师在整体课程开始之前或开展的初期建立QQ群、微信群或其他新媒体思想政治组群。这样一方面可以起到互动导向的作用，让学生意识到"课程马上要开始了"，感受到教师对课程和学生的重视及尊重，从一开始就明确自己在课程中的主体地位；另一方面也可以起到搭建互动桥梁的作用，从而为接下来互动的开展创设环境、奠定基础。

其二，应当对互动教学设计中学生的参与做出明确的要求。一方面，思想政治课教师应当就学生的学习需求、方法偏好等提前做调查，广泛听取学生的建议，在坚持思想政治教学总目标、总方向的基础上，将不同专业背景学生的不同特点和不同需求纳入教学设计中，合理调整教学重难点和教学方法；另一方面，思想政治课教师应当利用媒介及时告知学生本课程的教学大纲，着重指出哪些地方做了整改，让学生感受到自己的意愿可以被接受建议可以被采纳。同时，对于一些学生感兴趣却没有调整的地方，教师应做出解释，告知学生之所以这么做的意义所在。在课前阶段展开互动，不仅能帮助教师更好地针对学生的特点展开教学，而且也能帮助学生认识课程的价值，从一开始就体会到"互动式"教学区别于传统教学方式的不同，以便在之后的教学中更好地发挥自主性。

2. 课中阶段

思想政治课教师要继续深化互动教学内容，让学生有所思、有所议。一直以来课中阶段都是思想政治课教师进行"互动式"教学的重点，因此，很多思想政治课教师已经总结了许多宝贵的经验。但值得注意的是，无论是互动方式的选择还是互动方法的应用,都必须立足于互动内容来展开。互动内容设定得太浅显,不仅不利于深度互动的展开,反而会消解学生的互动热情,使之把原本用来辅助互动的新媒体设备变成开小差的工具,进而影响课堂的教学秩序;互动内容选择得太晦涩,就会超出大多数学生的认知范围,这又会引起学生的无力感和挫败感,同样影响互动教学的效果。

3.课后阶段

思想政治课教师应当做出表率,鼓励学生不断思考、持续学习。对于课后布置的作业,教师与学生要形成良好的作业反馈互动机制。一方面,思想政治课教师要拿出更多的时间和耐心对学生作业进行分析和点评,发挥作业互动反哺课前设计和课中教学的价值和作用;另一方面,思想政治课教师要以作业互动为纽带,改变部分学生只重形式不重作用、只关注作业分数而不关心作业本身的状况,引导学生养成发现问题、思考问题、订正问题并且举一反三的学习习惯。

课前、课中、课后本就是一个紧密运转的系统,教师只有将互动贯穿其始终,才能最大限度地唤醒互动主体的思辨意识,调动互动主体的自主性,使整个"互动式"教学模式环环相扣,从而更好地服务于高校思想政治理论课,实现教学和育人的双重目标。

(二)师生全员参与,以巩固主体地位

对于高校思想政治理论课"互动式"教学来说,无论是教师还是学生,都应当是个体概念而不是群体概念,概括地说,即互动必须落实到每一个个体身上。因此,新媒体环境下的高校思想政治理论课"互动式"教学,不仅要关注师生互动,还要关注生生互动,甚至师师互动。只有健全师生全员参与的互动方式,群体的主体性才能转化为个体的主体性,高校思想政治理论课"互动式"教学的价值才能最大限度地得到发挥。

1.继续拓展师生互动的广度和深度

师生互动是高校思想政治理论课教学互动的基本方式,也是最重要的方式。只有通过思想政治课教师与学生之间的有效互动,思想政治理论课的相关知识才能更好地由教师传授给学生,并被学生接纳。

师生互动有两种形式:一种是一对多互动,由于师资等的影响,高校思想政治课往往采用大班教学的模式,思想政治课教师大多时候只能以一对多的形式与学生展开互动,这样的互动辐射范围比较大,但实际上往往只能激起极少数学生的思考,整个班级中浑水摸鱼者不在少数;另一种是一对一互动,一些思想政治课教师有针对性地挑选学生回答问题或个别学生主动向思想政治课教师提出问题,这促成了师生间的一对一互动,这样的互动一般来说比较深入,但辐射范围往往与深入程度成反比，教师很难做到和每个学生都达成一对一的互动，即使利用新媒体学习平台，教师可以让全班学生同时进行一对一的作答，但到教师点评或回应时又会出现分身乏术的状况。

两种方式各有利弊，思想政治课教师应当尝试取长补短，将两种方式有机结合。一方面，可以创新原先的一对多的互动形式，把学生分成多个小组，通过与小组的一对一互动，尽可能将一对多向一对一的方向转变，引导更多的学生参与互动；另一方面，教师在利用在线学习平台促成与全体学生一对一的互动时，可以在点评和回应时有准备、有针对性地选出典型的互动问答与全体学生进行分享，在保证一对一互动范围的同时，尽可能地提升互动的深度。

2.深刻挖掘生生互动和师师互动的价值

就生生互动而言，学生和学生间无论是年龄还是身心特点等都有着许多相似之处，他们之间的互动更容易激发知识和情感的共鸣。并且，良性竞争意识和团队合作精神也有赖于生生互动的情境才能形成。因此，思想政治课教师要利用好生生互动的方式，对于具有一定难度的互动内容，要鼓励学生组成小组展开探究；对涉及PPT制作、视频剪辑等较为复杂的作业，要引导学生发挥所长，分工合作。

就师师互动来说，以往的"互动式"教学模式很少关注师师互动，但教师与教师之间的互动着实不能小觑。一方面，思想政治课教师之间的经验分享和问题探讨，有助于思想政治课"互动式"教学模式的不断优化和发展；另一方面，思想政治课教师与其他教师间的互动可以促使思想政治课多元立体起来，其与辅导员的交流则可以帮助自己更进一步了解学生生活的特点，更有针对性地展开互动教学。因此，思想政治课教师应当高度重视师师互动，全力发挥其在高校思想政治理论课"互动式"教学模式中的功效和作用。

（三）认知情感结合，以激发主体动能

高校思想政治理论课"互动式"教学，需要立足于知识、能力、情感、态度和价值观等多重维度，基于此，具体互动方法的选择至关重要。

一方面，互动方法要符合个体的认知要求，即要满足学生知识获取和能力提升的需求。思想政治课教师要不断推进问题式互动和案例式互动的研究和运用。在问题式互动开展的过程中，思想政治课教师一要保证问题设计的科学性，即问题必须从课程内容出发，体现课程的性质及目标；二要尽量立足学生的实际能力，范围不能过宽，内容不能太杂，要循序渐进地引导学生掌握课程的核心内容。案例式互动要求思想政治课教师首先要选择合适的案例，既要符合课程要求又要迎合学生兴趣，还要具有一定的代表性。如在讲《思想道德修养与法律基础》中的《刑法》时，由于课程内容比较生硬也有一定的难度，所以，思想政治课教师可以

将舆论比较关注的"反杀案"引入教学中,让学生通过案例分析进一步理解课程内容;其次,教师要合理利用新媒体呈现案例,在吸引学生注意力的同时适当给予其指导,防止学生得出相悖的答案;最后,教师要做好归纳与总结,及时做出点评,帮助学生认识自己分析中的优势与不足,增强学生对课程的消化与理解。

另一方面,互动方法要符合情感需求,即要满足学生情感、态度和价值观塑造的需求。思想政治课教师要创新拓展主题式互动和实践式互动的研究和运用。主题式互动,指思想政治课教师在进行教学互动时,可以根据教学内容抛出一个主题,让学生围绕主题收集资料、发表看法,并在这个过程中实现学生认知和情感的共鸣。主题式互动重在创设情境,思想政治课教师要鼓励学生利用新媒体设备,集文字、图片、音频、视频等于一体,将理论知识与主题情感融于一体。如在讲《中国近现代史纲要》时,教师可以设定具体的主题,让学生结合教材收集资料,以课堂展示的形式轮流来讲,并结合学生互评、教师点评等环节,让学生沉浸其中,感受仁人志士的爱国情怀和美好生活的来之不易。而实践式互动,则指思想政治课教师根据课程教学的具体要求,有组织、有计划、有目的地带领和引导学生适当地进行各种校内外的社会实践互动活动,让学生通过设身处地亲身体会,践行课本上所教授的知识,进一步塑造正确的态度和价值观。当前的"互动式"教学往往重第一课堂而轻第二课堂,因此,社会和学校都要充分重视实践式互动。一是社会和高校要加强合作,为思想政治课实践式互动提供必要的制度安排、经费支持和后勤保障,为其开辟如博物馆、档案馆、烈士陵园、历史遗迹等专门的活动场所;二是思想政治课教师要利用好实践互动的平台,不能把实践搞成走马观花,要有意识地给学生布置相应的实践学习任务,引导学生带着问题参与实践,而在实践结束后,思想政治课教师也要关注学生的感悟与心得,及时对其进行总结。

第四节 高校思想政治教育的教学模式转换

一、高校思想政治教育生活化模式

思想政治教育只有贴近生活、指导生活,其价值和魅力才能得到进一步彰显。高校思想政治教育生活化是提高大学生思想教育效果的"关键一招"。高校教育者应以相关的理论为指导,转变教育思想,更新教育理念,将教育理念应用到日常生活中,把教学方式融入现实生活中,在整个教学过程中以学生为本,使学校管理方式贴近生活,使教育和管理与生活并驾齐驱,相向而行,最终使教育融入生活,获得高校思想政治教育的最终效果。

（一）教育理念要回归日常生活

教育者要更新教育理念，做到围绕学生的日常生活进行教学，选取与学生生活相关的教学内容，制定适合学生的教学目标。

1.凸显教学内容的生活性

教学内容包含教育者传递的理论知识和教育思想，如何更好地让学生理解理论知识并接受教育思想，选取贴近生活、融入学生生活经历的教育素材至关重要。

第一，选取生活化的教育素材。生活是具体的，不是抽象的，也不是悬挂在空中触不可及的。思想政治教育是做人的教育，教育者应当选取生活中真实的、客观的、可靠的教育素材，虚假的、不合时宜的素材只能产生适得其反的效果。因此，教育者在选择教育素材时应做到"因事而化"，即要与学生生活中发生的大事、小事相联系；"因时而进"，即要与生活"现时"相呼应，教育素材应与时俱进，反映时代发展特色；"因势而新"，即要根据新时代社会发展大势、现代生活发展趋势，选择富有时代内涵的教育素材。教育者在生活中要有一双善于发现教育素材的"慧眼"，要善于发现生活中不断发生的"大事"和"小事"，要在教育过程中精心挑选与教学内容或学生生活相关的热点事件、生活故事，找准切入点，注重与教学内容的契合性，以及对学生教育的针对性，将故事与理论融合起来进行教学。另外，"有铁的事实、好的道理，还要有耳目一新、引人入胜的表达"。教育者在教育过程中，要设置与生活相关的议题，创设与生活相关的情境，同时注意话语的趣味性、亲和力以及学生的接受程度，运用生活中众所周知、耳熟能详、贴近学生生活的话语对教学内容进行阐释，提高教学的艺术性、趣味性，使学生倍感亲切，从而深化其认知，使其将理论转化为行为。

第二，在教学中融入学生生活经历。使学生的思想和行为符合社会行为规范，更具有道德意义，是思想政治教育的基本诉求。对于新时代大学生来说，谁讲不重要，重要的是讲什么。所以，教育者应多关注学生经历，在教学过程中"投其所好"，充分调动学生学习的积极性，引导学生把生活中遇到的人和事、困惑与喜悦在课堂中进行展示和分享，并结合其所讲内容，解学生之所忧、之所困。这样，思想政治教育就可以直抵学生内心最深处了，这不仅符合学生的"口味"，而且还可以取得良好教育效果，可谓一举两得。另外，学生多年的生活和学习经历，在头脑中已形成了自己的知识结构，这些已有的认知对于学生学习新知识的影响不言而喻。如果新学习的知识和大脑中已有的知识相近，那么学生的学习速度就会加快，否则，就会减慢。所以，教育者在教学过程中，一定要通过多种途径多方面地了解学生已有的认知、需求和生活经历，在教学过程中融入相应的生活元素，在教授新知识时尽可能多地考虑学生头脑中已有的认知，利用学生头脑中已有的认知同化新知识，以使学生更好地学会新知识并在生活中运用新知识。

2.凸显教学目标的适用性

教学目标制定得是否恰当对提高教学效果至关重要。教学目标的适用性就是在对学生进行教育的过程中,制定贴近学生又具有一定理想性的目标。当然,这种理想并不是高不可攀的,而是经过努力可以实现的。为了更好地凸显教学目标的适用性,教育者在制定目标时要重视目标的差异性和现实性。

第一,制定差异性的教学目标。大学生来自祖国的五湖四海,学生的受教育水平和学习能力参差不齐,所以,教育者在制定教学目标时要考虑各种因素,做到具体问题具体分析,分层次制定教学目标,而不是千篇一律。教育者不能提出与学生现有水平相差较远的教学目标,在制定目标时既要有与学生生活相关的"小目标",也要关注学生可能达到的高度,制定相对高一点的"大目标"。"小目标"可以融入学生生活,使学生在生活中就可知、可感、可行;"大目标"可以是学生"跳一跳"通过自身努力可以实现的,这能够增强学生的自信心。另外,制定差异性的目标还要关注不同的学生群体。对于高年级学生,由于他们的思想比较成熟,所以在目标的制定上就可以层次高一些;对于低年级同学,由于他们生活阅历和经验不够丰富,所以可以制定层次低一些的目标。针对同一群体,由于学生的思想发展快慢不同,目标也应有所区分,如针对学生党员和学生干部这两个群体,在目标制定上应有所区分。但是,无论针对哪一类学生群体,制定什么样的目标,目的只有一个,就是有针对性地改善学生思想,用"精准"的目标来对学生进行教育。

第二,制定现实性的教学目标。现实生活是每人每天都能切实感受到的,教育者在制定"思政课"教学目标时必须关注现实生活,制定具有现实性的教学目标,而不是制定脱离生活、脱离现实"高、大、空"的目标。教师培养的是生活中的人,目的是使学生在现实中更好地生活,而不是对学生提出过分的、不符合实际的要求,因为"人的存在并不总是表现为一半是野兽,一半是天使的二重分割"。教育者在制定教学目标时,应多关注"中间地带"的学生,制定符合大多数学生生活实际的目标。当然,关注"中间"并不是忽视"两端",因为中间的人数多,是生活中的主力,他们的思想状况会影响整个群体的思想状况。所以,一定要以实践为依据,把对学生的思想政治教育作为出发点,而不是把学生当作某种"手段",应制定"有血有肉"具有现实性的教学目标。

(二) 教学方式要融入现实生活

思想政治教育普遍使用的教学方式是传统的"理论灌输式"。其不注重学生在学习过程中的主体地位,很多时候教育者将有趣的、多样的教学方式"抛之脑后",导致教育效果不佳。因此,教育者应摆脱经验主义的"窠臼",注重教学方式的时代性，注重运用情境教学、心理咨询和社会实践等符合时代发展要求的教学方式。

1.注重运用情境教学和心理咨询的育人方式

新时代大学生思想变化是多样的，传统的育人方式难以吸引学生的注意力。要调动学生的"胃口"，就必须采取富有吸引力和有针对性的育人方式来改善学生的思想，情境教学和心理咨询是高校创新思想政治教育教学方式且富有成效的重要方法。

第一，注重运用情境教学法。知识不能脱离情境而单独存在。情境教学就是教育者在教育过程中，采取情境再现的方式，将生活中发生的与教学内容相关的场景，通过多媒体或学生表演的形式再现出来。可以查找生活中发生的真实故事，结合教学内容一起讲授，这样不仅可以"寓教于乐"，而且可以增加对学生的吸引力。可以直接将学生生活中发生的、有教育意义的故事"搬"进课堂，这样对学生的教育是直接的，而且可以使学生感受到"如见其人"和"如闻其声"。但是，无论采取什么样的形式，其目的就是让学生在感受真实生活世界的过程中，以一种独特的且自己非常熟悉的方式来反观生活，引发深入的思考，提高育人效果。

第二，注重运用心理咨询法。现如今大学生的就业等各种压力纷至沓来，这对学生的影响不仅是思想上的，而且还有心理上的。所以，引导学生转变思想仅靠对学生的思想进行教育或学生自身的调节可能是难以见效的。因为学生的有些问题看起来是思想问题，实则是心理问题。所以，教师应双管齐下，另辟蹊径采用心理咨询的方法对学生进行心理干预，帮助学生理性看待自己，辅助学生解决思想上的问题，促使其全面发展。

2.重视社会实践的育人方式

学生的发展是全面的发展，在课堂中对学生进行的教育，满足不了其在新时代全面发展的需要，而且也难以满足新时代对其提出的新要求。实践是理论之源。学生需要亲自体验一些知识和理论，才能获得真正意义上的理解，同时可以将其用以指导自身实践，这就要求教育者应注重社会实践的育人性。

第一，注重社会实践的育人性，改变传统课堂的"孤岛"式教学。"实践教育是人全面发展的决定性因素"，教师不仅要使学生在课堂中学习理论知识，而且还要使学生在实践中进行自我教育，毕竟生活是动态的，不是一成不变的。这种体验是学生亲身感受到的，不是通过表演、展览等伪装出来的，这就犹如人在水中学习游泳一样，其效果是真实的、有效的。另外，从纵向来看，社会是学生最终的归宿。从人生的发展阶段来说，学生的学校生活仅仅是其人生的一个阶段，然而人并不是只在学生时期需要教育，人生的不同阶段都需要教育，而且其内容因成长阶段的不同而不同。人的教育是一个终生的过程，那么这个教育的课堂就是社会这所大的学校。从横向来看,对学生的思想教育不能只在校园内进行,也要在校园之外开展,不能使学生成为在校园之内是道德的人,校园之外就是"无恶不作"的人。所以,转变教育方式,引导学生进行社会实践是非常必要的。

第二,注重社会实践的育人性,改变传统的"知识性"教学。学生的发展是整体的、全面的发展。学生全面发展的前提是掌握一定的知识,除书本知识外,生活实践中体验感悟到的知识同样也是学生全面发展不可或缺的一部分,且通过实践获得的知识更具"实战性"。回想人类最初的思想道德教育,毫无疑问都是在生活、生产中开展的。学生思想的改变需要一个过程,不是45分钟就可以"瞬间"改变的,而且这个改变需要课上课下协同进行。现在,高校对学生的思想政治教育以教材为基础,在课堂中进行,在科学世界中进行。但是,这样的教育是不全面的,因为科学世界是以生活世界为根基的,是从事专门教育活动和知识传授的世界。所以,生活才是对学生进行思想政治教育最基本、最全面的世界。"纸上得来终觉浅,觉知此事要躬行"。学生在课堂中、教材中学到的关于道德教育的知识,是普遍且具有共通性的,而社会生活中有大量的道德教育知识是不可言说、且对学生思想影响具有一定特殊性的。有些道德教育知识是"搬"不到教材中去的,是教育者说出来但学生不一定能真正深刻领悟到的,需要学生亲身体验才能体会、感悟出来。因此,教育者必须创新教学方式,引导学生在生活中进行实践、体验、感悟,使学生游走在科学世界和生活世界中,做一个全面发展的人。

(三) 教学过程要以学生为本

1. 尊重学生的主体地位

教育者要想激发学生对学习的兴趣,就必须转变教学方式,使"灌输式"教学向"启发式"教学转变,并且在教学过程中融入情感因素,激发学生在现实生活中践行知识的自觉性。

第一,使"灌输式"教学向"启发式"教学转变。在传统的"灌输式"教学过程中,教师常把学生当作接收知识的"器皿",这样的教学是一种"你讲我听"的教学方式。教学活动的主要实施者是教师,学生是接受知识的客体,师生之间不是平等对话关系,教师是知识的"搬运工",搬运的知识就是"圣经",这样的教学是脱离生活世界的教学方式。与之相反的"启发式"教学是符合时代发展要求的教学方式,"启发式"教学强调教师要引导学生学习,做学生学习的"助产士"和"促进者",要求师生双方平等对话,一同探索真理。教育者在教学过程中,首先要发扬教学民主,转变以往师生之间"主体—客体"的关系,建立一种"主体—主体"的交互式师生关系,在教学过程中做学生学习的"引路人",师生双方相互配合,从而实现预定目标。其次,学生的很多感悟是在生活中体会出来的，在师生相互交流过程中，教师要调动学生关注生活的积极性，使之将知识的学习与生活紧密相连，寻找知识和生活的契合处和交汇点，这样就可以增加学生对生活的热爱之情，同时也可以形成良好的课堂学习氛围。因此，教学方式的转变，不仅是师生双方平等主体地位的体现，也是转变教育思想、提高教育质量的必然选择。

第二，融入情感因素提高学生将知识运用到现实生活中的自觉性。情感一直贯穿教育过程的始终。教育者在教学过程中做到以学生为本，与学生平等对话，可以激发学生学习的积极性。但是如果在师生交往过程中，教师不融入任何情感色彩，仅是"我说你听"，那么师生之间的交往便是"冷淡"的；如果没有情感的"掺杂"，那么教育者的教就仅仅是教，学生的学也仅仅只是学。所以，教育者在教学中要投入情感，要进行有"温度"的教育。对教育者来说，在教育过程中以情感为基础，有情感地对学生进行有"温度"的教育，才能使教学内容直抵学生内心深处，触动学生心灵，从而达到预期目标。因此，一方面对教育者来说，教师应"换位思考"，在教学过程中站在学生的角度，体会学生真实的情感，用"爱"去关心学生，用"情"去感化学生，缩短师生之间的心灵距离，这样教育效果必然会显著提高；另一方面对学生而言，在学习过程中如果能体会到情感的存在，那么必然会自己端正学习态度，其对于知识的学习就不只是停留在认知层面了，而是更进一步达到对知识认同并践行的程度。另外，情感的存在可以使课堂变得更加"温暖"，可以更好地吸引学生关注课堂、热爱课堂。教师可以因势利导，使其进一步关注生活、热爱生活，这就会形成一个良性互动，把"让我做"转变成"我想做"。因此，教育者在教学过程中，需要在尊重学生主体地位的基础上，融入情感因素，以激发学生对知识的渴求和对生活的热爱。

2.重视对学生的引导和针对学生的需要开展教学

生活化的教育方式不仅要靠教育者教育理念的转变，教学方式的创新，还需要教育者与学生"齐头并进"，这样才能使二者相互促进、相得益彰，最终取得良好教育效果。为此，教育者在教学过程中要注重对学生的引导，并以学生的需要为导向来开展教学工作。

第一，注重教育者在教学过程中的引导作用。教育者是学生成长道路上的"领路人"，应弘扬"工匠精神"，潜心研究教育教学，注重自身在学生的学习和思想上的引导作用，做好方向的引领。要千方百计地调动学生学习的自主性，而不是"压迫"学生学习。首先，教育者要引导学生转变其对待生活教育的态度和思想，改变自身以往"出力"而不"讨好""喊破嗓子"式的教学，因为这样的教学做的只是"无用功"，教育效果只能是"事倍功半"。其次，倡导生活化的教育不仅是要教师转变教育理念和教学方式，更主要的是让学生转变思想。如果学生在教师的引领下，在日常生活中做个有心人，关注生活对自身的教育意义，那么教育者取得的教育效果定是"事半功倍"的。所以，教育者在教学过程中应有意识地引导学生关注生活，把生活的教育作用潜移默化地融入教学过程，引导学生去认同和践行生活教育。因此，教育者有针对性地引导是取得绝佳教育效果的关键。

第二，以学生的需要为导向开展教学工作。首先，教育者要调整与学生之间的"焦距"，近距离接近、观察学生、关心学生，做到从学生中来，到学生中去，深入"一线"，了解学生的困难和思想上的"结"，以学生的需要为教学的起点，根据学生关注的"点"制订具有一定针对性的教学方案。其次，在关注学生现实需要的同时，也应关注现实需求与长远需求的有机结合。教育者可以根据自己的教学经验和学生的需求层次，在满足现有需要的基础上，引导学生追求更高层次的需要，使之树立远大理想，进行自我教育，在既尊重学生主体地位的基础上，又对学生进行了"接地气"的教育。最后，多种途径满足学生的合理需求，无论是满足精神的还是物质的需要，目的都是在尊重和满足学生需要的过程中对其进行多方面教育。

（四）学校管理方式要贴近现实生活

学校对师生的考评方式和考核标准，对师生的导向作用是巨大的，直接影响师生工作和学习的"着力点"。所以，学校必须从师生的现实生活和实际需求出发，来完善对师生的考核评价机制，为师生提供有针对性的工作和学习导向。另外，与学生每天相伴的校园环境，发挥着对学生隐性教育的作用，因此学校必须重视校园环境的育人作用，发挥其隐性育人功能。

1.改进对师生的考核评价机制

学生是活生生的个体，对学生进行评价的机制的优劣会影响其学习的自觉性。所以，高校对学生的考评应改变传统的单一的以"分数论英雄"的考评方式要倡导多样化考评方式和标准。关于教育者，应调整和完善考核方案，形成多层次、多样化的考核体系，进而找到二者之间的平衡点。

第一，优化对学生的考评方式，倡导多样化考评标准。学生的品德优劣不是一张试卷可以测出来的，对学生的考核评价应采取多样化的方式，这样可以对学生有一个全面的、全方位的了解，同时也可以改善学生过分追求分数的态度。

首先，完善对学生的考评方式。目前学校对学生的考核评价仍以考试为主，如果一时难以改变这种评价方式，高校可以转变思想，更新理念，改变考试内容，围绕学生的实际生活设置适当的题目。如多使用生活中可见的类似案例，使育人和考试相向而行，实现考试和育人两不误。其次，注重对学生的过程性考核，关注过程性动态考核方式，引导学生参加志愿者等社会公益活动，并在此过程中观察其思想和行为的变化情况，观察考核学生的实践和合作能力等。最后，实现评价主体多元化，对学生的考评只参考考试和社会实践等是不合理的，难以做到对学生的全面考核。高校可以探索除考试和实践之外的其他考评方式，如同学同伴群体之间互评，因为他们每天朝夕相处，互相"知根知底"，对彼此在生活中的表现了如指掌。同时，还可以在教育者的引导下进行自我评价，虽然这种评价可能会出现"虚假"情况，但是学生在经过"扪心自问"这个"痛苦"的过程之后，对自己的思想定会有所冲击。总之，无论采取哪种评价方式，一定要形成考评合力，并且要健全考评结果的反馈机制，总结考评经验，从而制订更加有效的考评方案，更好地发挥考核标准的导向作用。

第二，调整教师考核评价导向，多方面完善教师考核评价标准。教育要发展，教师是关键。考评标准对教师的工作方式和教学行为具有较强的导向作用，决定着教育者将主要精力用在哪些方面，所以，高校应结合学校教与学的实际情况，制定"个性化"教师考评要求。首先，在进行教师培训时，应注重对其进行有方向性的引导，将生活教育理念作为培训的重要内容和主要方面，引导教师在教学方式和教学内容方面下功夫，在考评时注重对教师生活教育理念、教学方式和教学内容生活化方面进行考评。其次，完善学生对教师的评价标准。在学生对教师进行教学评价时，把教师在讲授教学内容时是否与生活相联系，是否引导学生关注社会热点事件和热点话题，是否关注学生的思想状况，是否选取"接地气"的教育素材，是否制定贴近学生实际的教学目标等作为考核内容，发挥学生评价的反馈作用。最后，改进教师听课标准。把教师在讲授新课过程中是否关注生活，是否把知识与生活相联系，是否做到"以生为本"作为教师互评的参照标准。总之，通过完善对教师的考评标准，做到具体问题具体分析，制定符合本校实际的教师考核评价体系，来促进教学质量的整体提升。

2.注重发挥学校环境的隐性育人作用

学校必须重视校园环境的育人作用，物质环境和文化环境同等重要。

第一，注重校园物质环境的育人性。校园物质环境是有形的，学生可以看得见、摸得着。除了注重校园建筑等大型环境的育人性，还应关注校园小型环境的育人性，如在食堂、图书馆等地张贴相关育人标语。这些看似不起眼的标语，对学生思想的影响却是无声的。图书馆是学生学习的"主阵地"，教学楼是传授知识的主要场所，工作人员可以在图书馆和教学楼等主要场所摆设一些雕塑、名人画像等具有文化底蕴的物件，将没有生命的建筑赋予生命和灵性，这样可以使对学生的教育达到事半功倍的效果。另外，食堂、宿舍和图书馆等地的工作人员"时刻"陪伴在学生的校园生活中，他们的言行或多或少地都会影响学生的思想。如果他们素质既高又能够尽心尽力做好本职工作，那么学生感受到的美好对其思想的影响可想而知。所以，学校对他们应做到定期培训，以提高他们的整体素质，进而发挥服务育人的作用。

第二，注重校园文化环境的育人性。校园文化环境是无形的，但是对学生思想的影响却是巨大的。它可以陶冶学生的情操，塑造学生的品格。另外，"活动是进行隐性教育的最好方式，是隐性思想政治教育的主要渠道"。在校园内开展积极向上、丰富多样、有艺术气息的文娱活动，是对学生进行隐形教育的有效途径。学校必须充分利用校园活动的隐性育人作用，既要调动学生参与活动的积极性，又要结合活动对学生进行思想政治教育，从而实现全程育人、全方位育人。首先，学校可以利用重大节日的教育作用，如在抗日战争胜利纪念日、国庆节等这些非常具有纪念意义并可以"点燃"学生内心"火焰"的节日里，举行各种各样的活动，以激发学生的爱国之情和报国之志。其次，学校可以利用大型会议开闭幕式、升国旗仪式等具有仪式感的活动，对学生进行思想政治教育。最后，学校可以组织学生观看党和国家的一些重要会议，如党的十九大开幕式等，这对学生思想的影响是不言而喻的。通过对校园文化环境不同方面的关注，形成拼搏、向上、进取的校园文化氛围，这对改善和提升学生的思想境界是不可或缺的。

二、"融入式"实践教学模式

"融入式"高校思想政治工作坚持以人为本的理念，注重潜移默化地育人，鼓励实践教学，坚持因材施教的原则；利用各种宣传媒体以及思维水平训练的融入，在具体的实践教育工作中实现了显性和隐性教育的结合；同向联系与反向联系的结合，文化资源与教育资源的融合，提高了高校思想政治教学的实际效果，进一步推动了高校思想政治课程教育体制的革新。

（一）"融入式"实践教学的方法

"融入式"高校思想政治理论课教学，在原有的思想政治教学形式的前提下，利用人文精神培养的融入、网络宣传媒体等的融入，构建了一种让高校学生喜爱的、生动有趣的思想政治教学模式。

1.融入人文情怀培育

高校学生的人文精神关系到学生情绪、生活态度和价值观等各个层面。对思想政治教育工作者而言，其不但要有科学精神，而且还要有良好的审美能力和思想政治素养，因为学生的思想政治素养直接关系到国家的未来。人一生的发展，需要优秀的内在，将人文情怀融入思想政治工作中，可以更好地实现这一目标。因此，高校要注重人文情怀的融入，积极探索思想政治教育的新模式。

例如，天津大学2015级马克思主义学院硕士生班积极响应国家"全民阅读"

的号召,丰富学生精神文化生活,营造高雅校园文化氛围,定期举办"含英咀华、书香思政"师生读书分享会,践行了"进德、修学、储能"的育人理念。学生在潜移默化中受到文学的熏陶,综合素质得到提升。同时,该班级还密切学生思想动态和生活特点,立足学生实际,为学生提供良好的学习生活氛围,定期开展微视频大赛,在各种比赛与集体活动中进一步融入人文情怀。

另外,该学院注重专业内涵建设,注重人才培养,立足学科和专业建设,狠抓教风、学风、考风,开设诚信考场,首次开展无人监考,得到了教师和领导的一致认可。通过融入人文情怀,其取得了思想政治教育育人的良好效果。

2.融入网络宣传媒体

运用网络技术强国需要网络传媒把思想政治教育渗透其中。思想政治教学的新媒介必须同传统媒介融合。现在微文化发展的速度很快,高校学生的选择面也很大。高校如果仅把过去教学的内容和形式如法炮制,那么将很难产生效果。应当正确把握现代高校学生的思维和行为方式,从他们的现有生活中找到有效的方法。

所以,高校要接受大学生接收信息途径的新变化,全面运用网络丰富的传输方法和科学的传媒技术,适应时代的需要,加强思想政治教育。应建设校内新颖、时尚的视听媒介生产和播放平台,以增强学生的主人公意识,调动他们参与学校思想政治宣传教育工作的积极性。面对网络对当今思想政治教育的影响和挑战,各高校应坚持教育与服务相结合,调动学生参与的积极性,推进网络宣传媒体的融入,充分运用毕博网站、QQ练习等方式进行形式多样、深受学生喜爱的思想政治教育。

(二)"融入式"实践教学的经验总结

在高校思想政治教师的带领下,这种"融入式"的思想政治教学旨在加强课堂教育和具体的实践教育、信息教育的密切联系,体现思想政治教学的政治性、情感性、灵活性,全面提高高校学生的思想政治水平,让他们能够健康成长。

1.坚持以人为本的理念

高校作为社会主流思想意识形态存在发展的主阵地和先进思想传播的"前哨",承担着革新和发展思想政治工作形式的重任。而"融入式"的思想政治课程教育体制改革的创新,必须满足人的全面发展要求。既需要立足高校实际,坚持全员、全程、全方位的运行机制,面向全体、基于专业、强化实践、贯彻始终,一切从大学生的实际出发;又需要强化对学生人文情怀与认知能力的培养,在育人的核心理念上坚持以人为本。厦门大学在思想政治理论课的实践教学中,坚持教师带队,组织学生参加一系列的实践教学活动,并取得了丰硕成果。从人可以全面发展的视角来看，本着对人无声地影响的原则，切实地实现了尊重每一个人，关心每一个人和切身利益，激发人的潜能，激活人的创造力，并通过一系列摆事实、讲道理的启发性思维，满足学生个性发展的需要，使学生多方面的潜能都能得到充分发挥，从而促进个人的发展与整个社会的进步。

2.坚持"因材施教"的理念

如果要使高校学生的思想政治教育学工作获得实际效果，那么这一学科的教师就应该改变传统的方法，因人施教，提高学生的整体素养，创新思想政治教育思路，以提升"融入式"思想政治理论课的针对性。高校思想政治教育的对象是在校大学生，"融入式"高校思想政治理论课教学体系的创新，需要面向全体大学生。其要求教师运用不同的思想政治教育方式，因时、因地、因人而异地正视矛盾的特殊性。

首先，针对不同阶段的工作任务开展教育，分段培养。学生思想的多元化决定了思想政治教育不同阶段教育方式的多样性。学校可根据学生入学时间的不同，确定不同阶段的教育目的和计划。学期开始，可以帮助他们制订好发展规划，在课程教育体制方面应体现分阶段教育的思想，思想政治理论课的教学内容须与时俱进，教师应不断丰富学生的基本理论知识，促进学生学业水平的提高和学习能力的提升。一段时间后，可以关注他们的心理问题，重视心理辅导，妥善处理好他们在校期间的各种心理问题。指导工作的重心应放在他们实际工作能力的养成方面，帮助学生把知识转化为能力，进一步提升学生的整体素养。后期，应做好他们的就业培训工作，协助他们制定人生和职业发展的规划，进一步引导毕业生树立正确的就业观、择业观和创业观，正确掌握社会环境对人才的不同需要，积极创造全面培养人才的新局面。

其次，针对不同的对象进行分门别类的教育。在学校生活中，有关部门必须重视对困难家庭学生的照顾和帮助，特别是对那些单亲家庭的孩子要给予更多的关爱，对他们的心理问题给予疏解，帮助其树立正确的世界观、人生观、价值观，以更加积极健康的心态融入集体，使思想政治教育工作更富人情味，进一步提升学生的整体素养。

3.坚持理论与实践相结合的理念

传统的思想政治理论课长期以灌输的方式进行，而且内容一般都限于课内。这并不能消除学生的思想和心理障碍，所以，思想政治教育工作的实效性问题还不能得到很好的解决。"融入式"思想政治工作培育目标与思想政治理论课的目标相一致，意在鼓励实践教学，打通第一课堂与第二课堂的关系，辨别内需与外需的关系，处理好理论与实践的关系。在重视理论教学的同时，还应发挥实践教学的重要作用，坚持把理论教学与实践教学结合起来，这是提高高校思想政治理论课实践教学实效性的有效途径。

开展红色案例专题教学,就是坚持理论教学与实践教学相结合。具体而言,首先通过课堂理论教学,对每个案例进行理论分析和讲授,使学生获得理论认识。其次,通过实践教学活动的组织与体验,使学生进一步获得情感认知,更加深化对理论知识的理解,从而能够在实践中更好地运用所学的理论知识来观察、分析和解决问题,不断提高他们的实践能力和认识能力。

长期以来,中央财经大学思想政治课程教育工作者在工作实践中十分注重第一课堂与第二课堂的结合,主张将高校思想政治理论课主渠道与其他思想政治工作相融合。其中,第二课堂等相关内容,可以借助第一课堂进行理论的梳理和总结;第一课堂讲授的内容可以通过第二课堂进行实践的锻炼与完善。思想政治理论课任课教师、党团工作者、辅导员等如何沟通联系是关键问题。在第二课堂的实践教学中,中央财经大学将第一课堂的教学内容灵活地运用到第二课堂中,开展了"两个论坛、一个讲座、三种活动",增强了第二课堂的生动性和趣味性,使思想政治教育成为大学生喜闻乐见、愿意接受的主流意识形态教育。

此外,中央财经大学社会学系在坚持本科生导师制的基础上,尝试让思想政治理论课教师从"经师"向"人师"转变,让思想政治课产生一个新型的联系,探索实践教学新模式,并一直延续下去。开展了在思想政治理论课教师引导下的学生自主学习、师生平等交流的读书会活动,以社会科学和流行书目为载体,扩充了学生的理论知识。通过定期举办学术沙龙,重点培养了学生的阅读、思考、分析、解决问题和交流表达能力,锻炼了学生自主、平等、开放的学习能力。第二课堂的开展,进一步提升了实践教学的有效性,开创了思想政治课程实践教育的新高度。

(三)"融入式"实践教学模式的发展特色

"融入式"思想政治课程在实践教学中实现了显性与隐性结合、正向与反向联系,也是高校思想政治课程体制的革新和大胆的探索。

1.隐性教育与显性教育相融合

"融入式"高校思想政治教育工作,使整个校园的物质环境、精神文化环境和学校组织的各种活动,与思想政治教育本身的内容有机结合,实现了显性与隐性教育的结合。高校改革之后,学校的环境和人文精神构成了一个整体。这对于学生思想政治素养的提升起到了至关重要的作用。

并且,"融入式"高校思想政治教育十分重视高校文化方面与思想政治课程有关的隐性教育。假如高校的外界条件是高校精心准备的自然环境,属于隐性思想政治教育的组成部分,那么学校的组织和制度则是一种显性教育因素。"融入式"

大学生思想政治工作的隐性教育就是营造一种浓郁的人文气氛，这种文化氛围能表现高校的个性和本质，也就是高校的校魂。所以，高校在"融入式"思想政治课程开发的过程中，应立足于人的文化和精神方面的总建构，并且同显性的思想政治工作有机地结合起来，通过各种活动实现培养教育学生的目标。

2.正向衔接与逆向衔接相融合

正向衔接，即按照时间的同一性，依照从以往到目前、从过去到现在的时间次序，完成高校思想政治教育改革和创新的目标。"融入式"高校思想政治教育应重视实践与教育的关系，不管是对基本概念还是理念的阐释，教师都必须向学生介绍以前和现在的研究成就。只有在学生了解以往思想政治教育成就的基础上，教师才能在以后思想政治教育方面有所创新。然而，逆向衔接也能出奇制胜，效果显著。所谓逆向衔接。就是以目前思想政治教育中出现的各种现象和问题为出发点，回溯以往，深入探索当代思想政治教育工作的思想根源和历史文化的关系，进而实现现代与历史的高度统一。"融入式"的教育方法在具体运用的过程中，把正向的衔接和逆向的衔接进行了统一，目的是使高校学生在实践中可以感悟深厚的思想道德文化内容，这对高校思想政治课程教育体制的创新也是一种可贵的探索。

3.文化资源与教育资源相融合

为实现文化的教育价值，高校应将文化资源以各种生动活泼、学生喜闻乐见的形式，引入思想政治理论课的教学实践中；在整合文化资源的基础上，遵循思想政治教育的特征和原则，根据时代变迁的要求赋予文化资源以时代意义，从而进一步实现文化资源与教育资源的融合；文化资源与教育资源相融合的过程，不是对文化的简单梳理和对教育的简单过渡，而是一种自然的转化过程。在教学实践过程中，教师应充分尊重学生主体对文化继承的自觉性和能动性，帮助和引导他们在文化学习过程中主动与教育资源融合，践行"知行合一"的理论，推陈出新。

第四章　高校辅导员岗位职责与角色定位

高校辅导员是我国大学生思想政治教育和管理工作的骨干力量，承担着培养人、教育人的重要职责，扮演着重要的社会角色。国家高度重视辅导员队伍的管理和建设工作，特别是对高校辅导员的角色定位和作用发挥也做了更具体的规范。高校辅导员管理中的角色定位影响着高校辅导员的工作效率。本章分为高校辅导员制度的历史演变、高校辅导员的工作职责、高校辅导员的角色定位三个部分。主要包括我国高校辅导员制度的发展历史、存在的问题及原因，明确高校辅导员的工作职责、高校辅导员的角色定位路径等内容。

第一节　高校辅导员制度的历史演变

一、辅导员相关概念及特征

（一）辅导员的概念

辅导员不仅是高校教师队伍的重要组成部分，而且是高校管理不可或缺的一部分，是高校开展思想政治教育的有力保证，是全面落实学生日常思想政治教育的指导者，是完善管理工作的实施者。因此，辅导员不仅要承担起教师与干部的双重责任，而且还要与广大的学生建立良好的关系。

高校辅导员要走在学生工作的第一线，其主要任务包括以下几点：一是当好大学生职业生涯的设计者，引导学生树立科学的目标，夯实广大学生日后发展的基础；二是做好广大学生的老师，因此在日常工作中还要充分利用自己的行为、知识、经验，更好地引导学生，有效地把握学生的心理动态，及时帮助他们解决思想、心理等各方面的困惑，做他们成才路上的引路人；三是成为大学生的知己朋友，成为他们健康成长最合格的指引者。辅导员（队伍）管理，包括高校或院系依照国家相关制度和政策，对高校辅导员进行选聘、培养、考核、奖励、任用等行为。

（二）辅导员的特征

辅导员在高校工作中是学校、院系等各部门工作的具体实施者，是学生与各院系、处室部门间的桥梁纽带。学生在校期间接触最多的便是辅导员、教师，辅导员与学生最亲近，学生干部的行为养成容易受到辅导员工作风格的熏陶。

辅导员的准入门槛比专业课教师相对较高，鉴于思想政治教育工作的特殊性，辅导员队伍管理具有政治性强、时效性要求高、工作纪律性严等特点。

二、我国高校辅导员制度的发展历史

辅导员在高校教育体系中是落实"立德树人"根本任务的一个重要群体。为更好地开展高校辅导员工作，我们必要对我国辅导员制度发展的历史和逻辑进行研究，通过资料搜集、文件分析和逻辑归纳等方法，回顾我国辅导员制度发展的历史脉络，在此基础上探究了辅导员身份定位、职责要求等方面的变化，并进一步分析了其逻辑起点和逻辑转向，回答其变化的内在因素，并力求为辅导员制度的发展指明方向。

在2018年9月召开的全国教育大会上，习近平指出，要精心培养和组织一支会做思想政治工作的政工队伍，把思想政治工作做在日常、做到个人。对我国的高校而言，辅导员队伍在很大程度上承担了包括思想政治工作在内的一系列工作，成为开展学工管理和思想政治教育工作等不可或缺的重要力量。

（一）新中国成立后至"文化大革命"的草创阶段

新中国成立之后，我国的各项事业百废待兴。教育作为百年大计，事关能否培养出合格的社会主义事业接班人，所以，中央对学生的思想政治教育给予的高度重视。

1953年，清华大学开创性地设计出"双肩挑"的辅导员模式。我国的高校辅导员从无到有，慢慢开始创建起来。此后，中央又颁布数个文件，对我国高校辅导员制度的创建进行补充和规范。

这一时期，我国辅导员制度的建立尚处于摸索阶段，高校对辅导员的选拔途径、角色定位等没有清晰的认识和详细的要求。辅导员的工作一般都由兼职人员来担任，主要任务是处理学生的思想政治工作及相关领域的一些事情。当时，国家在许多文件中都把辅导员的工作作为整个高校工作中的一环而一笔带过，并没有将其单独列出来进行细致规范，所以，其对辅导员的具体要求也不集中、不系统，而是散见于众多文件之中。

（二）改革开放之后的恢复阶段

"文化大革命"期间，国家的教育事业受到沉重的打击和破坏，辅导员制度也没能幸免。1978年的全国教育工作会议明确提出，要建立一支学生思想政治工作队伍以加强对学生的思想政治教育工作。此后，中央又在十多份各类文件中对高校辅导员的各项要求进行了细化和补充。1995年，原国家教委规定了高校辅导员和学生的比例应维持在1∶120左右，在部分高校增设思想政治教育专业、思想政治教育专业第二学士学位班、思想政治教育班，专门培养思想政治工作人员。

这一阶段，对于辅导员的职责要求、身份界定、选拔机制、人员配比、培养方式等，中央均在不同的文件中进行了确定，这使我国的高校辅导员制度得到较快的恢复与发展。但是与前一阶段一样，关于高校辅导员的工作内容仍缺乏专门的文件规范，辅导员制度的发展还没有迈出实质性的步伐。

（三）21世纪以来的发展阶段

进入21世纪，我国的高校辅导员制度终于迎来了新的发展契机。2005年，教育部《关于加强高等学校辅导员班主任队伍建设的意见》，第一次有针对性地就辅导员、班主任队伍的建设提出了要求。与此同时，各地、各高校结合自身实际，纷纷制订了辅导员工作条例、考评办法等，为辅导员制度的发展做出了规范。教育部思政司在全国各地设立高校辅导员培训和研修基地，并且制定专门的培训计划，进一步重视培养辅导员。

2014年，教育部颁布《高等学校辅导员职业能力标准（暂行）》，明确提出"推动高校辅导员专业化职业建设"，就辅导员的职业定位、功能、等级、标准做出了明确规范，为辅导员专业化建设指明了方向。2017年，中央颁布《关于加强和改进新形势下高校思想政治工作的意见》，明确要求"辅导员队伍要纳入高校人才队伍建设总体规划，形成一支专职为主、专兼结合、数量充足、素质优良的工作力量"。这是中央首次将辅导员纳入专业人才管理和培育体系，辅导员有了更为光明的发展前景，辅导员制度建设得到了整体升级。由此，我国的辅导员制度步入了高速发展的阶段，制度越来越健全。

三、我国高校辅导员制度存在的问题及原因

为进一步健全高校辅导员制度，教育部先后出台了一系列法规性的文件，但是大多数文件都是从宏观角度指导高校辅导员队伍建设，内容具体化程度较低，制度的操作性不强，在现实运用中还存在不少问题。

（一）辅导员身份定位与岗位职责问题

1.辅导员的身份定位不清晰

辅导员身份定位模糊是高校普遍存在的一个问题。辅导员的工作职责是作为一名教师还是作为一名行政工作人员，抑或两者兼有？出现此种问题的原因有二个：首先，辅导员不属于专业教师范畴，也不是学校任命的行政管理干部，只是兼有处理行政方面的工作事务的职能。其次，高校辅导员制度的不完善使得教师或行政工作人员的身份选择权并没有掌握在辅导员手中，而这种双重身份的规定也使得辅导员在两种身份中游离。

2.辅导员工作负担重

辅导员的工作职责范围广、内容多，部分工作内容存在与其他工作岗位重复的现象。如高校学生的心理健康教育与引导，许多高校是有心理咨询中心的，但真正把学生心理咨询这一块当成学校重点来抓的高校相对较少，而学校的专业心理咨询教师配备严重不足，无法满足学生的需求，这使得当学生遇到如学习压力、家庭因素、情感受挫、人际交往方面的事情而产生心理疾病时，其首先想到的求助对象是辅导员，而非心理咨询教师。再如职业生涯规划与指导，大学生的整个职业生涯规划是一个系统工程，需要大学生对自身有一个准确的定位，可以说大学生职业生涯规划与指导这门课程是任务艰巨、专业性很强的工作，需要专业的人员来对大学生进行系统的长期的指导。

虽然高校几乎都开设了就业指导必修课或选修课的课程，但就目前高校现状而言，由于这门课程的学时较少，且基本都是以辅修的形式开设，所以无法真正实现对学生系统的引领与指导。这样一来，学生职业生涯规划与指导的主要工作也就落在了辅导员的肩上。不难看出，随着高等教育的不断大众化，辅导员的工作职责也在这一浪潮中不断超出其原有的范畴。与此同时，辅导员的工作内容逐渐与学校其他部门的工作不断地交叉融合，逐渐出现了辅导员工作职责上的越界行为，辅导员工作职责范围越来越广。这影响了辅导员队伍专业化、职业化的发展。

（二）辅导员配备制度与选聘制度问题

1.辅导员配备制度不合理

我国在辅导员的人员配备制度方面，存在着制度规定与现实需求脱节的现象。从全国高校学生辅导员队伍的建设来看：一方面，对于教育部要求的按照1∶200的标准配备辅导员，很多高校都没有达到这个标准；另一方面，教育部要求配备辅导员的这一标准有待调整。

在实际工作中，对于一些特殊学生群体，如艺术体育类学生，他们的思维较普通学生更为活跃，个性鲜明，有着不同于普通学生的特点和需求，经常会有各种训练及外出参演节目不在学校，相对于管理普通学生而言，辅导员对艺术体育类学生的管理难度比其他辅导员要大。对于这类学生，如果也按照一名辅导员管理200个学生甚至更多的话，那么很难真正实现对学生的有效管理。

目前，我国高校的团委下设学院团委，学院团委下设学院团委书记。经了解，目前高校的学院团委书记大多是由辅导员兼任的，一方面辅导员学生工作千头万绪，再加上团委学生的工作，辅导员的工作压力不言而喻。在上述情况下，如果也按照1：200的比例配备学生辅导员，那么很容易导致辅导员因事务性工作太多，而无法很好地解决学生隐性问题的情况发生。

2.辅导员选聘制度缺乏统一标准

国家虽然对辅导员应该具备的业务素质做了指示，但这只是一个宏观上的政策指导，其并未为高校辅导员选聘工作的笔试考核、面试考核等，制定相应的具体实施办法。各高校在政策的具体执行过程中，难免会有标准上的误差。在现实情况中，各高校招收门槛高低不一，辅导员质量参差不齐的现状，也使得其在管理大学生的日常事务方面出现不少的问题。

第一，过多强调政治素养，忽视专业学科背景。通过对全国百余所高校招聘辅导员岗位的启事进行归纳汇总发现，几乎所有高校都明确要求辅导员是中共党员，68%的高校在学科背景方面不做硬性规定；而在要求学科背景的高校中，只有51%的高校更倾向于选择有"思想政治教育""教育学""心理学""管理学"等相关专业的应聘者。

第二，学历门槛偏低，与现实需求脱节。随着高等教育的大众化，各高校对招聘辅导员的综合能力要求越来越高，特别是在学历上的要求，也有比较明显的变化。通过对全国百余所高校辅导员岗位的招聘简章进行分析发现，近年来高校对应聘者的学历要求越来越高，绝大部分高校在招聘公告上明确要求应聘者须是"硕士及以上"学历，部分高校甚至要求辅导员必须是博士，而我国教育部规定的辅导员学历要求应是"硕士及以上"的标准已与现实需求脱节，不能完全适应高校的发展。

第三，招聘存在性别、年龄歧视，地域及学校层级限制。如在性别方面，各大高校更愿意招收男性辅导员，或在其招聘信息上明确规定"只限男性"，更有甚者，对男女应聘者的身高都做出了明确的限制，如男性不低于170 cm，女性不低于160 cm。在学校方面，部分学校甚至拔高了应聘者毕业学校在应聘中的作用，以"第一学历学校为211或985"等条件进行限制，这些招聘条件容易导致辅导员队伍性别不均和名校崇拜等问题的产生。

(三)辅导员培养制度与发展制度问题

1.辅导员培养制度缺乏合理规划

2004年以后,教育部办公厅与教育部党组先后印制发布了有关高校辅导员培训的相关文件。其均明确地指出了高校辅导员队伍专业化建设的重要性与紧迫性,但就目前高校对辅导员的培养现状来看,其距离文件的相关要求还相差甚远。从高校来看,各高校普遍存在重使用、轻培养,重经验积累、轻专业学习的情况。更不用说,让辅导员自行选择是否进修了,连外出考察学习的机会也是少之又少。虽然,各高校也会不定期地组织辅导员进行培训学习,但这种培训并未实现常态化。就目前看来,辅导员培训工作中存在的主要问题是,没有一个较为完整的和行之有效的培训方法,使其能够得到健康持续的发展。大多数高校对辅导员的观念、知识、技能方面没有进行及时的培训,其更侧重于狠抓辅导员的常规工作,而严重忽视了辅导员的成长成才。许多辅导员在认识到自我知识储备不足的情况时,会采取自我学习的方式进行能力提升,但在实际操作上,由于大部分辅导员在日常事务性工作方面投入了太多时间和精力,所以其基本没有时间去学习。

2.辅导员发展制度未形成长效机制

在市场经济的大背景下,求职者在应聘某个岗位时,为了自身的职业发展,一般都会考虑所应聘岗位是否具有明朗的晋升空间,以及是否具有广阔的发展前景,而这两点恰恰也表明了该职业是否具有吸引力。对于各大高校的辅导员们而言,这两点似乎都不太乐观,他们的晋升渠道和职业发展之路显得蜿蜒而曲折。教育部的相关文件也曾明确指出,专职辅导员可以求聘助教、讲师、副教授、教授。这虽然为各高校的专职辅导员们的晋升空间和发展前景提供了制度保证,但是这条道路仍然充满荆棘。高校辅导员的工作性质具有事务性和繁琐性,这使得他们难以像高校的普通教师和实验技术人员一样,拥有大量的时间来进行教学实验和学术研究,相应地,他们的能力就难以达到高校现有的职称评定标准。也正是由于辅导员们的晋升渠道和职业发展之路蜿蜒而曲折,所以,高校辅导员队伍的稳定性低,离职率居高不下。

(四)辅导员管理制度与考核制度问题

1.辅导员管理责任主体不明确

我国高校辅导员管理制度采取的是党委领导下的党政共管体制,学校党委、学校行政部门是我国各大高校学生工作开展的领导部门。具体落实到辅导员管理责任主体的相关问题时,各个高校都有自己的规章体制,总的来说,是多施行校院两级同时管理的制度,具体的事务由下属学生工作处(部)和各个学院的中国共产党总支部副书记或者分管的院长来负责。

但现实情况是：一方面，辅导员的工作性质决定了他们需要同学校的各个行政部门打交道，这使得他们开展的工作几乎涉及学校所有的部门，如图4-1所示。常见的主要有学生工作处（部）、学校团委、教务处、保卫处、组织部、招生就业处等部门。

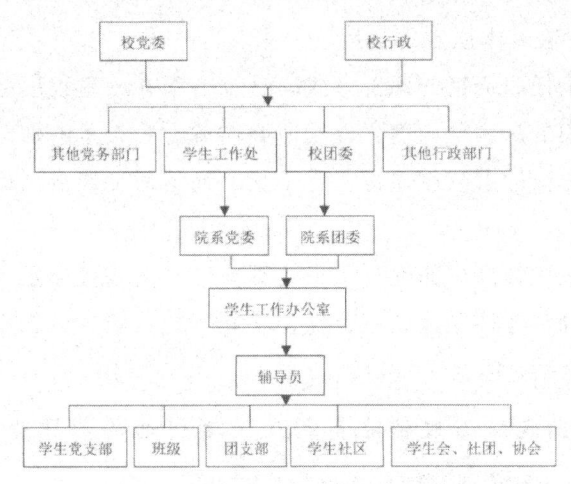

图 4-1　高校辅导员管理模式

另一方面，我国实行的是校院两级共同管理体制。除了学校对辅导员的管理之外，辅导员在学院还要受院系党总支及学院分管学生工作的副院长管理。正是由于这种院校共管的体制以及辅导员工作的繁杂性与开放性，使得辅导员会受到学校诸多部门的管理。这看上去好像辅导员受到了更为严格的管理，但实际上这使得任何一个部门都可以对辅导员进行差遣，无形中增加了辅导员工作的内容与负担。辅导员有时会因为责任主体不明确，而缺乏组织上的归属感和开展工作时的踏实感。有时因为一件事情，辅导员需要在学校的各个部门间奔波，学生工作开展的质量不高而且浪费时间，效率低下。这既不利于学生工作的开展，也不利于辅导员队伍的建设。

2.辅导员考核制度缺乏弹性

现如今，许多高校的辅导员评价机制仍然存在着诸多不完善之处。问题普遍集中在，许多评价机制本身就存在辅导员对工作性质认识不足的问题，以及存在体系漏洞和基本的评价指标不明确等问题。目前，高校有关辅导员的评价机制可大致分为以下几种：

其一，立足于辅导员自身品德、能力的评价方式。此方案虽然在一定程度上可以考察辅导员综合素质的高低，但是因为评价存在时间上的局限性，以及辅导员的工作性质本身的特殊性与复杂性，所以，其难以形成科学的、量化的、可操作性高的评分体系。

其二，立足于绩效指标的评价方式。这个方案虽然一定程度上解决了方案中所存在的量化度低和操作性低的问题，但是由于片面地将评价指标集中在辅导员工作任务完成的数量、质量、时间和成本上，所以这套评价体系有些浮光掠影，而难以察其深。成果化的评价体系，难以考察完成任务的过程中辅导员所做出的努力，而辅导员自身的工作性质又决定了许多工作的开展是需要大量时间的，所以该评价体系也存在着本质上的不足。

其三，立足于任职资格的评价方式。这个方案在一定程度上可以考察辅导员自身所积累的知识的深度与广度，以及所必需的办公技术的娴熟程度。但是其对辅导员道德品质方面的考核就显得非常不足，而这对辅导员岗位的工作性质而言是不可或缺的。

现在看来，大多数高校的评价过于注重奖惩，这直接导致评价机制成为变相的奖惩制度。辅导员考核制度缺乏弹性，不利于提高辅导员工作的积极性，甚至容易使辅导员产生职业倦怠。

（五）新时期我国高校辅导员制度产生问题的原因分析

1.辅导员制度的理论研究缺乏深度

近年来，随着国家对高校辅导员工作的重视，不少学者也先后从不同角度对其开展了研究，产生了一系列理论研究成果。但从整体上看，目前的研究主要集中在辅导员队伍的建设以及辅导员队伍建设所面临的实际问题上，而相对忽视了对辅导员制度本身的研究，尤其是缺乏从理论的高度对高校辅导员队伍建设与发展的系统性认识，对辅导员制度所蕴含的学术价值、实践意义发掘也不够。

2.高等教育大众化增加了高校学生工作的复杂程度

近年来，随着社会主义市场经济的不断发展、对外开放程度的不断扩大，我国的主流意识形态不断受到冲击，这对我国当代大学生的世界观、价值观、人生观产生了一定程度的影响。学生面临的问题越多，辅导员的工作任务及其复杂程度也就越大，辅导员扮演的角色也就越多。

3."双重身份"的定位影响了辅导员自身的职业价值取向

高校辅导员的身份定位不清晰，容易造成辅导员对自身身份的认同感不强。"双重身份"的规定使得辅导员在两种身份中游离，工作量加大，工作面扩大，以至于辅导员很难体会到所从事的工作是专业性较强的工作。这也直接影响到辅导员自身的职业价值取向。

4.辅导员制度细化程度不高

从目前我国辅导员制度的规定来看，虽然国家专门发布了一系列文件，但是大多数有关辅导员制度的文件都是从宏观的角度来讲的，没有配以相应的解释条款或实施细则，这使得辅导员制度细化程度不高，导致制度中的某些内容可操作性差，实施起来非常困难。

5.辅导员制度的部分规定与现实需求脱节

所谓制度非均衡就是人们对现存制度不满意或不满足，意欲改变而又尚未改变的状态，制度变迁实际上就是对制度非均衡的一种反应。高校辅导员制度是对辅导员工作和发展所做的长期设计与安排。从我国辅导员制度的现状来看，一方面，辅导员制度作为开展学生工作的一项重要制度，为我国高校人才的培养和高校的发展和稳定提供了保障；另一方面，自改革开放后，我国高校辅导员角色有了较大的转变。工作范围不断扩大，职能也不断丰富，由单一的政治工作，向教育、管理、服务等多种职能转变，工作内容日益增多，负担日益加重。近年来，随着社会的变化发展，高校对辅导员的要求越来越高，辅导员的身份定位与工作职责，辅导员的选聘制度、管理制度、考核制度等存在着部分制度规定与现实需求脱节的情况。

四、我国辅导员制度变化发展的本质原因

（一）我国辅导员制度变化发展的逻辑起点——一元化政治性统合

我国的辅导员制度在六十多年的发展历程中，许多方面都经历了不同程度的变化，其中最重要、最本质的变化当属辅导员角色、职能的变化。

1.军队指导员制度和苏联大学建制的影响

新中国成立以后，对高校辅导员制度产生深远影响的因素主要有两个：一是革命时期的军队指导员制度，二是苏联大学建制的示范作用。

1932年，当时的中国工农红军学校第四分校制定了《连指导员工作须知》，明确了连指导员负责官兵的政治训练等10项任务。抗日战争时期，党在根据地建立大学以培养军事干部。大学采用部队编制，学生被编入若干大队，大队下设支队，支队下设中队，每一个中队均配备政治指导员，其职能是全面负责基层中队学员的思想、学习、健康和生活等工作。这样一种带有军队特色的模式在新中国成立后依然被沿袭使用。

苏联大学建制的示范作用所带来的影响则显得更加直接。新中国成立后，我国的各项事业均向当时的苏联"老大哥"学习，高等教育也不例外。新中国成立之后，政府按照民族的、科学的、大众的文化教育的总体要求，以苏联大学为模板，对旧大学进行了改造。改造之后的大学被纳入国家计划经济体系之中，形成"一包二统"——一切由国家包下来、一切由国家统起来的体制。同时，实行班级化、学年制的教学管理模式，对每一个学校的专业设严格限制。在这样的体制之下，高校没有办学的自主权，一切都由国家进行统筹和安排。

2.辅导员职能一元化政治性统合的表现

大学的辅导员在设立之初,就带有军队指导员的浓重色彩,尤其是其讲求政治性的特点。而苏联模式的大学办学体系在中国的广泛推行则使计划性的行政约束在高校占支配地位,这使得大学里建起了高等教育的单位制。这一单位制以"一包二统"为体制特征,国家在高校外部建立统一的管理体制,在高校内部则实行校长负责制(党委领导下的校长负责制)。

1952年,高校在政治辅导处设立正副主任和辅导员,辅导员的职责是"在主任的领导下辅导一系或几系的政治学习、社会活动,组织推动教职员的政治理论学习和社会活动"。由此可见,政治辅导处完全以政治为唯一的导向,辅导员以高校政治理论和师生政治生活为其工作的主要抓手,即凡事都"政治挂帅"。当时的高校还没有设立专门的学生工作机构,辅导员"政治工作"的内涵在实际工作中被延伸了。他们在做严格意义的政治工作的同时,还将学生管理、就业分配、社团活动等事务全部纳入,所有的这些都被看作"政治工作"。

在这样的一种辅导员制度模式之下,"政治"成为一元化的工作内容,但是这一"政治"又将方方面面的学生工作包含在里面,也就形成了以"政治"统合所有事务的局面。

(二)我国辅导员制度变化发展的逻辑转向——多元化专业性支持

1.改革开放以及高等教育改革的大背景

进入改革开放新时期之后,伴随着经济体制的改革,我国的政治、经济、社会等领域均发生了巨大的变化,高校的改革也被提上了议程。1985年,中共中央提出改革大学招生的计划制度、改革毕业生的分配制度等思路,意在改变政府对高校统管过多的管理体制,给高校更多的自主权。1993年,中共中央国务院印发了《中国教育改革和发展纲要》,提出进一步扩大高校的办学自主权,逐步实施大学收费制度,大部分毕业生采用自主择业的就业方法等。1999年,中共中央办公厅发文《中共中央国务院关于深化教育改革全面推进素质教育的决定》,提出深化教育改革,扩大高校的招生规模等。此后,高等教育在规模、数量上迅速发展,统招生、就业、办学体制、教学内容等方面的改革不断推进,且取得了明显的效果。

2.辅导员职能转向多元化专业性支持

在高等教育改革不断推进的过程中,高校的学生工作体系越来越复杂、精细。国内的高校纷纷成立专门的学生工作部门,并且大都是将其作为党委机构的学生工作部和行政机构的学生工作处进行合署办公,统称为学生工作部(处)。同时进一步细分部门设置,设立了思想教育和学生事务管理的专门机构,这标志着在高校已经有了学生思想政治工作和学生事务工作分别由不同人员负责的工作要求。

出现了学生思想政治工作和学生事务工作的分野之后，辅导员原本"一元化"的工作模式就被打破了。如就业中心的成立，一方面是市场化之下高校改革的产物，另一方面将原本辅导员对毕业生工作分配的职责剥离。心理中心的成立，则表明学生事务与政治思想进一步脱离，在此之前高校几乎不关注学生心理问题，心理辅导即"做思想工作"。废除了国家包上大学的制度后，面对贫困生上不起学的情况，勤工助学、资助管理等部门相继成立……越来越多的学生管理事项走上了专业化、专门化管理的道路，以往辅导员"一元化"政治性统合的工作逻辑不复存在。

"一元化"政治性统合的工作逻辑不复存在之后，辅导员制度的逻辑应转向哪里？以复旦大学为例，该校《本科生辅导员工作职责条例（试行）》规定，辅导员的职责有"思想政治教育工作""学生管理工作""辅导咨询工作""素质能力提升"4个板块，共计16项内容。除了思想政治教育工作之外，辅导员需要承担诸多辅助性工作。由此可见，在整个学工系统中，辅导员越来越多地提供一些功能性的支持，成为连接学生和各职能部门的桥梁。如向就业中心反馈班级学生的毕业动向、组织同学参加心理健康测试、对贫困生进行认定并为其申请助学金等。

因此，辅导员的工作不再仅仅是"一元化"的政治性的工作，而是涉及许多方面——思想政治教育、制度建设、奖助金评定、职业发展支持、心理健康工作等。这些工作有的需要辅导员亲自开展、全权落实；有的学校设有专业的职能部门承担相应职责，但是需要辅导员配合其工作的开展。辅导员的角色由一元化向多元化过渡，政治性的统合向专业性的支持转变。

在我国建设世界一流大学的过程中，未来辅导员制度的何去何从受到越来越多的关注。当前，高校的辅导员所需处理的事务千头万绪，相应的配套制度却没有跟上，致使辅导员们缺乏工作积极性。而作为高校辅导员，"专业化""复合型"也越来越成为当前工作中最急迫的一个要求。一方面是思想政治专业的素质需求，另一方面是各种事务性事项的能力需求。面对多元化专业性支持的逻辑转变，辅导员们应该在又"红"又"专"两个维度进行提升。做好学生的思想政治工作是一名辅导员的底线要求，这需要"红"；做好学生的日常管理、为学生提供各方面的指导和帮助则需要"专"。构建综合性、复合型的课程体系，培养专业的辅导员团队，让更多的专职人员走上辅导员的工作岗位，这将很大程度上有利于辅导员工作的开展及辅导员价值的发挥。

五、新时期我国高校辅导员制度的健全策略

(一) 加强高校辅导员制度理论建设与研究

高校辅导员制度经过数十年的发展与变迁，积累了大量的实践经验，不少学者也先后从不同角度对其展开了研究，形成了一系列理论研究成果。但总体来讲，我国的辅导员制度缺乏相应的理论支持，也存在着建设发展滞后的问题，且"经验化"较为明显，严重阻碍着辅导员工作的开展和专业化、职业化队伍的建设。为丰富我国辅导员队伍建设的理论成果，高校应不断总结经验，将经验转化为理论成果，给学生提供更加专业的指导与服务。我国可以探索实行由行政部门定期提出研究项目，设立研究资金，将辅导员工作作为一门事关学生全面发展的独立学科门类，成立关于辅导员工作调查研究的独立机构，配备专业的理论建设工作团队和实践教学团队，全面加强和细化关于学生工作的理论研究，构建具有一般规律性、共性的学生工作理论体系，加强学生工作的专业研究。根据事物发展受内因、外因影响的规律，从学生工作本身和政策支持上下功夫，既融入包括心理学、哲学、管理学等学科的大学生思想政治教育研究和德育理论研究，又出台相关政策给予支持引导，提供辅导员工作制度研究相关平台，做到事前引导、事中监督、事后检查评价，为我国辅导员制度的进一步完善提供保障。

(二) 优化辅导员工作分工，转变辅导员工作角色

1.明确辅导员身份定位与岗位职责

当前，高校辅导员基本存在扮演角色多、工作繁琐的现象。辅导员面临着巨大的工作压力，不仅要做到引导学生的思想政治立场，而且还要处理好学生事务管理、生活服务、职业生涯规划与指导等工作。由于辅导员事务性工作多，所以有时对学生存在的价值观、人生观扭曲的问题，无法给予及时的引导。可以说，这与《普通高等学校辅导员队伍建设》将思想政治引导作为辅导员工作的首要任务的定位是存在差距的，甚至是相悖的。

为了进一步提高辅导员的思想政治引导工作的质量，高校必须减小辅导员的工作压力，积极探索学生工作队伍的多元化模式，如图4-2、4-3所示，加强队伍配备，进一步明确、细化高校辅导员的分工与职责；严格落实在1：200的人员配备的基础上，配备一名辅导员和一名辅导员助理，做好辅导员与辅导员助理之间的工作分工，全面提高辅导员工作的专业化水平，建立辅导员以学生思想政治引导和事务管理为主，助理辅导员以学生生活服务和职业生涯指导与规划为主的工作机制。这不仅能够有效缓解高校辅导员的工作压力，而且还有助于提高辅导员的学生工作质量。

图 4-2　辅导员工作划分

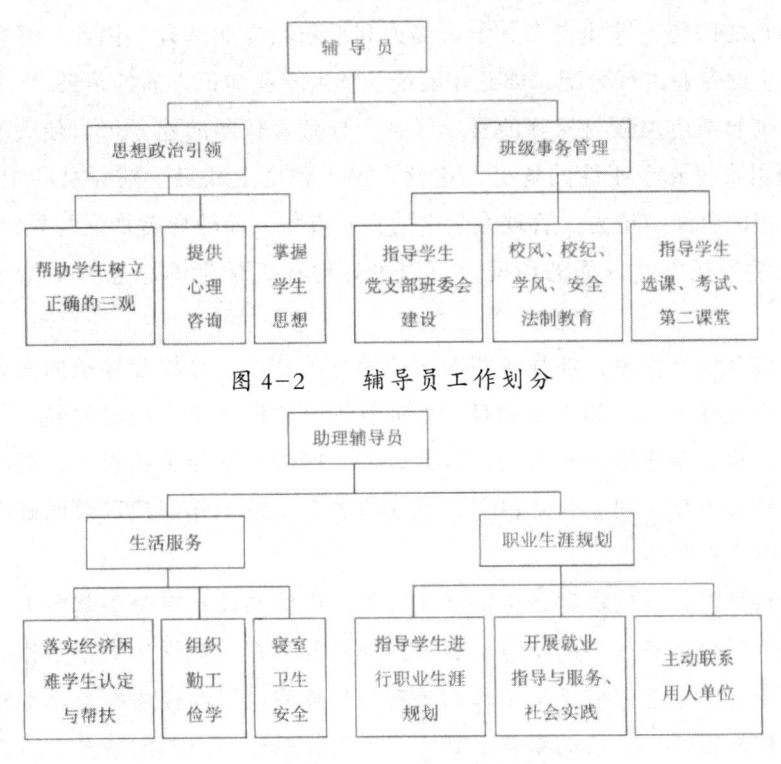

图 4-3　助理辅导员工作划分

2. 转变辅导员的工作理念及角色

辅导员专业化的要求需要辅导员树立服务理念。教育、管理、服务三结合是辅导员组织开展工作的基本原则。这需要辅导员扮演好三个角色：学生的朋友、人生导师、规划者。辅导员还可以协助高校学生完成他们的目标规划。大学生已经具备一定的能力去实现自己的目标，然而在践行和实现目标的过程中，由于生活阅历和思想不够成熟等原因，可能无法使目标实现。这时辅导员可以用他们专业性的指导去协助学生，在学生创业的时候可以给他们一些灵感的启发、创业的帮助，在学生找工作的时候可以给他们一些面试准备经验和就业的指导等。

3. 明确分工学生工作，减少辅导员工作任务

（1）实行导师负责制，导师负责大学生学业问题。通常情况下，学生出现学习目标不明确、挂科，甚至被学校警告的情况后，辅导员能做的工作就是找学生谈心谈话、与家长沟通，或与任课老师交流。但在专业提升上并不能为其提供帮助，在解决学生学业问题方面也不能真正发挥实际作用。因此，高校应探寻建立统一的与高校大学生专业相符的导师责任制，相关建议有以下几点：

一是研究生导师制度化。以高校研究生导师制为参照，结合大学生自身特点进行调整，导师配备要结合本学院教师人数和学生人数进行适当分配。

二是导师配备要有针对性和专业性。建立导师责任制的目的是解决学生在学业方面存在的问题，进而提高其学习能力和增强其专业基础。因此，导师的安排要根据学生的专业进行分配，如此才能给予学生专业知识方面的帮助。

三是辅导员应加强与导师的紧密联系。导师责任制的建立可以使大学生在学习方面的困难得到专业性的解决，这就在很大程度上减轻了辅导员的工作负担，使其有更多的时间、精力去管理大学生的日常事务。而辅导员加强与导师的联系，随时关注学生在学习方面的情况，可以更好地在大学生的思想方面给予其教育指导。

（2）整合各类资源，加强各职能部门的分工合作。高校辅导员的主要工作是大学生的思想政治教育和学生的日常事务管理，关注大学生的身心健康成长，而辅导员任务重、杂事多、压力大。因此，为了能够使辅导员更投入、更高效地做好学生的相关工作，建立长效机制，细化服务学生的工作部门以及明确岗位工作职责就显得非常有必要。

一是科学整合学校资源，全面优化分工。中国高校具有学生基数大、辅导员力量薄弱且工作事务繁琐的特点，容易出现辅导员在面对学生繁杂工作时钝性和乏力的现象。为了能够使学生工作高效有质量地完成，高校需要科学地整合优化学校资源的配置，在复杂的事务上确立多个责任单位，简单的事务上将工作内容定位到具体的职能部门，避免学生工作事事关系辅导员的混乱状况的出现。如此才能将具体的学生工作定位到相应的机构部门，责任明确到具体的工作人员上，才能减少学生办事的程序，这样既能高效有质量地办理学生事务，又能减轻辅导员的工作压力，使其全身心地投入到学生的德育工作中去，融入学生生活、学习中去，更好地开展育人工作。

二是建立责任追究制度，保障学生工作有序开展。有分工，就有责任。学生工作高度细化的分工，意味着学校不同机构部门、同一部门不同岗位的人员承担着不同的责任。

三是建立以辅导员为核心、集聚大批学生的团队。鉴于高校辅导员工作多、任务重的特点，高校辅导员应在主动提高自身管理素质、育人素质的基础上，吸引一批想做学生工作的同学到其周围成立一个工作团队，并明确分工团队人员的职责范围及内容。这样，不仅能够使这些学生快速融入学生队伍中，而且还能使其及时了解学生的生活、学习状况以及快速传递、转达一些工作信息，使其轻松愉悦地完成学生工作，促进大学生发展。

（三）完善高校辅导员选聘及配备制度

1.完善辅导员选聘制度

为了提高辅导员队伍建设的质量，高校必须严格规范高校辅导员的选聘程序，以建立一支"政治强、业务精、纪律严、作风正"的辅导员工作队伍。要从源头上实现辅导员队伍的优化配置，应具体应做到以下几点：

第一，明确辅导员选聘的具体标准。目前我国并没有建立有效评判辅导员工作的独立标准，更没有建立相关的职业准入制度。因此，国家应设立辅导员资格证书认证机构，建立辅导员持证上岗制度。高校则应该积极响应国家实行辅导员持证上岗的政策要求，发扬民主决策的精神，制定严格规范的辅导员选聘机制和职业准入制度。首先，在选聘标准上应该以辅导员的首要工作——"学生思想政治引导"为聘用标准出发点，规定应聘的辅导员必须是中共党员，具有高度的政治意识，这可以为建立一支政治强的辅导员队伍奠定基础，也可以为引导大学生建立正确的人生观提供保障。其次，提高辅导员学历入口标准。随着高等教育的大众化，以前的辅导员学历的入口标准已不能完全适应高校对人才的需求，可以提高为硕士及以上，高校应从学历入口入手，提升辅导员队伍的整体质量。最后，为了实现辅导员队伍的职业化、专家化，在辅导员的选聘标准上，高校应该优先考虑录用与辅导员工作开展密切相关的专业人才，注重从教育学、管理学、心理学、社会学专业等方面的应聘人员之中选择，这对于高校的辅导员队伍建设和学生工作都具有重大意义。

第二，建立严格的选聘程序。在选聘程序方面，应建立简历筛选——笔试——面试——心理测验——体检等一系列严格的选聘程序，在保证选聘程序公正公开的基础上保证结果的公平公正。如四川师范大学在辅导员选聘这方面就做得比较好。

在辅导员的选聘上，学校严格按照《辅导员职业能力标准》的相关要求，采用笔试与面试相结合的形式进行辅导员的选聘，尤其是面试形式采用的是结构化面试，由校内专家和校外专家共同组成，心理测验也由权威的心理专家进行测验，这就从严格选聘程序上最大化地保证了选聘结果的公平、公正。

2.优化辅导员人员配备制度

科学合理的人员配备是做好学生工作的前提。如前文所述，如果辅导员管理学生过多，且辅导员人员配备不足，那么不仅会使辅导员工作压力大、身心疲惫，不利于辅导员队伍的专业化发展，而且还会导致学生工作的效率低下，辅导员不能全面及时地掌握学生思想政治状况和身心发展状况，最终有悖于高校设置辅导员制度的初衷。因此，高校在辅导员人员配备的设置上应该更具有弹性，制度的设置不只是要考虑到人员比例，更要从学生工作具体开展的进程、效果出发，考虑辅导员的人员数量增减，既做到物尽其用又不浪费人才资源，充分合理地让辅导员能够有精力做好学生思想政治的引导工作。如艺术体育类的学生辅导员和身兼学院学生工作和学校工作的辅导员，相对于其他普通辅导员而言，工作量更大，且工作难度也较大。鉴于以上两类情况基本上各高校都存在，具有一定的普遍性，所以，其可尝试提高辅导员与学生的配备比，将辅导员与学生的配比调整到1：150，减少辅导员的带班人数，增强配备制度的灵活性，这将更有利于辅导员工作的开展。此外，为保证各高校严格按照国家政策要求执行辅导员配备制度，保证政策的落实，我国应建立可管可控的监督机制和便捷迅速的反馈机制，以保障政策的有效实施。

（四）健全高校辅导员培养制度与发展制度

1.健全辅导员培养制度

第一，设立辅导员专业。高等教育大众化会催生对辅导员的大量需求，这也是高等教育发展的一种必然趋势。因此，国家可尝试在部分师范院校中设立辅导员专业试点，热爱学生工作的学生可以选择辅导员专业进行学习，以政治上的高觉悟、业务上的精湛熟练、纪律上的严以律己为培育目标，使之通过几年的专业学习与能力培养，成为辅导员的储备人才。

第二，构建辅导员立体化培养体系（如图4-4所示）。辅导员的培养是一个循序渐进的过程，需要教育部门、高校、社会的共同参与。教育部门可建立更多的辅导员研修基地，制订更精细的辅导员培训培养方案，通过建立辅导员培训、辅导员研修网站、辅导员交流论坛等加强各高校辅导员之间的互动，促进高校间资源的共享与互通，从而帮助辅导员利用碎片化时间进行学习。

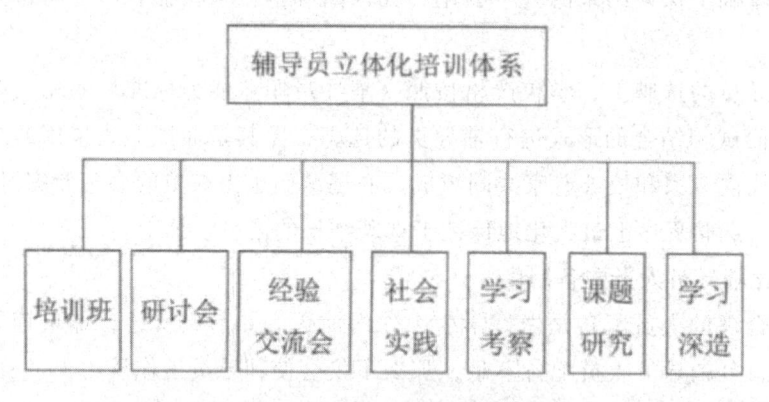

图4-4 辅导员立体化培训体系

高校可搭建辅导员课程平台、进修平台、交流平台、科研平台，定期邀请社会知名人物及专家举办讲座、开展专题研讨会，定期举办经验交流会，帮助辅导员了解最新政策，吸收最直接、最实用的知识。鼓励辅导员积极申报与学生工作相关的课题研究，为辅导员提供学术支持，将学生工作经验转换为学术成果，做到工作与科研合理衔接。通过为辅导员提供定向委培攻读在职硕士研究生和博士研究生的机会，提升辅导员的学历层次和专业素质，通过高校与高校之间、高校与政府部门之间挂职锻炼的方式,鼓励辅导员通过多种渠道和方式提升自身的综合能力。

2.完善辅导员发展制度

畅通的晋升渠道是辅导员队伍稳定的重要保障。在辅导员发展晋升方面,由于辅导员事务性工作较多,做科研的时间较少,所以在评定职称和职务晋升方面,将辅导员与任课老师的科研任务等同进行考核,显然有失偏颇。因此,高校可建立高效辅导专业技术职务和职称系列评聘制度双线晋升渠道,具体可分为两个方向:

一是按照行政职务开展。在行政职务上,设立不同职级的岗位,以行政序列作为发展方向的辅导员,晋升条件主要以工作取得的成效和工作经验为主,同时也要对与学生工作相关联的学术成果进行一定的考量。

二是按照专业技术职务开展。在专业技术职务上,实行技术职务聘用制。同时,高校应将辅导员待遇问题纳入学校决策的重要议事日程中,将辅导员津贴纳入学校内部的分配体系中。在辅导员的激励保障措施方面,很多省市的高校都做了尝试。如北京市、安徽省、陕西省等部分高校,相继建立了辅导员岗位补贴办法。中国人民大学就按照每200个学生设立一个辅导员岗位,每个岗位每月500元的标准,下拨辅导员岗位补贴。自2005年起,辽宁省就实行了给予辅导员每月不低于200元的工作补贴,通过工作补贴的方式缩小辅导员与教师之间收入的差距,这样一来,辅导员的发展空间和待遇就都有了保障。随着辅导员社会地位和经济地位的提高,辅导员队伍的稳定和职业化、专业化发展自然就有了保障。

(五) 健全辅导员管理与考核制度

1.规范辅导员管理制度

对于辅导员的管理,高校可尝试采用以下两种方式加以改善:

第一,将辅导员的管理权限直接下放到学院。就我国而言,与辅导员接触最多的直属领导就是学院层级分管学生工作的领导,一般都是分管学生工作的副院长或副书记,学院领导对辅导员的日常学生管理工作成效是了解最清楚的。所以,可将辅导员的管理权限直接下放到学院,主要由学院进行辅导员的管理、培养与考核。

第二,学校可尝试根据辅导员的工作职责,对下设部门进行高度分化。如设立思想政治教育部门、学生日常事务服务与管理部门、学生发展部门等,辅导员的管理就隶属于各职能部门,辅导员的工作也可以根据不同的职能部门进行专业化的分工。如思想政治教育部门的辅导员教师,主要负责学生的思想政治教育工作,通过定期策划相关的主题活动,如专题讲座、一对一谈话等对学生进行思想政治引领。学生日常事务管理部门的辅导员教师，主要负责学生学习和生活两大方面的内容，学习方面主要是关于学生选课、考试、第二课堂建设的，生活上则是关于学生安全及用水、用电、宿舍管理问题等。学生发展部门的辅导员教师的主要工作是根据学生的特点，帮助学生制订合理的职业规划，进行就业指导，安排学生出国留学等。这样一来，辅导员的工作就分工明确且细化程度高，工作更具有针对性，有助于辅导员队伍的职业化、专业化发展。

2.灵活辅导员考核制度

考核是实施辅导员管理的重要途径和方法，辅导员工作考核内容的设置应全面、科学、完整且灵活。应包括辅导员自身的评定、学生对辅导员工作的评定、各辅导员之间的相互评定、学院对辅导员工作的评定、学校对辅导员工作的评定等五个方面的相关内容，具体考核方式如下：

第一，质和量相结合进行考核。就质而言，辅导员工作是一项育人工程。对辅导员的考核须讲究育人质量，讲究效果，具体可从班风、学生违纪率、学生获奖情况、学生学业情况等方面进行考核。就量而言，辅导员日常事务繁多，特别是新生和毕业班辅导员。新生班级辅导员要处理学生入学事宜，进行入学教育和学生情况摸底工作；毕业班辅导员需要随时关注就业信息，做好学生就业指导、毕业生档案及党员档案的转接工作，同时，还需要随时处理与学生有关的各种问题和日常事务，工作量大。

第二，过程与结果相结合进行考核。对辅导员的考评应该坚持考核结果与辅导员努力过程并重的原则。辅导员的主要工作是学生的思想政治引领及日常事务的管理。一方面，学生的思想政治教育，不是一蹴而就的，需要一个长期引导的过程，考核部门可尝试以一学年或者以两学年为周期进行考核。另一方面，学生是独立的个人，有自己的思想和个人空间，辅导员不可能随时随地都在学生身边。如在学生安全工作方面，即使辅导员之前做了大量的教育工作，也难免会有意外事件或安全事故的出现，部分学校在进行考核时，凡是出现安全责任事故，则一律实行一票否决制，即辅导员之前做的所有工作都会受到影响。针对类似的情况，不应完全只看结果，努力的过程也很重要。因此，对辅导员的考核应从全局出发，采取分阶段进行考核的办法，如每学年分为四个阶段进行考核，最终考核结果依照四次考核平均数进行折算。

第三，多元化方式进行考核。考核的主体不能只是领导，为保证考核结果的公正性与真实性，学校应从各方面、全方位地接受来自各个主体的反馈信息。考核主体应包括专家、领导、学生等人，如此才能形成一支多元化的评价队伍。

当然，考核只是提升辅导员工作有效性的方式之一。为了让考核结果发挥应有的作用，学校可尝试把辅导员考核结果与辅导员评优、薪酬、晋升等挂钩。同时，可在学校学生工作部（处）设立申诉机构，对考核结果有异议的辅导员可进行申诉。为了辅导员能够有针对性地提升工作效果，学校可将考核结果反馈给辅导员，使其可以更好地了解自身存在的不足，通过不断总结、学习，不断改进，以更好地满足岗位需求。

第二节 高校辅导员的工作职责

一、明确高校辅导员的工作职责

根据《普通高等学校辅导员队伍建设规定》，辅导员的主要工作职责有八个方面的内容。按照辅导员职责内容的规定，职责的具体范畴应当包括四个方面的内容：一是思想引导，二是发展辅导，三是生活指导，四是组织管理。思想引导是核心职责。针对目前辅导员工作职责外延模糊、内涵不明的问题，如何把辅导员从繁重的工作任务中解脱出来，真正实现辅导员工作本位回归、以思想政治教育为中心开展好工作，应当是明确辅导员工作职责中应当探究的重要问题。

一方面，明确辅导员的工作职责，不能单从辅导员工作职责的界定上下功夫。明确辅导员职业身份，畅通辅导员职业发展渠道，能够从根本上保障辅导员工作职责的明确化。确认辅导员职业身份、明确辅导员工作职责、畅通发展渠道是实现辅导员职业化的同一价值所归。这是从"质"上对辅导员工作职责的界定予以保证。

另一方面，做好辅导员与班主任、班导师之间的工作分工。这既能减轻辅导员的工作量，也有助于大学生的成长成才。同时，还要做好辅导员内部的分工。辅导员工作职责范围广泛，想要在各个领域都成为专家是很难实现的。术业有专攻，正如专业教师有专门的研究领域一样。辅导员也要进行专业化的分工，从而成为不同辅导方向的专家。这是从"量"上对辅导员工作职责的界定予以保证。

二、辅导员工作细则

（一）辅导员工作细则制定的依据

有关辅导员工作细则制定的问题，《普通高等学校辅导员队伍建设规定》指出，各高校应根据本规定，结合实际制定相关实施细则，并报相应教育行政部门备案。可见，各高校应是制定辅导员工作细则的主体。有关辅导员工作细则的制定，需要着重依据以下两个方面的内容：

第一，要结合大学生发展规律的特点制定辅导员工作细则。辅导员的工作是以大学生为中心展开的，大学生的身心特点、成长规律、发展需求等都是辅导员工作细则制定所必须依据的重要内容。同时，大学生的发展特点是与时代发展紧密相连的。如在网络高速发展的今天，大学生对网络的利用率非常之高，如何利用网络开展大学生思想政治教育，成为辅导员工作细则制定中应当考虑的一个重要因素。

第二，要结合学校的发展特点制定辅导员工作细则。各个高校在制定辅导员工作细则时，既要有与其他学校共性的内容，也要有其自身个性的内容。因为高校的发展水平、学生特点、外部环境都不尽相同，各高校的辅导员队伍现状也有所区别。另外，高校对学生的要求不同，辅导员的工作内容也会有所区分。基于上述原因，具体的辅导员工作细则要由各个学校根据自身的具体情况而制定。

（二）辅导员工作细则制定的内容

按照辅导员工作职责的内容，结合辅导员工作的具体程序，辅导员工作细则应当包括以下几类内容：

第一，学生基本信息管理细则。只有在充分掌握学生基本信息的前提下，辅导员才能有效地开展工作。因此，辅导员在大学生入学之初就应当健全学生的个人档案，除了了解大学生的基本信息外，还要建立学生的成长档案，详细记录每名学生的个性特点、专业发展、成长规划、心理状况等。每名学生的档案都能反映出学生的点滴成长与变化，这能为大学生思想政治工作的有效开展提供基本依据。

第二，学生谈心谈话工作细则。与学生谈心谈话是辅导员工作的最基本方式。谈心谈话，既能够增进辅导员与大学生之间的情感交流，有助于思想政治工作的有效开展，又能够使辅导员及时发现大学生成长中遇到的问题，使辅导员有的放矢地开展工作。一些学校在相应文件中明确规定了辅导员的谈心谈话次数，但仅有次数的规定是远远不够的，还需要更加细致地讲究达到的效果，从而保障谈心谈话工作的有效开展。

第三，随堂听课细则。辅导员进课堂，是对辅导员的工作要求之一。也是辅导员了解学生学习状况的直接有效的途径之一。规定辅导员进课堂的工作细则，能够对辅导员进课堂的时间、方式、职责等进行规定和要求，也方便辅导员与任课教师进行交流。

第四，进宿舍细则。辅导员进宿舍，也是对辅导员的工作要求之一。宿舍是学生的思想和行为表现得最为真实的场所，正因为如此，辅导员进宿舍才能真正增进辅导员与学生之间的感情。但辅导员究竟应当怎样进宿舍，有哪些工作职责，具体处理办法有何效力等在一些高校都没有具体的规定。因此，高校需要进一步细化相关规定，方便辅导员更好地履行进宿舍的基本职能。

第五，班集体建设细则。班集体是大学生所处的集体性组织，开展好班集体建设，能够发挥好集体在大学生思想政治教育中的组织力量。在日常班集体建设中，辅导员经常采用的方式有班会、主题活动等。细化班会、主题活动等的实施要求和办法，将有助于班级建设的有效开展。

第六，其他相关细则。除以上工作细则外，与大学生成长成才相关的工作，如就业指导、心理辅导等，也都需要相应的细化规定，来指导辅导员工作的有效开展。辅导员工作实施细则是规范工作程序、提高辅导员工作水平的重要标尺。同时，辅导员工作细则的制订与完善需要经历实践的反复检验，才能不断走向合理化与完善化。

第三节 高校辅导员的角色定位

一、高校辅导员角色定位概念及特征

高校辅导员在学生的大学四年里扮演着举足轻重的角色。帮助建立和谐友好的班级环境以及公平有序的竞争机制；掌握学生在不同时期的心理特点及心理变化，提前对其进行干预、疏导；帮助学生制订在校学习的规划等，这些工作高校辅导员责任重大。

（一）高校辅导员角色定位的概念

高校辅导员角色指各大高校中的一线专职辅导员，其日常工作主要包括事务管理、思想政治教育、各类专业辅导等。换言之，一方面是高校辅导员在社会群体中的作用，另一方面又包含学校管理者、学生以及社会公众对其角色的期待。除此之外，还包括自身"应然"认知行为角色，简而言之，也就是在上述的期待、认知下形成的一套更规范、更完善的包含权利与义务的行为模式。

在多重的角色环境中，到底哪一个角色才是高校辅导员最重要和核心的角色？答案有很多。有人说，"辅导员工作是个大箩筐，什么东西都能往里面装"。所以，在实际的学生工作中，辅导员更多的时候像"消防员""勤务员""学生保姆"，从事着繁杂的事务性工作，这减少了其对学生成长、成才的有效性指导。同时，因为事务性工作太多，其缺乏系统的学习、实践，导致对工作的思考、积累较少。

（二）高校辅导员角色定位的特征

高校辅导员的角色定位有如下的特征：1、辅导员的范围和角色边界相对宽泛；2、尚未形成准确的辅导员边际，如没有落实提升在职学历、节假日、工作时

间以及其他福利性的保障等；3、辅导员考核评价体系难以量化，难以确保公平。

二、高校辅导员管理中对角色定位的要求

高校辅导员是大学生思想政治教育工作和日常事务管理工作的指导者和具体实施者，也是学生基层工作的重要管理者和协调者，同时也是高校贯彻教育方针、坚定学校办学方向的重要力量。在辅导员队伍的管理中，首要的就是确定辅导员职位的性质和职责的内容，即确立辅导员在学校明确的地位、明晰的角色。这是选拔培养辅导员的基础，也是对辅导员进行考核、任用的依据。

（一）学生成长方向的引领者

在大学生思想政治教育工作中，高校辅导员具有重要的作用。其不仅要树立起正确的政治方向，而且还要夯实大学生的思想政治教育工作基础，努力提高大学生的道德水平，这些都是高校辅导员的基本职责。其应当坚持实事求是的原则，坚持以实际为基本出发点，尊重学生合理的思想追求，讲究方法策略，有针对性、有意义地开展思想教育工作。其不仅要组织好大学生思想政治教育工作，而且还要确保其能够有效实施，要充分发挥示范作用，扮演好高等院校思想政治教育规律的研究者等具体的角色。

（二）学生成才路上的服务者

辅导员在大学生成才的关键时期，亦师亦友，不仅是学生的教师，更是其亲密无间的朋友。辅导员这样特殊的身份决定着其一言一行都会对广大学生产生较大的影响。在大学生的成长过程中，辅导员在工作中要注意运用管理艺术，充当好管理者和服务者的角色，将学生培养成有理想、有道德、有文化、有纪律的新时代青年。

（三）学生事务工作的管理者

学生日常事务的管理工作是辅导员最基础的职责之一。事务性工作关乎学生方方面面的利益。学生工作无小事，具体又繁杂。工作开展得是否得力，效果是否显著，学生是否认可结果和过程，对能否落实思想教育工作具有重要的影响。这就要求辅导员不仅要做好角色的定位，而且还要善于总结、不断思考，寻求改进措施，为能科学地引导学生打下坚实的基础。总之，保证指导方法的正确性才能推进指导工作的开展，兼顾好显性教育与隐性教育的开展，才能为学生带来优质高效的服务。

三、高校辅导员角色定位分析

高校辅导员身为学校思想政治教育的主力军与学生管理队伍的领头人，既要

具备教师管理学生的威严，又要具备和学生打成一片的随和；既要做好思想政治文化教育，又要关注学生的生活安全。他们既是管理者，又是执行者。

另外，辅导员以外的其他群体对辅导员身份的认知，与辅导员自身的认知也不尽相同。对学校而言，辅导员是教师队伍的一部分；对学生而言，辅导员是学生各项事务的具体操作者；一些辅导员自身对自己的认识也不够清晰。而且，大多数高校的辅导员都是兼职，是毕业生留校任职的一个考察时期的工作，专职辅导员比例不高，他们也都很少有专业资格。

综上所述，我国高校辅导员队伍不仅要全面培养辅导员的专业素养，而且还要不断推进专业化、职业化的发展模式，队伍管理和建设力度需要进一步提高，其角色需要更加清晰准确的定位。

（一）学生对高校辅导员的角色期望

角色期望，是角色行为和社会结构中不可或缺的一部分，是建立两者紧密关系的关键因素，是个人或者群体所表现出来的对一种特定行为的期望。值得一提的是，这里的角色期望是一个复杂的综合体，其包含着认识、态度、情感等各个方面。角色期望主要受义务、权利、责任等因素的限制。与此同时，是否遵循了角色期望，很大程度上决定着一个人的角色行为是否符合其所特定的身份。

角色期望具有很多的特点。比如，不同角色的角色期望是不同的，有的严格明确，有的模糊不清，并没有明确的设定；不同角色在接触交流的过程中，相互的期望不同，带来的结果也是不同的；角色期望牵涉的个人程度不同，性别角色往往涉及全部生活，而参赛角色期望，对许多人只是偶尔涉及。

在现实社会中，角色期望就像一个双重标准一样。简单地说，人们依据角色期望来学习和了解一个行业应有的规范，也通过角色期望来监督和约束别人的行为。

1.感情问题

进入大学后，学生从高中管理严格的环境进入大学相对宽松舒适的环境，谈恋爱较为普遍。大学生经常会因为感情问题而影响学业，甚至荒废学业。在恋爱的过程中，他们与对方会有各种磕磕绊绊，不愿意向父母透露。他们可以在课余时间与辅导员教师交流，倾诉自己遇到的感情困惑。辅导员教师的适时参与能够有效地解决大学生的情感难题，从而更好地帮助学生走出困境。

2.就业问题

这是大学生最关注的话题。大学是一个小社会，但终究不是真正的社会，大学生求职择业过程中的心态调整、工作中的人际交往都需要辅导员的指导。学生都希望自己的人生少走一点弯路，可以顺利地从学生转变为职场人。

3.学业问题

这也是学生的头等大事。大学是大学生专业积累的时期,虽然看起来比高中轻松了不少,但是学业的压力只有学生自己知道。如何积极调整心态,消除考试挂科后的消极情绪,迎头赶上,对学生来说至关重要。辅导员在学生的学习中扮演着重要角色。

4.生活问题

这个时代的孩子大多是独生子女,家长对其很宠爱。确实有不少学生,进入大学后,不会自己照顾自己。网上也经常报道类似的事件:一个孩子上大学,全家大大小小好几口人一起搬家陪读。孩子不会自己洗衣服,不会自己收拾屋子等现象屡见不鲜。辅导员要积极引导学生,培养其良好的生活习惯,使其早日学会生活上的自理。

(二) 高校对高校辅导员的角色期望

学校对高校辅导员的角色期望与国家规定是一致的。但是,在实际的教学工作中,高校对辅导员的工作有一些更加具体的期望,如辅导员的基本素质要求和能力要求。

1.具备党的创新理论教育相关知识

辅导员是开展大学生思想政治教育的中坚力量,而高校要培养的也是社会主义的接班人和建设者。因此,辅导员应该具备党的创新理论教育相关知识,把握好教育的主要方向。辅导员应结合党中央下达的新的指令和要求,结合学校的时事政治课,采取灵活多变的方式来进行思想政治教育。

2.具备就业教育知识以及自我职业规划能力

辅导员是大学生的指引者,要对学生以后的职业规划和就业选择等进行有针对性的指导,要给学生提供周全的、高效的、高品质的、全面的服务。辅导员要想帮助学生树立正确的择业观和就业观,就必须让自身具备相应的健全的就业教育知识体系,只有这样才能更好地指引学生走好未来的路。高校相关部门要加大对辅导员工作的支持力度,要积极创造各种有利于充分发挥辅导员作用的渠道。与此同时,广大的辅导员要身体力行,全面把握好自己的发展方向、兴趣、条件,从而明确自身的人生规划,只有这样才能真正投入日常的工作中,更好地为学生的成长加油助力。

3.具备危机事件、突发事件应对与管控的相关知识

辅导员应当具备应对危机事件的能力,能够第一时间赶赴现场,了解突发事件的真实情况,第一时间落实学生的相关情况,科学处理危机事件。管理好相关人员的情绪,充分发挥学生干部的作用,通过各种途径快速还原事件发生的原委;

能初步判断事件的性质；能第一时间向上级领导汇报相关情况，掌握基本的安全处理方法；能独立面向学生组织开展安全教育活动；能够对学生干部进行应急常识的分级培训和指导。

4.具备网络思想政治教育能力

进入21世纪后，我国的网络法律日趋完善，网络不再是一个完全虚拟、绝对自由的环境。最新出台的一系列新条例规定，在网络信息平台上散布虚假谣言者，转发量达到500就可以被判刑。辅导员应了解学生是否能够正确地应用各种信息技术，是否能全面了解网络语言以及各种新媒体技术。最重要的是，辅导员要教导学生在面对网络事件时，必须要有自己思考和及时判断网络舆情真伪的能力。要教导学生不可人云亦云，不能在不知道真实情况的前提下就随便发表评论，也不可故意唱反调以彰显自己的独特，应独立仔细地思考，慎重地选择自己的立场。

5.具备个人魅力

影响工作效果的另外一个重要因素便是辅导员的个人魅力。通过辅导员的教育，学生虽然在形式上被动地接受了教育，但是教育在其生活中并不能真正地发挥作用，只有强化辅导员的人格魅力，学生才能对其产生敬畏感和信任感，学生才能从被动接受转化为主动寻找辅导员的帮助。比如，学生主动找辅导员谈心，目的一般很明确，就是希望可以得到解决问题的方法。而如果本末倒置，换成辅导员主动找学生谈心，那么学生心中可能会自动地形成一层屏障，这不利于辅导员走进学生的心里，为其答疑解惑，进而可能会影响到教育的效果。因此，辅导员的个人魅力也在无形中影响着工作的开展。

（三）高校辅导员本人的角色期望

辅导员的任职时间不一，多则5年，少则4个月；辅导员的学历多为本科、硕士；辅导员所学的专业并不全是教育专业，各种专业都有涉及，但是与教育相关的专业较为集中，但思想政治教育专业的较少。通过对辅导员职业发展中的一些资料进行分析，发现辅导员在角色定位中存在着一些问题，也看到辅导员的角色期望基本是学生工作本身，主要包括对学生成长的指导、思想的引领和加强学校、学生的关系三个方面。

1.学生大学生涯的领航员

辅导员在与学生的接触中，能够被学生的朝气感染，使自己保持一个年轻的心态。每次看到学生在活动中获奖、在学业上拿下奖学金、在生活中自食其力，其自豪感和满足感便会油然而生。辅导员是学生最亲近的人，很多时候学生会在第一时间向教师分享自己的收获与喜悦。

面对着自己所带的学生，从懵懂的高中生成为成熟的大学生，综合素质得到提高，找到一份满意的工作，教师能够感受到自己职业的神圣，感受到自己对于社会和他人的价值，感觉自己就是大海上的灯塔，默默地为学生们领航，为他们指明前进的方向。

2.学生思想上的引路人

大学时期是青年学生价值观形成的重要时期。面对相对复杂的社会环境，他们涉世较浅，思想容易受到不良思潮的影响，尤其是在互联网快速发展的今天。辅导员可以通过主题班会、专题团课、基础党课、社会实践等形式，引导广大学生积极践行社会主义核心价值观，认清国情和世界的发展形势，了解社会，培养高尚的品质，培养独立思考、辨别是非的能力，使其能够主动地学习科学文化知识，掌握本领，立德修能，以积极的心态面对今后的人生。

3.联系学校与学生的纽带

辅导员的工作几乎涵盖了学生的学习、生活、工作等各个方面。学生合理诉求的反馈、学校相关精神的传达，辅导员在这一过程中有着非常重要的作用。在学生成长成才的道路上，高校辅导员有时也挺难做工作的，但是经过多方努力，获得学生的满意和学校的肯定，形成学生和学校的良性互动，是他们工作中希望看到的最好结果。

四、高校辅导员角色定位存在的问题及原因分析

（一）辅导员角色定位存在的问题

1.双重身份造成工作中的尴尬

高校辅导员具有教师与干部的双重身份，但调研显示，辅导员真正走上教学岗位的难度相当大。虽然少数辅导员负责如就业指导课、公共选修课等一些课程的教授，但其周工作量被限制，职称评定之路可谓壁垒重重。此外，从调研高校定岗定编等相关资料来看，辅导员的定岗定编绝大多数情况下是与专任教师一致的。与此同时，有很多高校都明确要求在政策上给予一线教师一定的倾斜，不能让教师工作、行政工作双肩挑。换言之，也就是说辅导员本身就具有双重身份，因此在待遇上也不能仅让其享受一种。如果出现双肩挑的情况，那对辅导员开展工作是非常不利的，非常容易导致辅导员以消极的态度对待工作，这加剧了辅导员队伍的流动性。这一点，在我国教育部门以及其他各部门所颁布的关于改革高校教师工资绩效等方案中，均有提到。这种没有考虑到工作的差异性，盲目地将辅导员管理归于高校教师的统一管理的做法，很容易制约辅导员在思想教育工作中重要性的充分发挥，甚至有可能使其因双重身份陷入尴尬的局面之中。

2.核心职责被削弱

近年来，在不断深入改革教育体制的发展中，高校育人环境发生着翻天覆地的变化。高校辅导员的角色职责也在随之变化，形成了辅导员工作的三大基本职责：教育、管理、服务。国家现行的有关辅导员管理和队伍建设的政策文件规定，辅导员工作的核心为思想政治教育，基础为管理工作，主体是服务工作。然而，在辅导员实际的各项工作中，存在着思想政治教育比重趋轻、事务性工作偏重的现象。如家庭经济困难学生的情况调查、公寓调整、生源信息报送、大学生城镇医疗保险办理、英语四六级报名、就业数据上报与核查、国家助学贷款等各种繁琐杂乱的工作，占据了辅导员很多的精力。辅导员的精力多数被这些显性的事务性工作消耗，真正被用于思想政治教育、理论研究、工作方法改进等隐性工作的时间少之又少。日积月累，辅导员就成了繁杂事务工作中的多面手，但在思想政治教育方面力不从心。

3.角色相对模糊

目前，有一些人将高校辅导员等同于"服务员""保姆"。在大部分领导以及教职员工的心里形成了一种共识：凡是涉及学生的事情都是辅导员的工作。后勤服务、教学管理、安全保卫等学生工作以外的任何部门都可向辅导员发号施令。只有不足两成的辅导员表示对辅导员的工作范畴与岗位职责比较明确，半数以上者表示不太不明确或者很不明确。多数辅导员对辅导员的权利与义务的认识相对不清晰。上级教育部门的有关文件精神在高校的落实中，缺乏细化的具体条款，辅导员的岗位权益未能得到有效保护。很多辅导员常常感慨，"辅导员是块砖，哪里需要往哪搬"。

4.在高校中的地位有待提高

据相关数据统计，有相当一部分辅导员不满意自己的职业。而自16号、24号文件出台之后，这一情况在一定程度上得到了改善。但与辅导员群体的期望尚有差距。多数学生认为辅导员值得爱戴、尊重，因为他们的存在有利于大学生的健康成长。同时，相关部门规定了高校辅导员的首要任务是对大学生进行思想政治教育，十分明确地指出了高校辅导员具有和专业教师同等的德育教师身份，理应发挥同等重要的作用。在学校管理者及相关职能部门的心目中，其地位和专任教师相比，还是有一定差距的。一些学校的领导、专任教师对辅导员存在偏见。其甚至认为辅导员没有什么工作成果，也没有科研的能力，学历也不高，因此薪酬待遇低、职业地位低是正常的，甚至还有一些人看不起辅导员。总之，在整个高校教职工群体中，辅导员并没有被充分客观地评价和认识。

（二）角色定位问题对辅导员队伍管理产生的影响

1.辅导员职业发展路径不畅

辅导员在工作中时常有工作拖延症，容易出现冷漠、被动等待、不思进取、性格急躁等现象，不能很好地控制情绪，甚至想逃离辅导员岗位。最终，不少辅导员都调往职能部门或者其他辅助性岗位。与此同时，辅导员在行为方面还存在消极应付工作的情况，如逃避学生上门咨询、有意拒绝学生、减少与学生接触等。总而言之，就是不能针对学生的实际情况，科学地开展工作，从而确保工作的有效进行。

2.不能充分保障思想政治工作实效

一般情况下，在高校中，辅导员一人身兼数职，基本工作主要包括思想政治教育、党团建设、社团管理、公寓管理、就业指导、建设学生干部队伍等。简而言之，就是为学生的思想政治教育工作保驾护航，为与学生沟通打造一个良好的环境。与此同时，这些工作都是相对琐碎的，平日里分散着辅导员大量的精力，甚至会影响其更好地开展核心工作。同时，其在日常工作中不能与时俱进地及时更新理论知识、提高教育水平与业务能力，这样一来，就很难真正有效地从事创新管理，从而削弱了思想政治教育的效果。

3.尚未建立健全的考核体系

就当前来看，我国尚未形成完善的关于考评辅导员绩效的评估体系，很多高校仍沿用普通教师的考核标准，而没有充分认识到辅导员工作的特殊性。相较于专任教师，辅导员的工作主要有以下几方面的特点：

首先，其固定工作量无法被科学考量，工作内容相对繁杂。

其次，其教育效果具有隐性的特点。绝大多数情况下，要在一段相当长的时间内，通过考查学生在各方面的德育表现、奖励荣誉等才能对其做判断。

最后，不同学生本身存在一定的差异性，因而从某一方面来说，如果仅用一个标准来衡量辅导员的工作绩效，那么显然是非常不公平的，甚至会让他们担忧自己的前程，这样对辅导员个人的发展是非常不利的。同时，对整个学生工作的开展也会产生消极的影响。

（三）高校辅导员角色定位有偏差的原因分析

毋庸置疑，高校辅导员的角色定位会出现偏差是有原因的，主要可以分为主体原因和客体原因，前者是辅导员自身的原因，后者是外部的原因。

1.主体原因

（1）辅导员对角色职责的认识存在偏差。在访谈中发现，多数辅导员普遍反映，他们很想投入时间与精力使自己的工作得到升迁，但经常被琐碎的事务性工作所羁绊。究其原因，主要是高校人力资源管理技术使用程度比较低，同时当前高校的运作体制还有待进一步完善。纵观我国高校，班级作为学生开展活动的最小单元，与学生有关的各个方面的事务性工作，就落到了专职辅导员和兼职班主任教师等基层工作者的身上。另外，兼职班主任教师往往多为专任教师，主要从事教学工作。同时，这些工作岗位的职责也没有被明确地限定，学生为了方便，有事情就会直接找辅导员，这会使辅导员在工作中常常手足无措。与一线辅导员交流后发现，绝大多数辅导员很少接触到有关辅导员角色冲突调适，以及有关能够提高其个人技能等方面的书籍。除此之外，在实际的工作中，组织在乎的是辅导员服从上级的安排，接受并完成上级所交代的工作。但是，一些辅导员却不能科学地定位自身角色，即表现为一些辅导员认为自己在学校工作中充当"保姆""后勤人员"的角色，认为自身与管理干部、专业教师等角色有着很大的不同，甚至认为自己所从事的不过是一些技术含量特别低的"杂活"，从而不能客观、准确地定位自身的地位、身份、职责。

教育部于2014年出台了《高等学校辅导员职业能力标准（暂行）》，其在标准中明确了辅导员的各方面内容，主要包括基本要求、职业概况化及职业能力等。面对新形势下的思想政治教育任务，文件要求，辅导员要具备丰富的知识储备，对各个学科的基本知识、基本原理能够有所涉及，要具有丰富的思想政治教育工作专业能力，要具有较好的调查研究、引导教育、文字表达、组织管理等能力。但是就目前的发展来看，当前辅导员多是刚毕业的学生（本科生或硕士研究生），专业背景与从事辅导员岗位的要求尚有差距。甚至还有相当一部分人是完全没有工作经验、专业背景的。总之，当前辅导员工作尚存在各方面的问题，甚至可以说其已经偏离了思想教育工作的本质。

（2）辅导员的角色自信不足，角色素养有待提高。辅导员的态度是影响其能否充分发挥自身身份作用的关键因素。如果辅导员自身都不热爱自己的工作、对自己缺乏信心，认为自己不能够很好地融入工作之中，只是消极地对待工作，那么又如何能够充分发挥角色的作用呢？相反，如果作为角色主体的辅导员能够在心里认识到辅导员工作的重要性，对自己的工作充满自豪感，乐于工作，那么其必然在日常的工作中会更加强调细节，同时也会自觉地不断提升自我、充实自我，从而更契合其群体角色。

辅导员的角色归属感处于相对较低的水平。在现实生活中，一些辅导员错误地低估自己，认为自己的工作是临时性的。他们希望自己在未来的工作中能够成为优秀的专任教师或者职能部门的工作人员。在这样想法的影响下，从事辅导员工作的人随着工作年限的增加，人数在逐步减少。特别是坚持工作七八年以上的工作人员，可以说少之又少。很多人在工作三四年后会选择更换自己的岗位，甚至有些辅导员表示希望可以转到专业课教师的队伍之中。这就导致了刚积累了经验的辅导员的流失，这样学校就不得不聘用新的人员来弥补辅导员职位的空缺。

因而，辅导员对待角色的态度在很大程度上影响着辅导员个人的发展定位。其态度不同，岗位作为也会迥然有异。目前，高校辅导员对角色的职业方向不够清晰，角色素养等也不容乐观，在这一尴尬的局面下，辅导员的工作就更加难以顺利地开展了。加之辅导员队伍专业化程度相对较低，其对自身的职业发展感到困惑。他们扮演着多重角色，始终奋斗在学生工作的一线，没有精力去引导和教育学生，也难以腾出时间来提升自己的专业素养。目前高校辅导员队伍流动性大，整个队伍以年轻人为主，且专业水平较低。因此，辅导员要进一步强化自身素质。

2.客体原因

（1）宏观层面缺乏明确具体的定位。在对辅导员队伍建设发展的基本情况进行全面梳理之后发现，辅导员的角色定位主要包括以下几种：具有教师、干部的双重身份；既是高校教师队伍的重要组成部分，又是高校管理队伍中不可或缺的一部分；大学生成长中不可或缺的朋友等。从总体上说，这些解释都是从宏观的层面进行分析、定义的，但相对来说模糊、笼统。可以说，正是这样的原因才使得辅导员在自己的岗位上不能充分发挥自身的作用，而且不利于其全面优化社会地位。除此之外，当前我国还存在仅以政府文件的方式简单解读辅导员的角色定位的情况，很少有文件能够对其做出一个相对全面、详尽的定位角色，这使得辅导员的工作技术含量、社会认同感、认可度等各方面都有待进一步提高。职业归属感的缺乏，影响着辅导员对角色功能和角色价值的判断。

（2）学校对辅导员的角色认识模糊。在高校中，辅导员这一身份并未得到真正客观的评价。有人认为，思想政治教育工作理应处于附属地位，因为高校的主要任务是教学和科研，这也就不难理解为何辅导员的地位与任课教师难以等同了。这样的错误认识限制了思想政治教育对学生成长、成才的作用。一些学校不仅没有严格落实大学生思想政治教育的工作，而且对国家的相关要求完全不理会，这极大地削弱了辅导员在高校中的地位，使其不能充分地发挥自身的作用。有些高校在辅导员队伍建设方面重视不够、投入不足，反倒要求辅导员在工作中不允许出现任何问题，这使得辅导员扮演着管理者助手的角色。这种情况久而久之就会使一些辅导员形成只要"无过"就可以的心态，严重地挫伤了辅导员在工作中的主观能动性，甚至还造成了一些优秀人才的流失。

（3）角色实现保障机制不完善。党中央对新形势下高校学生的思想政治教育工作十分重视，对高校辅导员的建设与发展提出了更高的要求，但是就当前各大高校的实际落实情况来看，显然还存在认识水平不够、考核制度滞后、保障机制实行力度不够等问题。具体而言，主要有以下几方面：

首先，高校过于宽松的选拔招聘环节。其主要体现在没有明确的选拔标准。很多高校在招聘过程中仅强调参加招聘者要有一定的"学科专业背景"，而没有进一步具体、明确地规定标准，这使得招聘来的辅导员背景复杂。这样一来，就很容易影响辅导员在日常中顺利地开展工作。除此之外，高校对入职人员的基本要求不高。虽说在一些招聘会上，高校多会要求应聘辅导员者要具有职业指导师、心理咨询师等资格证书，但是在实际的选拔中其对这些因素的要求并不高，甚至很多只需要通过笔试、面试等综合考量，就可被录用。综上所述，高校辅导员宽松的准入门槛，对辅导员招聘考试或者辅导员日后工作的开展都是非常不利的。

其次，未充分发挥考核机制的作用。当前，很多高校在辅导员的考核中都存在过于重视奖惩而忽视发展的重要性的情况。流于形式或者简化考核过程，过于强调结果而忽视对过程的把握，或者没有使用恰当的考核方法等，都体现了高校未充分发挥考核的真正作用。不健全的考核体系很难真正激发队伍的工作活力，不仅如此，反而还会带来一些负面影响。

再次，培养培训力度不够。纵观全国高校的专业设置，很少有高校专门设置辅导员专业，这终将会影响辅导员职业化、专业化的发展。虽然教育部三令五申地强调，一定要落实对本校辅导员的辅导和培训工作，但是就当前的实际情况来看，形式化现象比较严重。除此之外，过于单一的培训方法、缺乏针对性的培训内容、陈旧的培训方案、缺乏专业的师资队伍等诸多方面的因素，使得整个培训过程充满了随意化的色彩。

最后，尚未建立完善的激励保障制度。就当前形势来看，我国很多高校都尚未建立健全完善的激励保障制度。与此同时，人的精力是有限的，辅导员被日常繁琐的事务缠身，常常无法挤出更多的时间投入科研或者其他领域的工作中。因而在日常的工作中就会出现一种这样的局面，即辅导员已经付出了极大的努力了，但是由于没有获得所谓的科研成果、完成一定的教学工作量等，而无法获得晋升或者评定职称。在当前的高校人事管理制度下，职称对于一个教师一生的发展是极为重要的。这样就会使辅导员如同盯着玻璃的苍蝇一样看不到出路，就无法激发其工作的热情，从而使其更好地融入日常的工作中。

五、高校辅导员的角色定位路径

进入21世纪之后，社会发展的速度加快，辅导员的身份也在发生转变：他们既是教师，又是管理者；既要有威严，又要和学生成为朋友；既要切实做好社会主义事业接班人的培养工作，又要充分发挥学校与学生之间的桥梁作用。辅导员工作开展的好坏，直接关系到高校教育管理工作的好坏。因此，高校必须尽快明晰辅导员的岗位职责，明确辅导员的角色定位，加强辅导员队伍的建设力度，提升辅导员队伍的管理水平，如此才能更加有效地开展学生工作，保证学校各项工作的有序顺利进行，切实帮助学生成长成才。

（一）树立辅导员威信

辅导员的工作是伴随着学生进入学校开始的。学生进入学校后首先接触的便是辅导员。辅导员在初期快速地树立在学生中的威信，获得学生的信任与好感，这对后续工作的开展起着关键的作用。

1.掌握学生的第一手资料

学生入学之初，首先进行的便是军训。军训可以让学生快速融入班集体中，快速地建立人际关系。辅导员可以通过军训了解学生，并可以在学生入学初期掌握第一手资料。其可通过统计学生在初高中的学习状况、是否担任学生干部、兴趣爱好等信息，快速地了解学生。记住并能叫出学生的名字，对辅导员来说是很重要的。辅导员如果能做到这样便能拉近其与学生间的距离，学生也会主动地打开心扉，把自己的快乐、苦恼、困惑等与辅导员分享。同时，掌握学生家长的联系方式、家庭情况，也有助于辅导员开展后续的工作。家长普遍存在把学生送到学校，让学校代替家庭对学生进行教育的想法。在校期间，学生的成长离不开社会、学校、家庭的共同教育。建立辅导员与家庭的联系网，便于辅导员开展学生工作，掌握学生的家庭情况也有助于辅导员在后续有的放矢地开展工作。

2.评奖、评优透明化

在班集体中，和睦的学生关系是必需的，竞争关系也是不可缺少的。让学生在公正、公平的环境下竞争是学生成长的重要内容，而这样的竞争环境来自辅导员对评奖、评优的透明化，其能够让学生看到自己与他人的差距在哪里，明白自己的短板是什么，如此其才有努力的方向。切不可在评奖评优中，暗箱操作、凭主观意愿，否则很容易产生不良后果。对于应用型院校来说，其应培养学生精益求精的匠人精神，这些来自学生对知识探索的兴趣。在进行每年的评奖、评优时，辅导员应对评奖、评优的条件进行公示，使学生可以找优势、查短板，有针对性地提高自己。

3.通过活动增强学生的自信心、竞争力

高校的课堂、课外活动是丰富多彩的。技能比赛、专业知识的考核、课外的体育竞赛等，都为师生提供了交流的机会。参加专业课活动可提高学生对专业知识的掌握程度，锻炼学生团结合作的共赢精神。在当前时代下，合作才能共赢，个人单打独斗很难适应当前社会发展的需要，因此在班级中培养学生的团结合作精神就显得格外重要。辅导员要了解每名学生的性格特点，掌握学生的学习状态。辅导员要把课程技能比赛与学生将来所从事的职业联系起来，使学生树立健康的职业价值观，鼓励学生参加此类活动，开拓学生的眼界，巩固其平时所学的专业知识。而课外活动能使学生了解自我、认识自我，课外的体育活动、文艺活动等能培养学生的课余爱好，促使其身心的健康发展。此类活动大部分是以团队为主体的，可培养学生的团队协作精神。辅导员在其中起着主心骨的作用，应该带头参加活动，积极组织同学参加，这样学生就会有目标，从而增强自身的自信心和竞争力。

（二）放权、建立监督机制

先做人后做事，比先做事后做人更重要。要想使班级有良好的班风，就需要辅导员组建一个得力的班级学生干部群体。人的能力是可以培养的，而做人做事的方法是长久以来形成的。辅导员在选拔干部时，要考察学生的德行是否合格。确立班干部后，要明确班干部的责任。作为班委，要从学校、班级的角度出发看待问题、处理问题，要从大处着想、注意细节。班级制度的建立要自上而下，辅导员、班干部、学生都要遵守，这样才能建立有公信力的班级。

（三）保持适当距离

辅导员与学生的关系是复杂和微妙的。辅导员在学校中扮演的是家长角色，对学生在校期间的生活、学习起着引导、监督的作用。该角色应当是威严的。辅导员还扮演着朋友的角色，这个时期的学生渴望表达自我、表现自我、追求自我认同感，辅导员要具备共情能力，及时了解学生的心理变化，如此学生对辅导员才会更加信任。作为辅导员，对待学生要一视同仁，不能厚此薄彼。师生的关系要既远又近，辅导员要保持作为教师的威严，使学生尊敬，既要和学生亲近又要保持距离感，关系太近会容易失去理智的判断。

（四）提升辅导员的职业能力

辅导员只有职业能力得到提升，才能更好地满足岗位需求，才能有十足的角色自信。为顺应当前育人新形势，辅导员职业能力的提升需要从道德素养、知识素养和能力素养三个方面入手。

辅导员要提升道德素养，自觉遵守道德规范。要积极以实际行动履行高校辅导员的职责，拥护党的领导，献身教育事业，恪守职业规范，提升专业素养，情系学生成长，做好学生的良师益友。

辅导员要提升知识素养，主动完善知识结构。其不仅要全面学习马克思主义理论知识，而且还要系统地掌握具有中国特色的社会主义理论体系，掌握与业务相关的理论，关注时事政治、民生热点，将对大学生思想的引领贯穿于其校园生活的始末。在与学生的交往中，要善于运用自己扎实的知识功底，帮助学生分析、解决问题，真正做好学生的领路人。

辅导员要提升能力素养，增强角色驾驭能力。当前辅导员群体接受过思想政治教育的人非常少，同时，"00后"学生的诸多新特点和新问题给辅导员工作增加了难度。为了能更好地胜任角色，辅导员要及时地学习思考，提升自身的思想政治理论水平和相应的实践能力。同时，辅导员还要提高科研能力，将科研成果运用到工作实践中。在具体的工作中，要不断涉猎各科知识，为开展学生工作奠定更坚实的基础。

（五）优化辅导员管理结构

国家要通过宏观层面的政策调整，对高校学生工作队伍进行分工结构的优化，进而给出分解具体角色任务的指导性意见。辅导员职责是否明确，直接影响其任职条件、工作方式、角色认同等方面的内容，关系着全国高校辅导员队伍的建设和职业发展问题。虽然高校辅导员在实际工作生活中所享受的待遇、社会地位一般，但是社会各界却给予了他们很高的期望，而辅导员自身的能力又是非常有限的，他们所能承受的责任与社会要求他们所要承担的责任尚有一定差距。对于学生及学生的家长而言，他们是发挥思想政治教育作用的重要途径，但是不可否认的是，很多时候辅导员也被有意无意地当成"奶妈""保姆"，甚至被认为应该是全能的，并以此作为衡量一个辅导员是否称职的重要标准。显然，这样的评判方法是不科学的，是不公平的。同时，过多的考核评判指标，如就业违约率、违纪率等也常常被看作衡量辅导员是否切实履行自身的职责、是否认真做好自身的本职工作的参考。在理想与现实中，辅导员难免会左右失衡，不知道何去何从。面对学校的高标准、严要求，辅导员承担着较大的工作压力，学生在行为和思想方面出现任何问题仿佛都是辅导员之过。面对这一现状，高校需要特别强化宣传动员工作，让广大学生、家长、社会大众能够深刻体会辅导员工作的重要性，能够以更理性的态度对待高校辅导员的工作，如在面对学生思想、心理和行为等各方面出现的偏差时，能够以理智的态度对待。

要强化建设高校辅导员队伍，科学调整高校辅导员的工作思路，统一其角色认知，从而缓解他们在日常工作中的尴尬局面。针对当前辅导员在日常工作中出现的多头管理、职责模糊等问题，高校可从以下几方面着手解决问题：第一，简化管理层级，完善基本管理构架；第二，实现集中管理；第三，全面提高辅导员的工作效率，明确各部门的职责。只有这样，才能让他们真正"轻装上阵"，明确自身定位，更好地履行自我职责，从而更好地关注学生的思想动态，引导学生形成正确的价值观，培育其优良的道德品质，最大限度地发挥高校"全员育人"的作用。

（六）明确辅导员岗位职责

近年来，随着我国高校的扩招，学生人数急剧增加，学生工作几乎覆盖了校园的各个角落，这无形中加大了辅导员的工作压力。因此，科学地界定高校辅导员的职责边际，使其认清自己的角色、岗位职责，就显得尤为重要。明确辅导员的工作职责需要高校和院系的共同努力，创造性做好以下几方面的工作：

一是高校和院系应以思想政治教育为核心，以学生的发展为主导，以学生事务管理为基础，制定详细的辅导员工作说明，阐述本职工作的内容和行为规范以及工作的时间等，从而使辅导员的工作有章可循。

二是高校应该成立专门的学生事务管理部门，以便于划清各职能部门和相关人员的责任界限，明确落实工作职责，减轻辅导员事务性工作的负担。例如，寝室卫生检查工作可以由专门的公寓卫生委员会执行，其成员可以由学生组成。而在类似工作中，辅导员则作为学生权益的保护者和教育引导者参与其中。这样有利于为辅导员减负，使其真正有时间和空间来扮演好思想政治教育引导者的角色。

三是高校和院系领导部门应该允许辅导员在其工作范围内，拥有相对自主独立的话语权和处理事务的权利。在不违反相关规章的前提下，尽可能地减少对辅导员创造性劳动和工作的干预，尊重辅导员对自己分内工作的统筹规划。

辅导员的责任重大且工作强度高。一方面，要在各院系中做好日常管理工作，接受有关职能部门和人事部门的考核和评价；另一方面，学校的很多业务部门与学生都有交集，这样一来就会使各个部门对辅导员有不同的要求。除此之外，各个院系也会从自身的工作角度出发，让辅导员做一些除日常管理工作之外的行政事务。很显然，这就让辅导员处于一种被多重管理的情境之中，承担了过于繁重的任务，从而不能有效地完成工作，因此在日常的工作中也就很难形成归属感、自我价值的实现感。在这样尴尬的局面下，个人的发展诉求无法得到满足，就会使辅导员有另做其他打算的想法，会选择到其他领域发展。

高校改革也是一个不得不考虑的重要因素。由于当前很多高校都未建立完善的管理配套服务体系，所以，学生的日常学习、生活会面临各方面的问题，而高校辅导员自然就成为解决这些问题的首要人选。通常情况下，其都是由辅导员负责与学校的相关部门沟通，这样一来，辅导员的日常工作就会趋于饱和，如果再加上这些工作，那么其又如何更好地履行思想政治教育的核心职责呢？辅导员工作非常辛苦，多余的繁重任务使其没有时间扎实地研究教育对象，这使得辅导员与其教育对象总处于一种心理上的游离状态，很难让学生真正敞开心扉地接受他们的工作。随着当今社会的飞速发展，高校内部的辅导员管理机制改革迫在眉睫。

（七）完善考核体系

一个不断完善的、符合思想教育发展规律和辅导员成长规律的专业化标准体系，是建立一支政治强、业务精、纪律严、作风正的高素质辅导员队伍的前提。完善高校辅导员的考核体系，明确奖惩制度，才能进一步促进高校辅导员队伍的建设。高校应加强对辅导员的考核评价与管理，健全切实可行的高校辅导员角色考核体系，加强辅导员角色的考察评审制度，力求辅导员考核结果能与辅导员待遇与发展正相关。高校辅导员评价还需坚持以下原则：

1.量化评价与定性评价相统一的原则

高校辅导员作用的发挥总是与其角色扮演时投入的时间、精力等因素联系在一起，一般用"优、良、中、差"等不同档次来表示。定性考核指通过观察、判断，全面描述辅导员德、绩、勤、能等各方面的情况，特别要强化考核性质。

2.内部标准与外部标准相一致的原则

角色评价的内部标准，包含辅导员对其目标的制定和实现程度、对自我角色概念评价的重视程度、对角色规范的理解和遵从程度、对角色价值观念的认同程度等内容。角色评价的外部标准，包括社群或他人对高校辅导员角色及价值的期待、社会对辅导员规范的衡量和联系程度、社会对辅导员行为的重视程度等内容。

在高校辅导员的评价考核中，这几方面的评价因素需要充分综合考虑，如此相关部门才能在实际工作中得出科学有效的考核结果。辅导员角色评价以定性评价为主。辅导员的工作是繁琐的、复杂的。学生的差异性、教育手段的灵活性、提升队伍管理水平的长期性、高校辅导员言行的规范性等特点，使得相关部门对辅导员的评价需要评价者到现场去观察甚至亲力亲为，要与相关人员进行深切交流，要查阅相关方面的材料等才能做好。所以，评价方法应该使定性评价和量化评价相结合，要把定性评价放在更加突出的位置。

职称和待遇问题处理得好与坏，是高校辅导员能否安心工作的重要因素。各级教育部门和高校应主动调研辅导员群体的利益诉求，完善修订组织评定职称的管理办法，确实将其纳入技术职称评定的范围之内。

目前，在高校的绩效工资机制下，诸多高校辅导员在其单位的绩效体制中明显处于弱势地位。因此，国家、高校应该为此设置专项经费，支持辅导员日常开展相应的工作，增加经费比重，落实单列专项经费。坚持以《关于加强高等学校辅导员班主任队伍建设的意见》为指导，结合相关规定和、各级教育主管部门的指导要求，高校要履行自身的职责，要科学地平衡辅导员与专任教师的收入。紧密结合实际贡献，科学分配劳动报酬，通过各方面的措施，给予辅导员工作必要的保障。

总之，高校辅导员是一个关系大学生成长和发展的重要角色。在新的历史时期，高校辅导员队伍管理越来越受到党中央、教育部及各级高校的高度重视。其从高校辅导员角色定位的角度入手，结合辅导员的工作实际，对新时期辅导员的角色定位现状进行调查，发现了角色定位问题对辅导队伍管理的影响。社会的迅猛发展向人才的教育培养提出了更多、更高的要求，高校辅导员管理和队伍建设更应摆在重要的位置上。辅导员角色职责定位是否明晰直接影响着高校育人的质量。关于辅导员的管理、队伍建设、职业能力素养的提升等，尚需更多的教育工作者前赴后继，努力追求和探索。

（八）促进辅导员全面发展

辅导员对自身职位的认识如责任、义务等，会影响到其是否能够在工作中充分发挥自身角色的作用。对以上因素的认知水平直接制约着其在岗位中能做什么、应该做什么以及怎么去做。从客观上说，其只有强化自身的角色意识，才能走出职位的困境，才能及时纠正认知上的偏差，从而形成主动学习、提高工作能力的理念。同时，在日常的工作中，辅导员要按照《高等学校辅导员职业能力标准（暂行）》中的相关规定，严格要求自己，充分发挥榜样的作用。积极向优秀辅导员学习，通过不断的自我提升以及参加各种培训，让自己获得更多的理论知识，优化知识结构。

首先使自己具备过硬的政治觉悟、良好的职业修养和道德品质，强化自身的管理能力、协调能力，力求各方面都能够尽善尽美，从而促进自身的全面发展。

除此之外，辅导人员在日常的工作中还要真正地从知识、心理、行为、认知等各方面入手，做好心理的自我调适，全面提升自我适应能力、心理素质和健康水平。树立正确的世界观、人生观和价值观，积极调适自身的心理水平，形成与辅导员身份相适应的健全人格。时刻保持清醒的头脑，遵守相关的规定，言行一致，充分发挥榜样的作用，可以说这是对广大辅导员最基本的素质要求。总之，其只有全面促进自身发展，才能缓解角色焦虑，才能使自己在工作中充分发挥自身的潜能。

第五章 高校辅导员的思想政治教育功能

在新时期，高校在学生思想政治教育工作中面临的问题和挑战逐渐增多。辅导员作为高校教育教学管理体系中的重要成员，应该主动承担起学生的思想政治教育工作，充分发挥自身在高校思想政治教育工作中的教育功能。本章分为高校辅导员在大学生思想政治教育中的作用、高校辅导员思想政治教育功能面临的严峻考验、高校辅导员思想政治教育功能实现的策略探讨三部分内容。主要包括辅导员开展思想政治教育工作存在的问题、高校辅导员主体地位被削弱，以及辅导员通过微博、微信等方式实现教育功能等内容。

第一节 高校辅导员在大学生思想政治教育中的作用

一、辅导员开展思想政治教育工作存在的问题

高校辅导员在开展思想政治教育工作时常常存在问题，这使得大学生应该接受的思想政治上的教育并没有完全落实到位。

（一）辅导员自身专业水平不高、理论素养不强

很多高校在招收辅导员时并没有完全考虑其所学专业，如是否完全具备开展思想政治教育工作的能力、是否适合本专业学生等。这当然与当前高校专业培养无法满足现实需要的现状有关，但是某些专业不对口的高校辅导员专业水平不高确实影响了对学生的思想政治教育。

（二）辅导员自身分身乏术

对大学生来说，辅导员像一个"高中班主任"，除要承担学生的思想政治教育外，还要考虑每个学生的日常生活，如学生请假离校事宜、学生的专业素养与能

力、学生实习与工作等诸多问题。这导致其精力不足，无法很好地完成自己的本职工作，更无法很好地探讨思想政治教育工作的新动向与新方式。

（三）学校对辅导员重视程度不够

一些高校一味地追求学生的专业能力和高就业率，对学生的思想政治教育工作重视程度不够，这导致辅导员对自身的定位与理解存在偏差。因此，高校要想做好辅导员工作，就必须深入理解习近平对高校学生德智体美全面发展的要求，促使大学生保持坚定的政治方向。

二、辅导员在思想政治教育中的作用

高校辅导员是高校教师团体中特殊的存在。与讲授专业课的教师不同，其负责对学生的日常生活进行管理，对学生的个体价值观与思想观念进行引领，通过思想政治教育使学生形成正确的世界观、人生观和价值观。高校思想政治教育因为教育主体和客体、教育时段、教育方式等诸多因素存在特殊性而不能一概而论。而辅导员在思想政治教育中的作用也因诸多因素的影响而存在很大差别。

（一）先进文化的引领者和传播者

从职业的基本定位来看，高校辅导员首先是教师，是开展大学生思想政治教育工作的主干力量。韩愈在《师说》中说："师者，所以传道授业解惑也。"对高校辅导员来说，其所传之道，是学生如何更好地适应社会生活，如何保持正确的世界观、人生观、价值观。所授之业，不是单纯的专业知识，而是陪伴学生一生的解决社会生活问题的方法。所解答的疑惑，是学生面对的生活以及学习中的困难与迷惑。因此，辅导员作为教师，首先应着重发挥自身作为先进文化的引领者和传播者的作用，自己先将知识学懂弄通落实，增强自己的专业技能，提高自身的业务水平，如此才能更好地传授技能，以正能量影响身边的学生。

（二）政策的传达者与实施者

囿于现实情况，一些高校辅导员在学院或者学校担任"团支部书记"或者"党支部书记"等。身处这样的职位，使得高校辅导员对国家政策以及学校思想政治教育方面政策的接受及理解有着很强的便利性。因此，高校辅导员应及时敏锐地利用这一便利条件，高效准确地为学生解读相关政策，使学生能够准确地理解政策。同时，高校辅导员还应该将这些政策落到实处，积极组织与思想政治教育工作相关的活动，推动活动形式的多样化，提高学生参与的积极性。高校辅导员也应具备与时俱进、掌握时政热点的能力，及时关注思想政治领域政策的更新。

（三）学生思想政治教育工作的关照者与指导者

与高校的专业课教师相比，辅导员往往与学生接触的时间更多，接触的层面也更广，这有利于辅导员及时掌握学生的思想动态。其在学生日常的学习和生活中，一旦发现学生在思想上出现问题时要及时纠正学生。同时，还要注重开展思想政治教育工作的方式，可以从学生的具体生活入手，巧妙而高效地开展工作。

三、辅导员发挥思想政治教育作用的途径

（一）提高自我修养

辅导员应该通过学习来提高自我修养，坚持以教育引导为主的工作理念。辅导员在高校教育教学管理工作中具有举足轻重的作用，是联系各个系部、学院与大学生之间的一个纽带，也是对大学生进行思想政治教育的主要参与者和实施者。在新时期大学生的思想政治教育中，其应当充分发挥主观能动作用。辅导员只有提高了自我修养，才能为学生做好榜样，才能更好地完成各项工作任务，也才能准确地发现工作和学生生活中出现的问题并及时解决。

（二）发挥协同效应

第一，高校辅导员应该着重发挥自身连接专业课教师与学生之间关系的纽带作用，使学生在注重专业学习、提高专业素养的同时，也不忽视思想政治教育。辅导员要积极主动地加强与专业课教师之间的联系，避免因专业课教师言论不当而给学生思想观念的形成与发展带来的不利影响。应努力使专业课成为思想政治教育的有力推动力量，发挥合力作用与协同效应，努力把高校思想政治教育工作贯穿在教育教学的全过程。

第二，高校辅导员应以课堂教学为主渠道，注重思想政治理论课的宣传，注重理论宣传的方式与效果，使思想政治教育更具针对性，更具可行性。在以课堂为主渠道的同时，还应注重多种教学方式的同时使用。如通过组织学生观看红色电影、国家发展纪录片等，引导学生及时关注国家政策的新变化，以学生喜闻乐见的方式进行思想政治教育工作，并在无形中培养学生的民族自豪感与自信心，使课堂教学与课外活动紧密配合、紧密联系、同向而行，为思想政治教育工作的开展助力。

（三）创新教育模式

习近平在全国高校思想政治工作会议中指出，"要着眼于环境条件的变化，把握高校育人的关键环节"。思想政治教育工作从根本上讲是做人的工作，做思想的工作。而大学生所处的又是自身独立意识与独立思想形成与发展的重要阶段。因

此，辅导员在开展工作时，要充分考虑学习者的心理状况、思维习惯等，避免过去传统的说教式、被动式的教育模式，要从被动地管理转向主动地服务，从传统的说教转向热切的关心，使学生体会到深刻的满足感与获得感，使学生深切感受到个人命运与整个国家的发展是分不开的，是紧密联系的，从而自觉地把个人的发展融入国家的发展中。

（四）提高教育教学能力

当今，新媒体技术不断发展，信息技术水平不断提高，信息化社会正在逐步形成担负着思想政治教育工作的高校辅导员，不仅要与时俱进地提高自己的业务能力与水平，而且还要与时俱进地提高自己对新事物的学习能力。要不断地努力学习，提高自己运用新媒体技术的能力，借助新媒体技术，通过更有趣的方式向学生传达政策、传递思想，引发学生的兴趣，从而使学生欣然接受思想政治教育。高校辅导员还应努力提高自己具体问题具体分析的能力，对学生生活中遇到的事情及时分析、及时解决，对学生适时引导，使学生能进一步感知思想政治教育的魅力。

高校作为培养高等人才的重要机构，理应主动高效地承担起这一重任。高校辅导员作为高校开展思想政治教育工作的主力军，更应该从多方面入手，推动学生德育与智育同时发展，推动思想政治教育工作的全面开展。他们应该以课堂为主阵地，以创新为主要动力，以实事求是和与时俱进为基本要求，以培养全面发展的人才为主要目标，以"立德树人"为主要任务，顺应学生学习规律、人才培养规律、学生心理规律，坚持正确的思想政治工作规律，坚持教书育人的规律，积极引导学生正确认识世界和国家发展大势，及时准确地把握政策发展动向，认真学习贯彻各项方针。辅导员要学会运用多媒体技术，使教育教学工作"活"起来，抓住学生的注意力，同时还要坚持教书与育人相统一的原则，坚持言传与身教相统一，从而为思想政治教育工作在高校的开展贡献力量。

第二节 高校辅导员思想政治教育功能面临的严峻考验

一、主体地位被削弱

（一）高校不够重视

辅导员是天然的思想政治教育者，其这一功能应得到学校、社会的高度重视。在高校内部，人们都认为辅导员是大学生的高级保姆，认为他们该做的就是全方位地满足学生的生活需求，保障好学生的人身安全。从各个高校的考评体系分析中可以看到，辅导员的工作是非常繁重的。一些高校领导对辅导员思想政治工作的开展并不重视。

（二）辅导员事务性工作过多

高校辅导员的事务性工作影响和削弱了思想政治教育工作的主体地位。在一些情况下，高校辅导员的工作职责不清，事务性工作过度膨胀。人们常常认为，只要与学生有关的事情，都是辅导员的事情。在这种情况下，辅导员很少或几乎没有时间、精力去从事他们工作范畴中的事情。

二、辅导员工作的不足

辅导员作为大学生成长的引路人，担负着引导大学生形成健全人格的责任，特别是在学生心理辅导和道德教育领域。但在实践中，其也存在一些不足之处。

（一）重视政治教育而忽视心理疏导

辅导员在现实生活中与学生接触最多，所从事的工作任务也比较繁重。其大部分的时间都用来管理班级，如党团组织建设、奖学金评定工作等，更重要的是还要及时传达国家的大政方针和国内外的热点问题，使学生形成正确的政治觉悟和坚定的理想信念，帮助学生选择积极的人生道路。这些导致辅导员无暇顾及学生的日常行为和心理状况。如果学生的一些消极想法没有得到及时纠正，那么就会影响学生的心理状况，进而引发其种种问题，这不利于学生的成长成才。

随着社会的发展，时代变迁对大学生人格的形成产生了重要的影响，但也使其面临着日益严峻的挑战。而大学是学生人格形成的关键时期，这一时期学生的身心发展不平衡，极易受到其他文化观念的影响，这使得大学生容易出现思想矛盾和心理冲突交织在一起的情况。因此，单纯的政治教育已无法真正解决学生的现实问题。辅导员在教育工作中，必须将思想教育和心理疏导结合起来，时刻关注大学生的心理问题。

（二）重视理性言说而忽视故事治愈

辅导员在思想政治教育工作中，总要运用一定的方法，才能收到良好的教育效果。通常情况下，当学生遇到一些问题时，辅导员一般会采取说理的方法。但随着社会的发展，大学生的思想观念会受到外界各种价值观的影响，他们对于讲道理这种说教方法常常会产生逆反心理，不认可辅导员的思想观点，这就使辅导员难以解决学生的真实问题，调动大学生的积极性，更不利于大学生主观能动性的发挥。

辅导员在工作中存在着过分偏重理性说教而、忽视运用故事的力量来解决学生面临的问题的情况。随着时代的发展，这种说理的方法越来越不能满足大学生的心理需求，更起不到应有的作用。因此，叙事疗法的引入，使得辅导员能够充分运用故事的启发作用和影响力，帮助大学生从现实困惑中走出来，从而弥补了辅导员在工作中的不足，拓宽了辅导员教育的渠道和方式，为其有效地开展工作打开了一扇新的窗户。

（三）重视传统方法而忽略创新工作

受社会多元文化的影响，大学生的思想日益复杂，这使得辅导员原有的教育方法已经不能很好地解决学生面临的问题，从而给其工作带来了挑战。因此，要提高工作的效率和教育的实效性，辅导员必须在原有工作技能的基础上不断学习新的方法。

辅导员在工作中所用到的传统方法已经很难发挥其应有的作用，榜样示范法中的典型人物和先进事迹很难引起学生的自我认同。面对不同文化的冲击，学生认同的人物已不再是主流社会意识形态所宣传的模范人物，榜样的力量已经日渐衰微，难以发挥应有的示范和引导作用。为帮助学生形成正确的价值理念，辅导员通常会采用主题教育的方法，围绕国家的大政方针开展教育工作。但是，随着网络时代的全面发展，这些教育活动已经难以激发学生的个人品格，也不能满足学生多样化的思想需求。针对这样的现状，辅导员应该思考如何创新策略和方式来提高工作效率，叙事疗法的引入能够契合学生的思想特点，为辅导员工作开辟新的道路，也为思想政治教育注入新鲜的血液。

第三节　高校辅导员思想政治教育功能实现的策略探讨

一、辅导员的微博

辅导员的微博是自媒体时代开展大学生思想政治教育工作的重要渠道，具有发布和传递思想政治教育信息、促进教育主客体间的交往和互动等重要功能。

微博的迅速发展开启和塑造了自媒体时代的传播模式。这种多终端、碎片化、具有便捷性的信息传播交互模式，给当前大学生的思想政治教育工作带来了新的机遇和挑战。辅导员作为大学生思想政治教育工作的骨干力量，如何正确有效地发挥微博的传递思想信息、促进主客体交往互动和监控网络舆情等功能，是自媒体时代思想政治教育工作亟须思考和解决的问题。

（一）辅导员微博的内涵

辅导员微博是教育主体为即时发布和快速传播各种生动、鲜活的思想政治教育信息，促进双方之间跨时空地双向互动交流，促进思想信息内容向大学生传播而专门注册申请的新浪、腾讯等微博平台,是自媒体时代微博与大学生网络思想政治教育融合发展的产物。

1.辅导员微博兼具网络工具和思想政治教育载体、方法的性质

第一,辅导员微博是一种简便、快捷和时尚的网络交流工具。它是一个具有信息即时性、共享性以及基于即时、共享信息形成的动态信息传播网络,辅导员可以"随时、随地、随性"地发布和获取信息,也可以关注名人,与网络朋友互动交流。

第二,辅导员微博还是一种思想政治教育载体。因为它既能承载、传递思想政治教育因素,又能被思想政治教育主体使用,且主客体可借此相互影响,所以它是大学生思想政治教育过程中的一种现代网络载体。

第三,辅导员微博还是一种网络思想政治教育方法。辅导员可以通过它来了解和认识大学生的思想行为特点,并引导他们形成符合社会要求的思想观念、政治观点和道德规范。

2."辅导员——大学生"的"核心——边缘"节点信息传播模式

在微博信息传播网络中,所有信息都可以实现以用户为中心聚合其他节点(个体终端),形成以"核心—边缘"为形式的基本信息传播模式。在这种模式中,微博主(即核心节点,信息生成的源头,往往是一些各领域比较知名的人物)发布的信息通过粉丝(即桥节点,核心节点信息的扩散者,对微博主忠诚并愿意为其传播信息的人)的转发、评论和互动,最终扩散到其他人群(即长尾节点,沉默的大多数,较少发言或发言影响力较弱者)中。而在辅导员微博的信息传播过程中,其"核心边缘"的节点信息传播模式则主要是"辅导员—大学生"两个特有群体之间的信息传播。其核心节点是辅导员,桥节点是愿意直接关注辅导员微博的班委干部、学生组织和部分学生,长尾节点是不主动发表言论、不直接关注微博主而在背后默默无闻地观看微博主及其他用户信息的部分学生。相对普通微博而言,辅导员微博在信息源、信息内容和信息流动上具有一定的限制性和指向性。

(二)辅导员微博的思想政治教育功能

辅导员微博具有思想政治教育信息发布与传递、教育主客体交往与互动和大学生网络舆情监控与引导功能。

1.思想政治教育信息发布与传递功能

将思想政治教育信息及时、快捷、有效地传递给大学生,是辅导员开展大学生思想政治教育工作的必要前提。辅导员利用微博开展大学生思想政治教育,首要目的就是实现思想政治教育信息的发布和传递。微博作为自媒体时代信息传播

方式革新的重要代表,其信息的发布和传递呈现出多终端性和裂变式的显著特征。微博用户可以通过手机、平板电脑等移动终端随时随地登录客户端,通过关注官方微博、名人微博或朋友微博获取各种新闻资讯,也能用简短的语言文字或图片视频发表自己的所见所闻、所思所感,同时还可以和粉丝进行互动交流。这种信息的流向集合了一对一、一对多和多对多等不同方式,使得信息以裂变式快速传播。辅导员可以借助微博信息发布和传递的便捷与快捷,随时随地登录微博客户端发布丰富多样的思想政治教育信息,如用微博语言解读社会主义核心价值观,用图片、视频、文字等图文并茂的形式,传递大学生关注的学习、情感、生活、就业等资讯。

2. 教育主客体交往与互动功能

辅导员发布和传递信息是开展大学生思想政治教育工作的首要环节,而如何将这些包含思想政治教育内容和目的的信息传递给大学生则是关键环节。微博作为一种交互性非常强的自媒体工具,功能之一就是促进辅导员与大学生之间充分的交往和互动,让教育主客体双方可以进行思想的碰撞、情感的沟通和观点的交流,从而帮助大学生对各种思想教育信息进行甄别、理解、认同。一方面,辅导员要成为大学生的人生导师和健康成长的知心朋友,离不开其与大学生群体的深入交往。而在自媒体时代,辅导员微博就不可避免地成为辅导员与大学生进行交往的一种重要工具,双方可以通过微博信息和粉丝关系等方式加深了解与认识,构建亦师亦友的和谐师生关系。另一方面,辅导员微博是具有特定指向性的思想政治教育信息传递工具,辅导员可以利用其交互性强的信息传播优势,在微博上通过评论或转发的方式,与大学生就某一信息或话题进行深度互动、沟通和交流,在讨论中达成共识,从而达到思想政治教育的目的。

3. 大学生网络舆情监控与引导功能

微博作为一种开放性和交互性非常强的信息传播工具,信息数量规模巨大,信息内容参差不齐。大学生在微博上发布的各种信息,包含着他们在学习生活、人际交往、就业考研等各方面的境况和感受,而这些丰富、繁杂的信息中就常常隐含着思想潜流。因此,辅导员微博还有一项重大功能,那就是监控和引导大学生网络舆情。网络舆情是大学生思想信息的集散地和放大器,是辅导员认识大学生思想情感实际的"晴雨表"和"风向标"。辅导员可以利用微博"即时关注"大学生的各种思想信息,并通过对这些信息的深入分析和判断,挖掘和捕捉大学生的思想情感动态,及时发现、处理和引导大学生的网络舆情。

(三)辅导员微博思想政治教育功能的实现路径

该部分内容从信息发布源头、信息内容呈现、信息交流互动和信息反馈实际四个方面探讨如何有效实现辅导员微博的思想政治教育功能。

1. 实名昵称+身份认证——确保信息可信度

微博信息发布的低技术门槛、文本信息的碎片化等特点，容易导致信息泛滥成灾，各种虚假、垃圾信息的传播扩散会弱化辅导员微博的大学生思想政治教育功能。如何从微博信息发布源头杜绝各种虚假、垃圾信息的生成，保证源头信息的真实性，是发挥辅导员微博思想政治教育功能的首要前提。

一方面，辅导员微博必须采取实名昵称的登录方式。目前，微博用户在注册时必须使用真实身份信息，但用户昵称可自愿选择，新浪、腾讯、网易等各大网站微博采取的都是前台、后台实名的方式。辅导员如果以匿名昵称的方式登录微博，那么就会导致信息发布随意，使得信息内容缺乏真实性和针对性，同时也不便于大学生粉丝的查找和关注。

另一方面，辅导员微博应有身份认证这一环节。身份认证是微博运营方针对特定行业拥有真实社会身份并能提供证明材料的人群进行的认证。以新浪微博为例，其要求微博用户绑定手机，有头像，粉丝数不低于30、关注数不低于30的才可申请认证。被认证的微博用户易于被辨识，粉丝在第一时间就能识别他的身份，及时关注他的最新动态，并且搜索相关结果。辅导员微博实行"实名昵称+身份认证"的模式，能够保证辅导员的身份和信息内容真实可靠，从而避免各种不良信息的生成和传播。

2. 主题鲜明+内容鲜活——契合青年需求点

人们接触媒体是为满足一些基本需求的，包括信息需求、娱乐需求、社会关系需求及精神和心理需求等。大学生群体也不例外，他们接触和使用微博也是为了满足自己的各种需求。调查显示，大学生在使用网络媒体时，主要考虑休闲娱乐的需要，这是由当代大学生的思想心理特点和微博内容"去中心化"的特点决定的。如何解决微博信息多样性与主导性失衡的矛盾，优化微博信息传播内容，使其既能满足大学生的思想政治教育需求，又能满足大学生的娱乐交往需求，就成为辅导员微博发挥思想政治教育作用的关键。

辅导员要学会运用生动活泼、时尚新颖的网络文体和情感丰富、幽默风趣的语言文字，将枯燥乏味的各种理论知识转化为符合青年大学生群体特有的思维方式和语言习惯的网络信息，从而提升学生对辅导员微博的接受度和理解力。

辅导员要注重辅导员微博信息内容的丰富性，既要发布和传递各种思想政治教育信息，帮助学生树立正确的思想观念、理想信念和道德规范，增强辅导员微博内容特有的指向性和主导性，同时也要发布和传递各种生活娱乐信息，满足和解决学生的情感需要和娱乐需求，增强辅导员微博内容的吸引力和感染力。

3. 日常经营+互动交流——提升微博影响力

微博功能的发挥程度取决于微博影响力的大小，而微博影响力的大小又取决于信息资源的凝聚力和整合力。喻国明教授认为，谁能够最大限度地对用户贡献信息的流向进行引导，对碎片化信息内容的呈现结构进行优化，对信息资源进行深度发掘、整合和利用，谁就最有可能获取说服和影响他人的能力。可见，要有效地发挥辅导员微博的功能，就必须提升辅导员微博的影响力。对微博用户而言，最有价值和最有意义的内容除了产生于微博主发布的信息外，其余的更多地产生于与其密切相关的人群，即微博主和粉丝基于对话题的共同关注。这要求信息要在辅导员和学生微博中被传播和分享。

一是要日常经营，吸引粉丝。辅导员微博要即时发布、及时更新信息，让更多的学生群体关注辅导员微博。

二是要把握动态，形成互动。要全面、及时地把握学生对微博信息的转发、评论或回复情况，并进行相应的互动和交流，让信息能通过微博的节点传播模式进行传递和扩散。

三是要寻找热点，推进互动。辅导员应根据目标需求，寻找时事热点问题，通过"议程设置"建构或设置符合青年大学生群体特点的主题，充分发挥"意见领袖"的作用，推进与大学生之间的互动交流，增强信息的传播效果，提升辅导员微博的影响力。

4．"网上"教育+"网下"实践——凸显育人实效性

网络中人与人的虚拟关系，说到底是现实中人与人之间关系在网络中的反映和拓展。同样，网络思想政治教育也是现实思想政治教育在网络中的一种反映、补充和完善。它们是辩证统一的，既相互区别，又相互联系。辅导员微博作为大学生网络思想政治教育的一种新途径，有着现实思想政治教育方法不可比拟的优势。然而，如果仅仅依靠辅导员微博在网上与大学生进行思想情感的沟通和交流，而不立足现实解决大学生存在的思想行为问题，那么辅导员微博就会成为无源之水、无根之木。那么，如何才能实现"网上"和"网下"的有机互补、相得益彰呢？

一方面，要充分利用辅导员微博在"网上"发布思想政治教育信息的作用，加强与大学生之间的互动交流，全面掌握大学生的群体思想动态和个体行为特点，并采取多样的网络信息交流方式，对其进行引导，争取将不良思想"显流"和"潜流"消于无形。

另一方面，对"网上"不能解决的思想行为问题，辅导员要在"网下"采取现实思想政治教育的方法，如理论灌输、实践教育、个别谈心等，积极解决大学生面临的实际问题，将大学生的思想引上健康发展的轨道，从而增强大学生思想政治教育的实效性。

二、辅导员"微信公众号"

随着社会经济的快速发展与互联网的不断推广与使用,"微信公众号"在大学生的学习和生活中扮演着重要的角色,"微信公众号"相比于传统的信息传播方式更具有优势。

在大学教育的体系中,对学生进行思想政治教育是大学教育的核心与基础,并且此教学过程贯穿于大学教育的始终。辅导员在大学生的教育过程中担任了关注学生健康成长、了解学生基本生活、推动学生积极学习的重要任务,对学生的思想政治教育更是起到了引领和推动的作用。随着互联网的逐渐推广和运用,越来越多的网络平台,如"微信公众号"等,逐渐成了时代潮流,受到大学生的广泛关注。辅导员应当充分结合"微信公众号"的特点对学生进行更深刻的思想政治教育,从而推动高校思想政治教育水平的提高。

(一)高校辅导员"微信公众号"的思想政治教育功能

1.推动学生接受深刻的思想政治教育

"微信公众号"是新时代思想和信息传播的主要载体和路径,为学生提供了一个展示自我、获取信息的平台。大学生正处于树立正确的世界观、人生观、价值观的重要时期,在这段时期,大学生需要一个便捷的方式来展示自己的想法和个性特点。"微信公众号"平台正好满足了大学生的这一需求,使大学生能够在平台上进行便捷的社会交往和研究探索,不断强化自我意识,提高接受思想政治教育的积极性和主动性,提高参与度。

辅导员在对学生进行思想政治教育时,可以运用"微信公众号"作为教育信息的传播载体,充分运用文本、音频、视频等方式将相关的教育资料通过"微信公众号"向学生传播和推广,从而帮助学生更加及时和全面地接受思想政治教育。"微信公众号"的思想教育方式,能够帮助学生充分利用空闲时间进行自由阅读,使其通过多种方式和途径接受思想政治教育,从多个方面拓展阅读空间,不断丰富和充实知识储备,提高掌握相关知识的效率,为接受更加深入的思想政治教育创造优质的条件。

2.帮助辅导员进行优质的思想政治教育

高校辅导员的工作任务多、工作量大,学校的相关工作政策和思想政治教育也需要辅导员通过及时的告知和相关会议完成。这些工作会在消耗辅导员大量的时间和精力,不利于辅导员进行更加高效、快速的思想政治教育。但是,"微信公众号"在信息的传播上,能够突破时空的限制,能够帮助辅导员更好地开展思想政治教育工作,使其更加高效地进行信息和工作任务的处理,了解学生的需求,从而帮助其进行优质的思想政治教育工作。

"微信公众号"能够帮助辅导员与学生进行更加便捷的沟通，并且能够帮助辅导员对学生的留言进行回复和反馈，从而更加全面地了解工作任务的相关进度。辅导员通过"微信公众号"对学生的一些学习和生活情况进行了解，并针对学生的问题，进行工作方法和方向的调整和改进，并适当适时地将一些学习资料和生活指导分享给学生，从而更好地实现对学生进行优质思想政治教育工作的目标。

（二）高校辅导员"微信公众号"的思想政治教育实现

1.组织建设专业团队

高校辅导员运用"微信公众号"来建设更加优化的教育体系，不应当仅局限于对学生进行信息传播，除了发布推广信息外，还应当充分为学生提供更加全面和优质的服务，了解和帮助学生解决学习和生活中的问题，运用学生喜闻乐见的方式对学生进行思想政治教育。这就需要高校辅导员能够组织建立起专业的关于"微信公众号"的设计和管理团队，在新媒体建设中进行统一的、系统的规划和调节，对"微信公众号"中的相关功能区域、版块建设、内容筛选编辑、反馈收集整理等方面进行更加全面的建设和完善，为辅导员通过"微信公众号"对学生进行思想政治教育组建良好的团队、提供有利的技术条件。

对于"微信公众号"的版块建设内容，相关专业团队可以根据现有的微信平台技术，以学校和辅导员的相关工作内容为核心，为学生建立起更加全面的、具有整合性的事务信息汇总模块。除此之外，还可以适当增添一些周边高校的相关讲座、学校活动信息、学工工作内容以及专门的学生问题解决模块。对于内容筛选与编辑，可以由专业团队进行相关思想教育工作的专题信息推送，不断贴近学生的学习、生活实际。

2.优化调整传播策略

辅导员要通过"微信公众号"来开展优质的思想政治教育工作，其中工作效果实现的条件和前提是学生具有较高的参与度。"微信公众号"应当吸引更多的学生参与进来，如此才能不断实现其功能和作用。这就需要高校辅导员及相关团队要进行"微信公众号"的信息传播和相关策略的优化调整，培养和提升思想政治教育工作者的品牌推广意识，让学生能够更加充分地了解到学校的新媒体教育思路，使"微信公众号"能够获得学生的广泛支持和关注，从而为学生在"微信公众号"中接受更加深刻的思想政治教育创造条件。

辅导员和相关教育团队可以从优化推广入手，不断寻找和选择更加符合学生实际需求的方式来进行"微信公众号"的宣传。例如，在进行学校迎新时，面对新生可以加强对"微信公众号"的宣传，呼吁学生关注相关平台，并且告知学生各类活动将通过平台进行,拉近学生与平台的距离。此种方式能够不断保障平台的活跃程度,提高学生的参与度和关注度。除此之外,还可以根据各种文艺表演、宣传活动、体育竞技活动等在"微信公众号"上设置投票环节,增强"微信公众号"的存在感,不断增加学生的兴趣点,鼓励学生主动分享和传播,以此来获得更多学生的关注。

3.保障推送时效质量

在当今的互联网时代,信息的传播速度较快,其中包含的信息量也较大。学生会在日常生活中面临各种各样的网络信息,因此学生的浏览注意力会呈现出碎片化的趋势,他们在进行网络信息浏览时视线会被分散。在信息量较大的网络平台上,学生的浏览速度会比较快,但学生会根据自身所感兴趣的相关内容进行重点阅读,如一些娱乐信息、游戏项目等,而对于一些具有教育性质的文章,学生很多时候不会过多关注,这将不利于辅导员通过"微信公众号"对学生进行思想政治教育。因此,要保证新媒体思想政治教育的质量,就应当充分保障信息推送的时效和质量,应当提高信息的趣味性和有效性。

第一,在推送时间上,应当选择学生阅读欲望比较强的时间段。例如,晚上11点左右是学生浏览网页和阅读的黄金时间。辅导员和相关团队发布信息内容应当及时、准确,以保证不断保障和提升信息的时效性。

第二,在推送契机上,应当在重大节日、纪念日,如五四青年节、雷锋纪念日等具有教育性意义的重要节日之前做好推送内容的提前设置,以保证能准确及时地发布相关信息。

第三,在阶段安排上,相关团队应根据学生每天、每学期的相关需求以及思想认识变化进行调研,根据学生的学习生活需求,向他们推送一些具有更高价值的信息。

4.挖掘分析数据反馈

"微信公众号"平台中的数据反馈是帮助辅导员完成更高质量的思想政治教育工作的重要途径之一。学生在浏览和使用"微信公众号"后,后台会出现相关的数据分析,这些数据能够帮助辅导员在新媒体教育环境下开展时思想政治教育工作的全面了解,从而为辅导员推进工作提供更好的支持条件。因此,相关工作者应当充分重视"微信"自带的后台数据分析功能,充分利用这一现有价值,不断挖掘和分析学生的反馈意见,关注和全面理解学生的思想动态变化和需求。

相关数据分析团队应当根据新媒体环境下数据整理分析的相关知识,不断建立数据分析体系,并根据相关结果进行信息宣传和思想政治教育方案的更新和完善。数据分析工作者应当对自己所发布的信息组合进行判断,并根据结果适当改变接下来工作的组合类型配比和体系。例如,相关分析者可以对高转发量、高阅读量的链接文章所占的比重进行分析,对一些影响力较大的文章进行重点推送,适当调高每日信息发布中主要文章的占比,不断打造具有更高教育质量的"微信公众号"思想政治教育平台。

"微信公众号"的相关优势和特点与高校的思想政治教育能够进行充分有效的融合,其能够突破时空限制,信息量大并且传输速度快,使用自由,这些特点满足了当代大学生的学习需求,为高校辅导员对大学生进行思想政治教育提供了便利。高校的思想政治教育是高校教育任务和教育目标的重要组成部分之一,而高校的辅导员作为与学生沟通交流、了解学生学习生活的关键角色,应当不断顺应时代发展的趋势,充分利用"微信公众号"来对学生进行思想政治教育,帮助学生树立起正确的世界观、人生观和价值观。

三、叙事疗法的应用

辅导员是高校思想政治教育的重要力量,也是开展学生工作的组织者和实施者。由于时代的发展和多元文化的影响,大学生的思想日益复杂,这就要求辅导员要拓宽思路,不断探索新的工作方法。叙事疗法是一种心理辅导方法,基于其技术和方法的独特优势,它和辅导员工作二者之间具有互通性。它契合了大学生的心理特点,因此,将其引入辅导员日常的思想政治教育中,不仅有利于解决大学生面临的问题,而且还能帮助辅导员优化工作策略,促进思想政治教育工作顺利开展。

(一)叙事疗法与高校辅导员思想政治教育工作的互通性

1.教育对象指向的统一性

叙事疗法和辅导员思想政治教育工作之间有着紧密的联系,它服务的对象是在行为、情绪、心理方面出现问题的学生。叙事疗法主要是对学生进行心理辅导,以使其能够更好地调适心理压力,从而适应社会。辅导员的思想政治教育工作主要是引导大学生形成健全的人格和良好的思想品德。叙事疗法属于心理学范畴,但是心理辅导不能脱离思想问题,二者的教育对象具有统一性,都包括大学生的人格塑造、心理健康、人生目标等内容。叙事疗法与辅导员思想政治教育工作分别属于认识的不同阶段:叙事疗法属于感性认识阶段,主要引导大学生形成健康的心理品质;辅导员思想政治教育工作属于理性认识阶段,主要规范学生个人的思想行为。叙事疗法的引入可以保证辅导员教育工作的顺利进行,能够弥补思想政治教育工作的不足,能够改善辅导员通过单纯说教的方法开展工作的现状,从而为其提供新的教育视角。不论是辅导员思想政治教育工作还是叙事疗法,它们的服务对象都是人的精神世界,都以人的意识为切入点,都为了解决学生的现实问题。叙事疗法从个体需要着手,而思想政治教育工作则从社会需要入手。从广义来看,思想与心理存在着从属关系。思想本身就包含心理,思想和心理问题二者相互交织。叙事疗法的运用有利于辅导员提高工作效率,而其有效地开展工作是学生形成健全人格的保证。

2.教育载体运用的共同性

叙事疗法主要是辅导员和学生在故事中进行交流,辅导员的思想政治教育工作也是在交流中完成的。通过沟通,学生可以将自己的经历通过语言表达出来,同时也能将这些片段组成相对完整的故事,这有助于学生理解过去并构想未来。在交谈的过程中,使用一些交流技巧可以使大学生的内在发生转变,辅导员应该坚信,大学生有能力解决问题并不断完善自身。在一定程度上,叙事这种独特的方法被用在辅导员的工作中,这有利于实现思想政治教育的目标。在使用这两种方法时,辅导员需要用发展的眼光来看待学生的思想和行为,在进行思想政治教育时,可以采用叙事疗法中的一些方法,两者的工作方法具有一定的渗透性。

3.功能作用导向的相似性

运用叙事疗法的目的是解决大学生面临的现实问题,从而使之形成健康的心理状态。辅导员教育的目的是提高大学生的思想道德水平,使其形成健全的人格。这两种方法都是针对学生的思想和心理现状而使用的,最终目的都是把大学生培养成为身心健康的全面型人才。心理疏导是辅导员进行教育工作的重要环节,辅导员可以借鉴心理学的相关原理,运用叙事疗法,将其运用到工作中,使学生能够自觉地进行自我反思,从而找到生活的意义。

(二)应用的条件

1.共情理解

在学生讲述自己的故事时,辅导员应仔细观察其言语、姿势、表情等所传递的信息,如此才能真正进入到学生的故事中,进而走进学生的内心世界,这是辅导员与学生产生共鸣的前提。作为真诚的朋友,辅导员需要深入地了解学生的人生经历,用换位思考的方法体会学生当时的情感。对于学生面临的困惑和烦恼,辅导员不仅要帮助学生从客观上进行分析,而且还要在情感上对学生予以理解。人都有被尊重的需要。因此,当辅导员真正做到理解学生时,学生的这种被尊重的需要才能得到满足,从而更愿意将内心的想法表达出来。

2.积极关注

积极关注就是对于学生的各种行为和问题,辅导员要主动地去关心和了解。辅导员可以通过学生的表情、举止、言语去关注学生生活的世界,了解学生如何看待世界以及挖掘学生的潜能。大学生的心理有时比较脆弱和敏感,这就决定了他们非常渴望得到家长、教师和同学的关注与理解。辅导员在进行叙事治疗时，积极地关注学生的动态有助于了解学生对问题的思考、理解、认识。积极的关注可以为辅导员和学生提供一种更宽、更广的空间，使学生可以放下面具，袒露自己真实的想法。在这一过程中，学生能够更好地了解自我，同时辅导员也可以更好地参与到学生叙说的故事中。即使有时候学生回应自己不知道，辅导员也应保持尊重的态度，之后可以通过创意的问话，多次尝试，最后必将发掘藏于学生身上的智慧。积极关注的作用是使学生对辅导员产生信任，并且使辅导员能够及时发现学生的现实问题，进而有利于双方的对话交流。

3.真诚透明

辅导员要想成功地运用叙事疗法，首先要做到的就是真诚。真诚透明的交流需要摆脱角色的束缚，辅导员在与学生进行交流时，不能将自己看作解决问题的"专家"，而要把自己看成学生的倾诉者和真心的朋友。双方之间是一种平等的关系，并且还要做到表里如一，将内心的情感真诚地表达出来，也就是要求双方做到自我展露。这是真诚待人的重要体现，要做到真诚透明，共同分享自己的人生经验，从而获得彼此之间的信任。新时期的大学生心理比较敏感，他们在与辅导员交谈时，其实很容易就能够分辨出辅导员是否是真诚地在与他们建立关系。因此，双方在谈到重要的问题或个人隐私时，辅导员要明确自己的任务。如果学生在交谈中回应"我不知道"，那么就意味着他对辅导员没有足够的信任，不愿意向辅导员倾诉，此时辅导员需要用行动去帮助他们，用真诚去感染他们，最终使他们愿意敞开心扉诉说自己的人生经历。

（三）应用的原则

1.政治方向性与整体发展性相结合

政治方向性是运用叙事疗法应该坚持的第一原则。辅导员在开展教育工作时，必须遵循《普通高等学校辅导员队伍建设规定》的要求，坚持正确的政治方向，引导学生不断完善自己的人格。而思想政治教育具有意识形态性，因此，叙事疗法运用的最终结果必须符合党性和政策性。辅导员要适时开展世界观和人生观教育，引导学生坚持正确的立场和观点，帮助学生解决其面临的心理问题，只有这样才能确保叙事疗法运用的有效性。然而，面对社会的激烈竞争，大学生需要在德、智、体、美、劳等方面全面发展，在知、情、意、信、行等方面协调发展，从而使自身更能适应社会。辅导员在运用叙事疗法的过程中，不仅要注意坚持正确的政治方向，而且还要关注学生整体的人格。叙事疗法不仅涉及学生的理想信念、价值取向，而且还涉及学生的心理、态度、情感。因此，辅导员需要将政治方向性和整体发展性结合起来，使二者相互促进、相互影响。除此之外，还要在正确政治方向的引导下,开展叙事疗法,使学生健康成才,同时还要运用相关的技术和方法,使大学生树立坚定的信念,提高大学生的思想觉悟和道德水平。

2.个体差异性与双向互动性相结合

个体差异性原则,指辅导员在对学生进行叙事疗法时,要注意其个体差异,做到有的放矢、区别对待。这就要求辅导员要根据学生的年龄、性别、学习状态、人际关系、性格等不同特点,找到他们各自的心理特征,并在分析个体心理特征的基础上,依据每个学生的个体差异而采取不同的交谈方式、语言技巧,从而对学生提出有效的建议。因此,辅导员只有仔细观察、认真挖掘每个学生的内心世界,才能了解学生的现实困惑和心理障碍,从而对症下药,达到叙事疗法的目的。同时,要使叙事疗法取得良好的效果,辅导员还应注意和学生之间的双向互动与沟通,具体来说,就是辅导员要在掌握学生心理状况的条件下,及时与其交流与沟通,获得真实的想法和感受,并根据与学生沟通中获得的信息,对叙事疗法的技巧、策略进行适当的调整。而且,双方的互动次数要根据具体情况而定,这样才能保证双方交流的信息是真实可靠的,也只有这样,双方之间才会相互信任,关系才会更加紧密。叙事疗法在运用的过程中需要非常灵活的技巧,需要辅导员在全面了解学生个体思想动态的基础上及时发现问题,并在交流互动中逐步解决问题,从而实现思想政治教育的目的。

3.真实情境性与反思构建性相结合

辅导员在运用叙事疗法的过程中,要遵从胡塞尔"面向事实本身"的思想,注意故事的真实性和实践经验的描述,从而为叙事疗法取得一定成效奠定基础。辅导员在与学生沟通时,首先要与学生建立良好的关系,使其愿意吐露心声,这有利于叙事疗法实践工作的顺利开展。其次,需要在倾听学生故事的同时,发掘内隐于学生生活事件中有积极意义的细节,并在倾听中从新的角度解析问题故事,从而将那些被学生忽略的但却有意义的情节进行完善和丰富。最后,其和学生双方需要在反思中构建积极的思维模式。杜威认为,反思就是坚持对人生经验进行研究、整合,从而形成重构新故事的能力。辅导员在生活和工作中会经历各种各样的教育事件,会参加一些技能培训,这些使得辅导员能够在探究和分析心理特征的同时,运用叙事疗法的相关技术解决学生的现实困惑。辅导员通过总结经验、反思现实,从而达到对问题的深入理解。而学生则在辅导员的引导中不断进行自我反省和构建,逐步塑造自我、改变自我。因此,辅导员在运用叙事疗法时必须将真实情境性与反思构建性结合起来,注重对学生人性的理解和关怀。这不仅转变了辅导员的工作思路,拓宽了其工作渠道,而且还有利于学生的自我成长。

(四)应用的模式

辅导员在运用叙事疗法时,通常不是按授课形式开展的,而是以谈话方式进行的。谈话中,语言的技巧决定了辅导员是否会收到积极的效果。叙事疗法作为一种新型的辅导方法,是辅导员与学生在交流中可以立即使用的一种好方法。因此,在运用叙事疗法时,按照一定的模式开展工作,有利于解决学生心理问题(如图5-1所示)。

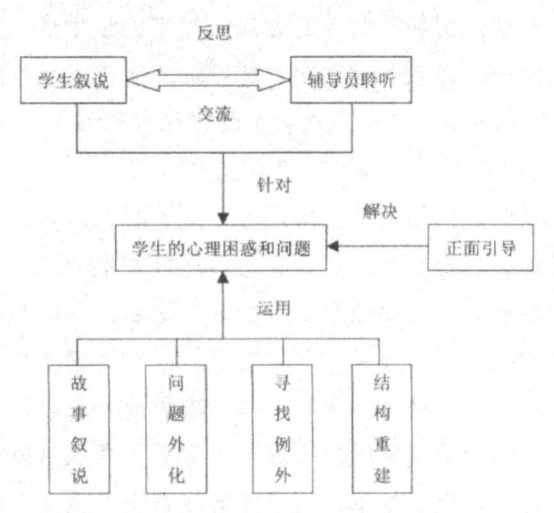

图5-1 叙事疗法在高校辅导员思想政治教育中的应用模式

1.学生叙说——以感性叙事启迪个人智慧

面对社会矛盾错综复杂的现状,大学生的生活方式、价值取向和心理状态会有强烈的反映。这些问题若得不到及时解决,那么大学生的心理很可能会失去平衡。因此,辅导员应关注学生的思想和行为变化,并做他们的倾听者和真心的朋友,使他们愿意倾诉自己的思想和情感,这是叙事疗法有效开展的前提。心理学研究表明,个体在其人生经历中总会有对自己有重大影响的经历,而每个人都有将其表达或者倾诉的愿望,并且在事情发生后,总会对该事情进行解释、反思。学生在叙述自我故事的时候,往往会将自己的体验融入故事中,而叙事疗法的运用就是使学生在感性叙事的同时重构和编排自己的生活故事。这样,学生才能够重新认识自己的生活,从而在叙事中发挥自己的主观能动性。其实,学生的叙事过程就是向辅导员表达自己对人生经历的看法、呈现自己的价值诉求和情感需求的过程。学生叙事的意义不在于对原事件进行恰当的评价,而在于领悟故事背后的意义,使自身从自我认知的偏差中抽离出来,从而逐渐找到积极的自我认同。

2.辅导员聆听——以反思交流化解心理矛盾

倾听是辅导员有效运用叙事疗法的前提,它事实上是辅导员发现解决问题的正确途径的必经之路。对于大学生来讲,他们经历的苦痛和烦恼往往不愿向家长倾诉，如果长期的压抑得不到缓解，那么其就会有心理偏激。因此，辅导员要与学生成为朋友，使其能够放心倾吐自己的心声，这一点极为重要。辅导员在听学生讲故事时，要将自己放在故事之中，去切身感受学生的内心世界。同时，也可以不用和他们刻意保持距离，而是作为一个真心的朋友，参与到他们的故事中，去理解他们的生活和世界。叙事疗法作为一种后现代主义的技术，符合大学生的思想特点。其通过特有的语言技术和情境设置，丰富个体积极的生命体验和自我认同，以情感教育和理性引导相结合的方式，促进大学生的健康成长，从而达到长久育人的目的。此外，在倾听过程中，辅导员还应该让学生感受到自己的尊重和耐心，并且对于问题的解决持有乐观的态度，这有利于化解学生的内在矛盾。

3.叙事效果——以正面引导升华精神诉求

叙事疗法的观点使人们相信，故事是部分或暂时的真理，而非固定不变的实相。故事是可以被编辑、修正和重新诠释的。通过叙事疗法，辅导员可以引导学生在叙说中建构新故事，并理解他们积极的人生追求。学生在叙说时，往往会把自己生活经验的片段组成一个充满问题的故事。同时，辅导员在倾听过程中，为了帮助学生改写故事，也会将生活中的一些片段组成一个故事。这时，两个故事就在谈话中相遇了。随着叙事空间的拓展，学生的自我故事就会发生改变。辅导员的这种关切和好奇，可以使学生进入自己的故事中，从而在解构中不断丰富新故事，组成鼓舞人心、色彩丰富、引人入胜的故事。辅导员在解构性的谈话中扮演着积极主动的角色，这会使得那些支线故事的理解、信念、意图浮现出来。在这一过程中，学生充分发挥了自己的主观能动性，使积极的人生态度充满自己的内心。如此，正面引导的作用就是使学生形成正确的思想观念，培养其良好的道德情操，使其能够合情合理地看待自己。在面对各种压力和挑战时，学生能够冷静地审视自己，把握与调节自己的情绪，做到适时地自我安慰，从而使自己健康成长，并使自己的精神诉求得到升华。

（五）有效途径

1.坚持以人为本——关注学生成长

高校是培养人才的摇篮，其育人环境直接影响着大学生的成才，管理者的育人理念是大学生成才的重要保障。辅导员作为高校学生的工作者，必须树立以人为本的理念，时刻关注学生的思想动态，了解其现实需求，切实帮助其解决问题。

首先，要关心和爱护学生，尊重学生的人格。辅导员要想成功地运用叙事疗法，前提是双方平等地对话与沟通，而只有关心学生才是打开他们心灵窗户的钥匙。马卡连柯曾说过，教师应该对每个学生都充满爱，即使对于品德败坏的学生也要帮助其摆脱现状。面对那些存在心灵创伤的大学生，辅导员要用自己的真诚打动他们，使他们愿意吐露心声，而不能用讽刺或挖苦的言语去打击他们。

其次，要宽容和信任学生。面对因心理困惑而做出错误行为的大学生，辅导员的宽容就是他们重新认识自我的机会，这会让学生感受到安慰和关爱。同时，采取信任的态度使他们畅所欲言，能够帮助辅导员得到更多有价值的信息，也有助于帮助其实现自我转变。宽容和信任可以使双方充分交流，平等对话，营造良好的氛围，缓解紧张的情绪，有利于教育达到理想的效果。

最后，要树立服务学生的意识。叙事疗法的运用要从学生的思想实际出发，解决学生面临的现实问题，从而促进大学生的健康成长。树立服务学生的意识，就是以学生为主体，为学生的成长和发展创造良好的外部条件，将学生的精神需求和目标取向结合起来，从而增强教育的实效性。

2.营造和谐环境——开展情感交流

环境对人正确思想的形成有很大的作用，因此，辅导员在运用叙事疗法时，要注意营造和谐的环境，因为这是促使他们与学生有效交流的前提条件。

首先，改善校园自然环境，使学生保持愉快的心情。教室是学生学习的主要场所，改善教室的空间布局，使学生置身于祥和的小天地里学习，能够为学生进行叙事交流奠定基础。同时，辅导员还应该改善宿舍和餐厅的环境，使之为学生提供和谐的生活环境，让学生感受到"家"的温馨。这能够缓解学生日常生活中的压力，使其保持乐观的心态，有利于实现辅导员与学生的充分交流。

其次，建立和谐的人际关系，使学生享受生活的乐趣。大学生在成长的过程中，由于各方面的压力，常会产生孤独、烦恼和焦虑的情感。这时，辅导员可以适时开展班级座谈会和班级联欢会等，为师生间与同学间的交流创造条件。长此以往，师生间便可以形成朋友式的友好关系，同学间互帮互助、融洽相处，从而营造一种友爱和谐的班级氛围。这有利于辅导员了解学生的思想动态，及时运用叙事疗法解决学生的现实问题。

最后，注重校园文化建设，形成良好的氛围。校园文化是大学精神风貌的重要标志，这能为辅导员运用叙事疗法提供有效途径。良好的校园文化可以调节学生的心理状态，提升其人文素养，丰富其情感体验，使其心胸逐渐开阔，从而缓解不良情绪的影响。因此，营造和谐的环境能为叙事疗法的成功运用提供契机。

3.注重故事隐喻——做到情理融合

叙说是人的本性，人的经历是由许多故事组成的。叙说是人们交流的工具，人类喜欢用故事来表达自己的人生经验。叙事疗法运用"叙事"的隐喻原则，把人们的生活经历编成故事，使人们在不断解构中发现隐藏的意义。辅导员在思想政治教育中，面对的是一个有知识、有理想的大学生群体，既要针对学生存在理性因素的特点进行说服教育，又要注意学生心理敏感的特点，积极开展情感交流，从而达到情理融合的目的。

情理融合要求辅导员在进行教育时，不仅要从理性层面对学生加以引导，而且还要切实关爱学生，了解其思想状况和心理需求，经常与其交流和沟通，及时发现问题。在思想政治教育中，辅导员要在倾听学生叙说故事的基础上，注意从新的角度，用新的态度，挖掘特殊事件背后隐藏的积极意义。辅导员要相信学生强大的内在力量，不仅要在生活中关怀学生，还要在学习中帮助学生，从而赢得学生的信任。其既要做到以理服人，又要注意以情感人，将二者结合起来，从而达到良好的教育效果。

4.努力外化问题——挖掘优势潜能

在通常情况下，任何事情的发生都是有原因的，学生之所以会出现心理困惑主要是因为其所经历的某些事件。叙事疗法专家认为，个体产生问题主要是因为他过分看重某些事实，从而在自己的思想中将其不断放大、不断重现。久而久之，问题故事成为其生活的主宰，使其无法接受美好的事物。事实上，人和问题不具有直接同一性，问题只是暂时地隐藏在人的思想中人们可以通过改变自我意识，将问题剥离出来，从而使人免受问题的影响。

首先，从新的角度构建好的故事。好的故事不仅可以使人精神焕发，形成洞察力，使那些本来模糊的生命力彰显出来，而且还可以使人找到自信，激发内心强大的动力。

其次，运用拟人化的语言不断反思和探索。辅导员应将学生的问题看成有生命的东西，并赋予它情感和想法，认为它会浸入学生的生活中对其产生影响。拟人化的语言能使学生在轻松的对话中不断思考问题的本质，如"孤独是怎样偷走你的快乐的"。

最后，相信学生自我改变的力量。叙事疗法中重构的新故事不是结果，而是一种途径，辅导员通常凭借它来解决问题。辅导员通过将学生的问题故事外化，引导学生重新构建并改变解决问题的方法，尊重学生的自我价值观，强调学生自我改变、自我发展的能力，引导学生将已有的生活经验转化为有助于解决问题的新故事，进而在丰富新故事积极意义的基础上促进问题的解决。

5.利用网络平台——进行合理引导

网络时代的到来丰富了大学生的业余生活，为其广泛交流提供了新的载体。高校辅导员要紧跟时代步伐，运用网络这一学生乐于接受的方式进行教育，通过创建班级QQ群、微信群，利用网络的沟通无须面对面的优势，引导大学生倾诉自己的想法，并表达真实的情感诉求。还可通过关注学生个人空间和微博等来了解学生。网络平台为辅导员开展工作提供了有利的条件，而且这样的方式也能让学生感受到平等的交流，有利于增进双方的理解和信任。因此，叙事疗法的运用需要借助网络平台的优势来提高教育的效果。

首先,利用网络实现现实世界与虚拟世界的融合。叙事疗法运用的核心是将学生面临的现实问题背后所隐藏的积极意义不断丰富和完善。因此,辅导员可以利用网络达到正面引导和积极建构相统一的目的,并以此来达到更好的教育效果。

其次,通过网络资源扩大知识覆盖面,能使辅导员在与学生的交流中更加得心应手。辅导员了解大学生的心理特点,掌握大学生关注的问题,更容易找到与学生的共同语言,从而便于进行情感交流,使学生说出自己的所思所想。

最后,构建专门的网络教育平台,与学生分享相关实例成果。大学生是使用网络的重要群体,辅导员可以针对学生的特点,提供多种心理疏导方法和实例研究,为学生解决自己成长、理想以及择业方面的问题提供借鉴。因此,充分利用网络的指引作用,发挥网络媒介的影响力,有利于引导大学生正确处理各种网络问题,不断提高其判断能力,并深化自我认识,为辅导员使用叙事疗法创造条件。

(六) 具体方法

针对每个学生的不同特点,叙事疗法的运用有其特定的技术和方法。因此,辅导员需要根据学生个体的特殊性,具体问题具体分析,运用具体的方法进行叙事治疗。

1.听——在叙说中解悟个体

"听"主要是针对学生而言的。学生在叙说时,如果听众越多,就会变得越害怕,这说明学生还没有敞开心扉,用开放的心态去诠释自我。面对这种情况,辅导员要给予学生继续叙说的信心,并且把学生的"故事"录制下来,让学生去听自己的故事,从而逐渐放松下来,摆正自己的心态,并且愿意真诚地与辅导员进行交流。辅导员也可以复述学生的故事让学生听,使学生从新的角度发现自身的闪光点,并在辅导员的引导中解悟自我。在学生叙事时,随着故事高潮的展开,辅导员可适当增加一些听众,这样能够提高学生叙事的效果。在叙说中解悟个体就是使个体在外界环境与自我适应之间形成的一种惬意恬适的状态。在日常思想政治教育中,辅导员可尝试运用倾听叙事的方法,引导学生不断将问题与自身剥离开来,并且在解构故事中引导学生发现问题,最终解决问题。学生从中可以看到自身潜在的能力,进而达到解悟个体能量的目的,并在其中掌握剖析问题、解悟个体的能力。

2.读——在叙事中体悟情境

默读叙事是辅导员在思想政治教育中运用相对广泛的一种方法。其不需要学生出声叙事,也不需要辅导员提供专门的叙事场所,因此,更易于被学生接受。默读叙事实际上是一种心灵阅读、心灵沟通,只需要学生静静地阅读图书、信件或生活日记。默读叙事重在"叙事",是一种重视学生心理变化的活动,其是学生在对所阅读故事的反思与重构中感悟自身。将信件提供给学生默读,对学生的自我反思很有帮助,会使有负面情绪的学生从中找到生活的希望。信件有长期保存的优势,这为学生不断反思提供了条件。默读叙事特别重视场所的布置,学生在默读时需要一个安静的、舒适的、优美的环境,这种环境不仅有利于学生放松心情,而且还可以让学生体会到生活的美好。同时,默读叙事还要注意阅读的内容。阅读的内容应将学生的生活片段和励志的成功故事结合起来,使学生成为自己心灵的捕手,帮助他们走出"问题"带来的阴影,从而找到自己的人生价值和意义。因此,默读叙事的主要目的在于强化叙事治疗当中学生对于自我内在的改变和信心的重塑,帮助大学生找回迷失的自我,构建生命的新意义。

3.写——在记叙中顿悟人生

写作本身具有表达内心、宣泄情感的作用,被认为是对心理有益的事情。写作叙事是学生自我情感的表达和反思。写作是学生在已有的思维框架中编写自己人生的过程。在写作过程中,学生应真诚地表达自己真实的想法,讲述自己的生命体验,在此过程中,学生会不断地反思自己的言行。写作叙事将一段时期学生意识中的片段组织起来,组成一个完整的故事,从而将事件清晰地呈现出来,为学生的自我审视奠定基础。总之,写作叙事基于学生日常的情感体验,用学生内心感受编织一个故事,并从故事中解构出学生对待人生的态度。叙事疗法鼓励学生从不同的视角叙述自己的生活故事,这需要辅导员引导学生找出现实和理想之间的矛盾,使学生找到积极的人生意义。写作叙事通常需要辅导员为学生布置一个有利于创作的情境,让学生在写作中构建生命的主导故事,使其思想中某些令人苦恼的经历可以转变为充满希望的人生故事,从而帮助学生顿悟人生。

倾听叙事、默读叙事、写作叙事通常适用于那些自我反思能力较强的学生,他们通常在"听""读""写"中表达自己内心的想法和感受,并通过对过去事件的不断评估和反思,从新的角度解释故事,从而不断构建出积极的自我认同。在叙事疗法中,辅导员的正确引导和鼓励,能够为学生重构新故事开辟道路。

(七)叙事疗法在辅导员思想政治教育工作中应用的重要性

作为一种心理辅导方法,叙事疗法的引入是高校辅导员工作理论和方法的重大创新,它为思想政治教育工作提供了新的思路,同时也很好地解决了学生面临的问题。此外,叙事疗法的运用也有利于辅导员更加明确自己的角色定位,从而在不断反思中实现自我成长。

1.有利于提高思想政治教育工作的实效性

辅导员是高校学生工作的骨干力量,承担着对大学生思想引领的重要任务,因此，其工作的效果直接影响着学生的发展。但是，随着网络时代的到来，大学生的价值观日益多样且复杂，这对他们的行为方式产生了一定的影响。面对这样一个纷繁复杂和多元文化汇聚的现代社会，辅导员在思想政治教育工作中往往会出现一些新情况和新问题，这使其教育工作平添了不少麻烦。针对这种情况，辅导员必须在原有工作模式的基础上，不断改进方法和技巧，努力学习多样化的工作策略，以提高自己的工作能力，不断提高思想政治教育的实效性。因此，辅导员不仅要掌握大学生现阶段的状态，及时发现其面临的困惑，而且还要了解其过去的心理问题以及未来潜在的状况，既要了解大学生外在的表现，又要探究其内心，坚持外在与内在的统一。叙事疗法作为一种全新的工作方法和新颖的教育方式，是在大学生讲述自己生命故事的基础上，引导大学生重新审视和感悟人生。叙事疗法的引入，符合高校思想政治教育的实际情况，有利于改善教育的实际效果。

2.有利于解决大学生面临的问题

随着网络时代的到来，人们处在激烈的竞争环境中，面临的压力和挑战也空前加剧。大学生作为重要的群体，也会在学习、就业和人际交往等方面有一定的压力。因此，辅导员需要对不同年纪的学生进行及时而有效的引导，使其能够顺利通过考试。就业压力主要是因为社会就业形势日益严峻，大学生难以实现自身的价值，学习的知识不能运用到实际工作中，这难免会使学生产生自卑心理。同时，激烈的竞争使得学生在就业中屡遭失败，从而产生自暴自弃的心理。这种状况也会对低年级的同学造成一定的影响，使他们对未来生活充满迷茫。

产生人际交往的困惑主要因为大学生的活动领域扩大了，交往的人群变得复杂。由于大学生群体缺乏社会经验，极易受到多元价值的影响，并且对于社会变化和社会生活的某些方面难以理解、难以适应，从而形成以自我为中心的个人主义价值观。有些学生自主意识和自尊心极强，不愿展露自己的内心世界，很难建立起良好的人际关系。叙事疗法是辅导员运用适当的方法，在学生叙说自己的人生经历时，不断将问题外化，找出没有发生问题的例外情况，并采用特殊的技巧，将这个例外的片段不断丰富和完善，从而引导学生形成积极健康的人生态度。在叙事疗法中，辅导员和学生的相互尊重、相互信任，能使学生找到自我认同，这有助于大学生将面临的现实困难外化，运用乐观的心态看待自己的生活，并对未来的生活充满憧憬和希望。

3.有利于辅导员的自我成长

高校辅导员与大学生联系最为密切，与学生沟通的机会较多，他们的言行对学生能够产生直接的影响。因此，辅导员要与时俱进，不断丰富工作策略和方法，努力提升专业水平，拓宽工作思路，为学生的发展保驾护航。叙事疗法的运用能够更好地拓展辅导员的实践能力,这也是响应国家关于辅导员政策的必然要求。

第一,有利于辅导员提高工作效率。面对大学生思想状况日益复杂的现状,辅导员说教的方法很多时候起不到应有的作用。这就导致其难以解决大学生的心理问题,从而无法及时了解和把握学生的内心世界。叙事疗法这种注重叙事隐喻的方法,很好地契合了学生的心理特点,从而能够增强辅导员思想政治教育工作的效果。

第二,有利于辅导员提高教育能力。在叙事治疗的过程中,辅导员在倾听学生叙说的故事时,要努力挖掘故事背后所隐藏的片段,并且要引导学生将这些片段不断地丰富,使之变成有积极意义的新故事。这就需要辅导员在学生的叙说中进行合理引导,发现主流故事中的支线。因此,叙事疗法的运用不仅能够提高辅导员的探究能力和沟通能力,而且还能为其积累丰富的教育资源,有利于辅导员专业化水平的提高。

总之,叙事疗法不仅有助于学生心理的健康发展,而且还可以使辅导员对自我角色进行不断反思,有利于辅导员的自我成长。

第六章 高校辅导员在思想政治教育中的工作解读

第一节 辅导员思想政治教育的主要内容

思想政治教育内容丰富，范围广泛。2021年7月中共中央、国务院印发的《关于新时代加强和改进思想政治工作的意见》指出，要深入开展思想政治教育，坚持用习近平新时代中国特色社会主义思想武装全党、教育人民；广泛开展中国特色社会主义和中国梦宣传教育；培育和践行社会主义核心价值观；加强党史、新中国史、改革开放史、社会主义发展史和形势政策教育；加强社会主义法治教育；广泛开展防范化解重大风险宣传教育。修订版《普通高等学校辅导员队伍建设规定》指出，辅导员的主要工作职责是："思想理论教育和价值引领。引导学生深入学习习近平总书记系列重要讲话精神和治国理政新理念、新思想、新战略，深入开展中国特色社会主义、中国梦宣传教育和社会主义核心价值观教育。"因此，辅导员进行思想政治教育，主要内容可以概括为三个方面：一是习近平新时代中国特色社会主义思想教育；二是中国特色社会主义教育；三是社会主义核心价值观教育。这是从辅导员工作职责界定的思想政治教育的主要内容，也是本章论述的基本框架。

一、习近平新时代中国特色社会主义思想教育

辅导员思想政治教育工作的根本任务是立德树人，为党育人、为国育才。实现这一根本任务，辅导员必须用习近平新时代中国特色社会主义思想统领学生的思想政治教育工作，把其贯穿于学生思想政治教育的全过程，融入到各项学生活动之中。用习近平新时代中国特色社会主义思想统一辅导员学生工作的言行，用习近平新时代中国特色社会主义思想武装学生头脑，增进学生对习近平新时代中

国特色社会主义思想的政治认同、思想认同、理论认同、情感认同，引导学生树立正确的世界观、人生观、价值观。

（一）习近平新时代中国特色社会主义思想的基本内容

1.习近平新时代中国特色社会主义思想产生的时代背景

党的十九届六中全会通过的《中共中央关于党的百年奋斗重大成就和历史经验的决议》指出，党的十八大以来，中国特色社会主义进入新时代，以习近平同志为主要代表的中国共产党人，坚持把马克思主义基本原理同中国具体实际相结合、同中华优秀传统文化相结合，深刻总结并充分运用党成立以来的历史经验，从新的实际出发，提出了一系列原创性的治国理政新理念、新思想、新战略，创立了习近平新时代中国特色社会主义思想。

2.习近平新时代中国特色社会主义思想的重大意义

习近平新时代中国特色社会主义思想回答了新时代坚持和发展什么样的中国特色社会主义、怎样坚持和发展中国特色社会主义，建设什么样的社会主义现代化强国、怎样建设社会主义现代化强国，建设什么样的长期执政的马克思主义政党、怎样建设长期执政的马克思主义政党等重大时代课题，形成了一个内容丰富、系统全面、逻辑严密、内在统一的科学理论体系，是当代中国的马克思主义，是21世纪的马克思主义，是马克思主义中国化的最新理论成果，是党对中国特色社会主义建设规律认识深化和理论创新的重大成果，是实现中华民族伟大复兴第二个百年奋斗目标的指导思想，是推动新时代党和国家事业不断向前发展的行动指南。

3.习近平新时代中国特色社会主义思想的核心内容

习近平新时代中国特色社会主义思想最重要、最核心的内容可以概括为"十个明确"。"十个明确"主要从理论层面回答了建设和发展什么样的中国特色社会主义的问题，是中国特色社会主义建设规律认识深化和理论创新的重大成果。

一是明确中国特色社会主义最本质的特征是中国共产党领导，中国特色社会主义制度的最大优势是中国共产党领导。中国共产党是最高政治领导力量，深刻领悟"两个确立"决定性意义，增强"四个意识"、坚定"四个自信"、做到"两个维护"。

二是明确坚持和发展中国特色社会主义的总任务是实现社会主义现代化和中华民族伟大复兴。这一目标分两步走，首先是在21世纪中叶建成富强民主文明和谐美丽的社会主义现代化强国，进而以中国式现代化推进中华民族伟大复兴。

三是明确新时代我国社会主要矛盾是人民日益增长的美好生活需要和发展不平衡不充分之间的矛盾。我们应该坚持以人民为中心的发展思想，发展全过程人民民主，推动人的全面发展、全体人民共同富裕取得明显的实质性进展。

四是明确中国特色社会主义事业总体布局是经济建设、政治建设、文化建设、社会建设、生态文明建设五位一体，战略布局是全面建设社会主义现代化国家、全面深化改革、全面依法治国、全面从严治党四个全面。

五是明确全面深化改革总目标是完善和发展中国特色社会主义制度、推进国家治理体系和治理能力现代化。

六是明确全面推进依法治国总目标是建设中国特色社会主义法治体系、建设社会主义法治国家。

七是明确必须坚持和完善社会主义基本经济制度，使市场在资源配置中起决定性作用，更好发挥政府作用，贯彻新发展理念，构建以国内大循环为主体、国内国际双循环相互促进的新发展格局，推动高质量发展。

八是明确党在新时代的强军目标是建设一支听党指挥、能打胜仗、作风优良的人民军队，把人民军队建设成为世界一流军队。

九是明确中国特色大国外交要服务民族复兴、促进人类进步，推动建设新型国际关系，推动构建人类命运共同体。

十是明确全面从严治党的战略方针，提出新时代党的建设总要求，全面推进党建工作，深入推进反腐败斗争，落实管党治党政治责任，以伟大自我革命引领伟大社会革命。

4.习近平新时代中国特色社会主义思想的基本方略

习近平新时代中国特色社会主义思想的基本方略为"十四个坚持"：坚持党对一切工作的领导，坚持以人民为中心，坚持全面深化改革，坚持新发展理念，坚持人民当家作主，坚持全面依法治国，坚持社会主义核心价值体系，坚持在发展中保障和改善民生，坚持人与自然和谐共生，坚持总体国家安全观，坚持党对人民军队的绝对领导，坚持"一国两制"和推进祖国统一，坚持推动构建人类命运共同体，坚持全面从严治党。

5.中国特色社会主义新时代取得的历史性成就

以习近平同志为核心的党中央，以伟大的历史主动精神，解决了许多长期想解决而没有解决的难题，办成了许多过去想办而没有办成的大事，推动党和国家事业取得了历史性成就。这些成就和变革体现在"十三个方面"：在坚持党的全面领导上、在全面从严治党上、在经济建设上、在全面深化改革开放上、在政治建设上、在全面依法治国上、在文化建设上、在社会建设上、在生态文明建设上、在国防和军队建设上、在维护国家安全上、在坚持"一国两制"和推进祖国统一上、在外交工作上。"十三个方面"高度总结了党在新时代坚持和发展中国特色社会主义的伟大成就，彰显了中国特色社会主义的强大生机活力，进而实现了从实践创造到理论创新的升华，是习近平新时代中国特色社会主义思想的主要内容。

（二）用习近平新时代中国特色社会主义思想统领辅导员思想政治教育

《中共中央关于党的百年奋斗重大成就和历史经验的决议》指出，党和人民事业发展需要一代代中国共产党人接续奋斗，必须抓好后继有人这个根本大计。"要坚持用习近平新时代中国特色社会主义思想教育人"，要教育引导广大青年"自觉做习近平新时代中国特色社会主义思想的坚定信仰者和忠实实践者"。

用习近平新时代中国特色社会主义思想统领辅导员思想政治教育，是辅导员履行好"为谁培养人、培养什么人、怎样培养人"这一根本任务的明确要求，是用习近平新时代中国特色社会主义思想铸魂育人的具体体现，是巩固高校意识形态阵地的重要方面，是辅导员落实立德树人根本任务的现实需要，是推进习近平新时代中国特色社会主义思想往深里走、往实里走、往心里走的有力举措，是高校培养担当民族复兴大任时代新人的必然选择。

用习近平新时代中国特色社会主义思想统领辅导员思想政治教育工作，其目标是增强学生的理想信念、目标追求和使命担当，让学生更加坚定中国特色社会主义道路自信、理论自信、制度自信、文化自信。同时，要让学生深刻领会习近平新时代中国特色社会主义思想的立场、观点和方法，教育学生清醒地认识到必须坚持和发展中国特色社会主义，必须始终高举中国特色社会主义伟大旗帜，必须坚持走中国特色社会主义道路此外，还应教育学生搞清楚弄明白为什么马克思主义行、为什么中国共产党能、为什么中国特色社会主义好，自觉担负起实现中华民族伟大复兴的历史使命。

（三）用习近平新时代中国特色社会主义思想统领辅导员思想政治教育的途径

1.实现"三全"——全员、全覆盖、全过程

一是实现全员——包括所有辅导员。用习近平新时代中国特色社会主义思想铸魂育人，是所有教师的历史责任，辅导员既是教师，又是做学生思想政治教育工作的，更没有例外。只有所有辅导员站到教书育人的第一线，共同参与用习近平新时代中国特色社会主义思想铸魂育人，共同筑牢学生的思想意识形态阵地，实现全员育人，才能收到用习近平新时代中国特色社会主义思想教育学生的应有效果。

二是实现工作全覆盖——涵盖学生各项工作。用习近平新时代中国特色社会主义思想教育学生，不仅体现在课堂教学上，还体现在学生的日常生活学习中，体现在学生的第二课堂中，体现在学生的管理和服务中。不管是哪个专业学生的

辅导员，都面临着如何把习近平新时代中国特色社会主义思想渗透到学生的各项活动中、如何利用好第二课堂进行习近平新时代中国特色社会主义思想教育、如何实现管理育人和服务育人的问题。尽管教育的具体内容不同，具体方法也不完全一样，但用习近平新时代中国特色社会主义思想统领学生各项工作占领学生的意识形态阵地、引领学生的第二课堂，实现管理育人和服务育人，是完全相同的。

三是实现全过程——贯穿学生各项工作始终。用习近平新时代中国特色社会主义思想教育学生，必须贯穿学生各项工作的始终。只要在学生日常生活学习中有内生的合理切入点，只要在学生第二课堂中有宣传和渗透的机会，就要不失时机地用习近平新时代中国特色社会主义思想对学生进行教育，让学生在一点一滴的小事中受到习近平新时代中国特色社会主义思想的熏陶，在不知不觉的生活中接受习近平新时代中国特色社会主义思想的沐浴，长期耳濡目染，洗涤心灵，最后沉淀在学生心中，形成学生自己的观念、意识和思想，自觉践行习近平新时代中国特色社会主义思想。

2.实现"两进"——"进"辅导员头脑和"进"学生头脑

一是"进"辅导员头脑。辅导员不是思政课教师，每位辅导员都有自己的专业，一些辅导员对思想政治理论并没有完全掌握，或只知其一、不知其二，甚至有些理论问题也搞不透彻。习近平总书记指出："要让有信仰的人讲信仰"，"讲思想政治理论课，要让信仰坚定、学识渊博、理论功底深厚的教师来讲"，这样才能把信仰讲真、把理论讲透。育人先育己，用习近平新时代中国特色社会主义思想统领辅导员思想政治教育工作，首先要求辅导员自己搞清楚弄明白习近平新时代中国特色社会主义思想的产生和意义，搞清楚弄明白习近平新时代中国特色社会主义思想的精髓和要义，先让习近平新时代中国特色社会主义思想进入辅导员的头脑，进入辅导员的心灵深处，才能让辅导员在学生活动中、在学生管理和服务中深入挖掘习近平新时代中国特色社会主义思想的教育元素，自然地有目的地把习近平新时代中国特色社会主义思想的观点、理念、精神融入学生工作的方方面面，实现旗帜鲜明地、潜移默化地教育学生的目的。

二是"进"学生头脑。辅导员要借助学生校园生活丰富多彩、学生愿意参与的优势，找准切入点，将习近平新时代中国特色社会主义思想的观点、理念、精神自然地合理地融入学生各项活动中，做到润物无声地教育学生，实现潜移默化地影响学生。如对于理科学生，辅导员可以把创新是高质量发展第一动力的思想以及我国著名科学家的奋斗精神贯穿在学生活动中；对于工科学生，辅导员要向学生灌输大国工匠的精神；对于文科学生，辅导员要注重以文育人、以文化人，在各项活动中突出传播正能量、讲好中国故事、弘扬中国精神、发扬光大中华民族优秀传统文化，对于医学专业学生，辅导员要把生命至上、人民健康至上的理念融入学生活动中；对于农学专业学生，辅导员可以引导学生围绕乡村振兴战略和"三农"问题开展有关活动；对于体育类专业学生，辅导员要抓住体育强国、健康中国的主题开展学生活动。这种由学生活动内生的思想政治教育更易于学生接受，更容易进入学生头脑，更具有针对性和时代性，更有吸引力和感染力，更能产生春风化雨润物无声的效果。通过这些学生活动，可以让学生感悟习近平新时代中国特色社会主义思想的真理力量和精神实质，让学生真信真行，使学生成长为习近平新时代中国特色社会主义思想的坚定信仰者和忠实实践者。

二、中国特色社会主义教育

中国特色社会主义是根植于中国大地、反映中国人民意愿、适应中国发展和时代进步要求的科学社会主义，是实现中华民族伟大复兴中国梦的必由之路。这条路走得通、走得对、走得好，任何人不能动摇。

2019年4月15日至17日，习近平总书记在重庆考察，主持召开解决"两不愁三保障"突出问题座谈会时指出："要围绕中国共产党为什么'能'、马克思主义为什么'行'、中国特色社会主义为什么'好'等重大问题，广泛开展宣传教育，加强思想舆论引导，坚定广大干部群众对中国特色社会主义的道路自信、理论自信、制度自信、文化自信，进一步激发全体人民爱党、爱国、爱社会主义的巨大热情。"在庆祝中国共产党成立100周年大会上的讲话中，习近平总书记又指出："中国共产党为什么'能'，中国特色社会主义为什么'好'，归根到底是因为马克思主义'行'！"2019年11月12日中共中央、国务院印发的《新时代爱国主义教育实施纲要》指出，要"深入开展中国特色社会主义和中国梦教育"，"引导人们深刻认识中国共产党为什么'能'、马克思主义为什么'行'、中国特色社会主义为什么'好'"。

围绕中国特色社会主义教育，让学生深刻领悟马克思主义为什么行、中国共产党为什么能、中国特色社会主义为什么好，有利于进一步坚定学生的"四个自信"，坚定学生听党话、跟党走的决心，增强学生自觉贯彻落实党的创新理论的坚定性，坚定不移走中国特色社会主义道路，把爱党、爱国、爱社会主义的巨大热情转化为实现中华民族伟大复兴的磅礴力量。百年来中国共产党取得的伟大成就及新中国发生的翻天覆地的变化，以铁一般的事实充分证明马克思主义行、中国共产党能、中国特色社会主义好，这是颠扑不破的真理，也是中国奇迹出现的原因所在。

（一）搞清楚为什么马克思主义行——坚定学生的马克思主义理想信念

马克思主义是中国共产党的指导思想，是中国特色社会主义的行动指南，不管时代如何变迁、科技如何发展、生活如何改变，马克思主义依然显示出真理的力量。中国共产党领导的中国特色社会主义伟大事业，极大丰富和发展了马克思主义，也将继续赋予马克思主义新的生命力。马克思主义行，而且一定会越来越行，成为中华民族实现伟大复兴的指路明灯和力量源泉。

1.马克思主义揭示了人类社会发展的客观规律，是科学的理论

马克思主义科学地阐述了生产力与生产关系之间、经济基础与上层建筑之间的辩证关系，深刻论证了两对关系的矛盾运动推动着人类社会由低级向高级的不断发展，客观地揭示了人类社会发展的动力根源，指明了人类社会的发展方向，成为世界社会主义运动的思想基础和行动指南。

2.马克思主义创立了人类实现自身解放的思想体系，是人民的理论

马克思主义博大精深，归根结底就是一句话：为人类求解放。马克思主义第一次站在人民立场上探索人类求解放的道路，其最高理想和最终目标是建立一个没有压迫、没有剥削、人人平等、人人自由的共产主义社会。马克思主义最鲜明的立场是为普天下的劳动者谋福利，实现"每个人的自由发展"。马克思主义的人民性，永葆了马克思主义强大的生命力。

3.马克思主义指导着各国无产阶级改造世界，是实践的理论

马克思主义是认识世界、改造世界的强大思想武器，在实践中指导着各国无产阶级奋力实现共产主义。马克思主义传入中国后，同中国工人运动相结合，产生了中国共产党。从此，中国人民谋求民族独立、人民解放和国家富强、人民幸福的斗争有了指路明灯。百年来，中华民族从站起来、富起来到强起来的伟大飞跃，靠的就是马克思主义的磅礴力量。马克思主义指导中国共产党实现了第一个百年奋斗目标，正在指导中国共产党朝着第二个百年奋斗目标砥砺奋进。

4.马克思主义与时俱进，是发展的理论

《共产党宣言》1848年发表，《资本论》第一卷1867年出版，斗转星移，人类社会发生了翻天覆地的变化，但马克思主义基本原理没有改变、没有过时，并彰显出强大的生命力。马克思主义基本原理与中国实际和中华优秀传统文化相结合，相继形成了毛泽东思想、中国特色社会主义理论体系、习近平新时代中国特色社会主义思想。马克思主义与时俱进的理论品质，保证了马克思主义紧跟时代步伐，永续发展，不断谱写马克思主义时代化的新篇章。

5.马克思主义是中国共产党的指导思想，是中国特色社会主义的行动指南

十月革命一声炮响，给中国送来了马克思主义。中国共产党成立是开天辟地的大事件，其思想起源正是马克思主义。没有马克思主义在中国的广泛传播，中国共产党就不可能诞生，中国特色社会主义制度就不可能建立。没有马克思主义，就没有中国共产党，也就没有中国特色社会主义。马克思主义不仅是创建中国共

产党的思想前提，而且是中国共产党的指导思想，是中国特色社会主义的行动指南。马克思主义给中国共产党赋予了无穷力量，给中国特色社会主义指明了前进方向，指引着中国共产党领导中国人民不断推进中国特色社会主义现代化建设，奔向更加美好的未来。

（二）弄明白为什么中国共产党能——坚定学生听党话、跟党走的决心

中国共产党成立以来，始终把为中国人民谋幸福、为中华民族谋复兴作为自己的初心使命，团结带领全国各族人民为争取民族独立、人民解放和实现国家富强、人民幸福而不懈奋斗，创造了令人瞩目的中国奇迹。中国共产党还将继续团结带领全国各族人民创造更大的中国奇迹，这是因为中国共产党能，而且一定会越来越能。

1.中国共产党坚持以科学理论为指导，赓续先进性

理论是行动的先导，思想是时代的灯塔，旗帜是前进的方向。中国共产党一经诞生，就把马克思主义写在自己的旗帜上。无论处于顺境还是逆境，中国共产党从未动摇过对马克思主义的坚定信仰，始终把马克思主义作为指路明灯。100年来，中国共产党能够完成近代以来各种政治力量不可能完成的艰巨任务，能够历经各种艰难困苦创造新的辉煌，创造了新民主主义革命、社会主义革命和建设、改革开放和社会主义现代化建设的伟大成就，创造了新时代中国特色社会主义的伟大成就，书写了中华民族几千年历史上最壮丽的史诗，根本就在于中国共产党始终把马克思主义作为指导思想，在实践中不断丰富和发展马克思主义，相继形成了马克思主义中国化的系列成果——毛泽东思想、中国特色社会主义理论体系、习近平新时代中国特色社会主义思想。用科学的理论武装自己，坚守中国共产党是中国工人阶级、中国人民和中华民族先锋队的本色，永葆先进性，是中国共产党永续生存和不断发展的根本保障。

2.中国共产党坚持以经济建设为中心，筑牢发展基础

生产力决定生产关系，经济基础决定上层建筑。一个执政党要想存在和发展，要想有所作为和表现，必须筑牢自身存在和永续发展的经济基础。新中国成立后，中国共产党面对民不聊生、物价飞涨的烂摊子，把恢复经济作为头等大事，稳定物价，发展工农业生产，站稳了脚跟。党的十一届三中全会以后，中国共产党把工作重心转移到经济建设上来。"发展是硬道理""发展是党执政兴国第一要务""科学发展观"指引着我国经济发展迈出新步伐、跃上新台阶。党的十八大以来，我国经济由高速增长阶段进入高质量发展阶段，中国特色社会主义现代化建设进入新时代。《中共中央关于党的百年奋斗重大成就和历史经验的决议》强调，必须

实现创新成为第一动力、协调成为内生特点、绿色成为普遍形态、开放成为必由之路、共享成为根本目的的高质量发展，全面开启了中国特色社会主义现代化建设新征程。坚持以经济建设为中心，领导人民不断创造出经济快速发展的奇迹，实现国家经济大幅跃升，为中国共产党永远存在和永续发展筑牢了坚实基础。

3.中国共产党坚持人民至上，筑牢人民根基

中国共产党一经诞生，就把"为中国人民谋幸福、为中华民族谋复兴"确定为初心和使命，始终坚持"全心全意为人民服务"的根本宗旨，践行"以人民为中心"的发展思想，坚持发展为了人民、发展依靠人民、发展成果由人民共享，带领中国人民走正道、开新局、奔未来，取得社会主义现代化建设的重大成就，步入中国特色社会主义新时代，经济总量稳居世界第二位，人民生活达到小康水平，创造了人类发展史上的奇迹，赢得了民心，增强了底气，筑牢了根基，中华民族伟大复兴展现出前所未有的光明前景。江山就是人民、人民就是江山，打江山、守江山，守的就是人民的心，得民心者得天下。中国共产党始终代表最广大人民根本利益，没有任何自己特殊的利益，取得人民的信赖和支持，获得无穷的力量，这是中国共产党为什么越来越能的根源所在、力量所在。

4.中国共产党坚持党的领导，把准前进方向

党政军民学，东西南北中，党是领导一切的。中国共产党100年的历史、新中国70多年的历史、改革开放40多年的历史都充分证明，没有中国共产党，就没有新中国，没有中国共产党的坚强领导，就没有今天所取得的伟大成就，就没有中华民族伟大复兴。从中国经济发展看，从人民生活改善看，从社会大局稳定看，从新冠肺炎疫情防控看，中国共产党的政治领导力、思想引领力、群众组织力、社会号召力令人民满意、令世界叹服。中国特色社会主义最本质的特征是中国共产党领导，中国特色社会主义制度的最大优势是中国共产党领导。办好中国的事情，关键在党，关键在党指明前进的方向；实现第二个百年奋斗目标，更需要中国共产党把准前进方向，带领全国人民砥砺前行。

5.中国共产党坚持自我革命，从严管党治党

勇于自我革命，是中国共产党最鲜明的品格，也是中国共产党区别于其他政党的显著标志。中国共产党形成了自我净化、自我完善、自我革新、自我发展、自我提高的能力和机制，确保了党自身出了问题能坚决主动予以纠正，永葆组织的生机和活力。新民主主义革命时期，以毛泽东同志为主要代表的中国共产党人成功纠正党内各种错误倾向，使实事求是深入人心，中国共产党日益成熟。勇于自我革命也使中国共产党能够坚决纠正"文化大革命"的错误，领导全国人民成功开创中国特色社会主义伟大事业。党的十八大以来，以习近平同志为核心的党中央深刻认识党内存在的问题，强调"打铁必须自身硬"，以踏石留印、抓铁有痕

的劲头抓作风建设,以"老虎""苍蝇"一起打的决心反腐败,成功走出一条管党治党新路。坚持真理,修正错误,坚持自我革命,全面从严管党治党,使中国共产党永葆青春活力和强大生机,也是支撑中国共产党领导人民实现中华民族伟大复兴的力量所在。

6.中国共产党坚持党的建设,永葆旺盛战斗力

中国共产党始终注重自身建设:不断加强政治建设,坚定政治信仰;加强思想建设,注重理论强党;加强组织建设,增添党的生机和活力;加强党员队伍和干部队伍建设,永葆党的先锋队性质;加强基层组织建设,发挥基层组织战斗堡垒作用;加强制度建设,形成长效机制。中国共产党创建时只有50多名党员,今天已成为拥有9600多万名党员、460多万个基层组织,领导着14亿多人口大国,具有全球影响力的世界第一大执政党,生机蓬勃,活力旺盛。进入新发展阶段,中国共产党统筹把握中华民族伟大复兴战略全局和世界百年未有之大变局,科学总结百年奋斗的历史经验,弘扬伟大建党精神,继续推进新时代党的建设的新伟大工程,永葆强大战斗力和旺盛生命力。

(三)搞透彻为什么中国特色社会主义好——坚定学生的"四个自信"

中国特色社会主义是中国历史的结论、中国人民的选择。只有社会主义才能救中国,只有中国特色社会主义才能发展中国,已成为一条颠扑不破的真理。中国共产党100年的奋斗史、新中国70多年的建设史、改革开放40多年的发展史,特别是新时代中国特色社会主义伟大事业所创造的中国奇迹史,已经充分证明中国特色社会主义好。中华民族伟大复兴中国梦的实现还将继续证明,中国特色社会主义一定会越来越好。

1.中国特色社会主义符合人类社会发展客观规律

现今世界有两种主要社会制度:资本主义和社会主义。资本主义是人类社会演进的一个历史阶段,在人类历史长河中发挥过作用,但资本主义以生产资料私有制为基础,与社会化大生产发展趋势相违背,注定了它的短暂性和过渡性。社会主义以生产资料公有制为基础,适应社会化大生产的属性,能够促进社会化大生产的发展,符合人类社会发展的客观规律,必然取代资本主义,这是人类社会发展的客观规律决定的。中国特色社会主义坚守社会主义的本质属性,在实践中不断发展,在发展中不断完善,给社会主义注入了强大生命力,能够行稳致远。

2.中国特色社会主义坚持马克思主义与中国实际相结合

马克思主义是中国共产党的指导思想,也是中国特色社会主义的思想基础和行动指南。中国特色社会主义把马克思主义基本原理与具体国情相结合,实事求

是，与时俱进，勇于创新。坚持和完善公有制经济为主体、多种所有制经济共同发展的基本经济制度，激发微观经济主体活力；坚持和完善按劳分配为主体、多种分配方式并存的基本分配制度，促进全体人民共同富裕；坚持和完善社会主义市场经济体制，把中国特色社会主义制度与市场经济有机结合起来，为实现中华民族伟大复兴提供了制度保障，确保了中国特色社会主义旗帜在中国大地上永远高高飘扬。

3.中国特色社会主义坚持中国共产党领导

新中国成立70多年来，中国特色社会主义坚持中国共产党领导，不断完善人民代表大会制度、中国共产党领导的多党合作和政治协商制度；积极推进国家治理体系和治理能力现代化，坚守了社会主义的本质属性，显示了中国特色社会主义的独特性，避免了西方国家选举政治制度相互制衡导致政治效率低下、党派博弈激烈造成社会分裂等弊端；确保了经济快速发展、人民生活不断改善、社会长期稳定。中国共产党领导贯穿于中国特色社会主义发展的全过程，渗透于中国特色社会主义建设的各方面，是中国特色社会主义制度的最大优势，这一优势将永续存在，不断发扬光大。

4.中国特色社会主义坚持增进民生福祉

中国特色社会主义始终把人民放在第一位，坚持以人民为中心，不断改善人民生活，不断增进人民福祉，全面统筹推进幼有所育、学有所教、劳有所得、病有所医、老有所养、住有所居、弱有所扶，谱写了人类反贫困史上的辉煌篇章。中国特色社会主义实现了从温饱到小康富裕的伟大飞跃，彰显了人民主体地位，促进了人的全面发展和全体人民的共同富裕，使人民有了更多、更直接、更实在的获得感、幸福感、安全感。现在，第一个百年奋斗目标已经实现，更加美好的生活正向人民走来。随着新时代中国特色社会主义伟大实践的推进，第二个百年奋斗目标一定能够把人民对美好生活的向往转变为现实，不断增进人民福祉。

5.中国特色社会主义能够集中力量办大事

社会需求无限性、多样性与社会资源有限性之间的矛盾，要求将有限的资源按比例分配到社会分工各个领域，这是客观经济规律。社会主义制度的建立，实现了全体人民根本利益的一致性，可以将有限的资源集中用于解决最重要的任务。依靠集中力量办大事的制度优势，新中国在一穷二白的基础上，将有限的人力、物力、财力集中用于推动社会主义工业化，在很短时间内创建了国民经济体系，在极其艰苦环境下成功研制了"两弹一星"。改革开放以来，三峡水利枢纽、青藏铁路、载人航天、高速公路网、高速铁路网、西气东输、南水北调、特高压电网等重大工程完成；党的十八大以来，国产大飞机、"蓝鲸1号"钻井平台、港珠澳大桥、北斗系统、超级计算机等创新工程取得重大突破，风险防控、扶贫攻坚、生态环境保护等领域取得重大成就；进入新时代，我国解决了许多长期想解决但没有解决的难题，办成了许多过去想办但没有办成的大事，全面建成小康社会，经济稳中求进，疫情防控卓有成效，人民生活水平稳步提高，集中力量办大事的优越性将助力早日实现中华民族的伟大复兴。

6.中国特色社会主义能够引领中国走向繁荣富强

新中国成立，四万万中国人民摆脱"三座大山"的压迫，站了起来。社会主义建设和中国特色社会主义发展，创造了世界罕见的经济持续快速发展的奇迹，物质文化生活水平极大提升，人民富了起来。党的十八大以来，中国特色社会主义进入新时代，新发展理念深入人心，农业现代化稳步推进，现代经济体系逐步形成，中国经济对世界经济增长贡献率超过30%。"蛟龙"入海、"神舟"飞天、"天眼"射电望远镜、移动支付、5G网络等一系列创新型成果引领世界科技发展，中国开始强起来，国际地位不断提升，国际话语权显著增多。只有社会主义才能救中国，只有中国特色社会主义才能发展中国，只有坚持和发展中国特色社会主义，才能实现中华民族伟大复兴的中国梦。

三、弘扬社会主义核心价值观教育

社会主义核心价值观是当代中国精神的集中体现，凝聚着全体人民共同的价值追求，是中华民族伟大复兴的力量源泉和宏伟目标，也是每个中国人高尚品质的共同追求和崇高信念的精神支柱。培育和践行社会主义核心价值观，关系社会和谐稳定，关系国家长治久安，对于促进人的全面发展、引领社会全面进步，对于提升中华民族和全体人民的精神境界，对于实现中华民族伟大复兴的中国梦，对于实现第二个百年奋斗目标，具有重大的现实意义和深远的历史意义。

（一）社会主义核心价值观的基本内容

每个时代都有每个时代的精神追求，每个国家都有每个国家的价值观念外。习近平总书记指出："如果一个民族、一个国家没有共同的核心价值观，莫衷一是、行无依归，那这个民族、这个国家就无法前进。"

党的十八大报告中提出了社会主义核心价值观：倡导富强、民主、文明、和谐，倡导自由、平等、公正、法治，倡导爱国、敬业、诚信、友善。其中，"富强、民主、文明、和谐"是国家层面的价值目标，是中国特色社会主义现代化建设的奋斗目标，居于核心价值观的最高层次，对其他层次的价值理念具有统领作用。"自由、平等、公正、法治"是社会层面的价值取向，是对美好社会的生动表述，反映了中国特色社会主义的基本属性，是全党、全国人民矢志不渝长期追求的价值理念。"爱国、敬业、诚信、友善"是公民个人层面的价值准则，是公民个人必须恪守的基本道德规范，是评价公民个人道德行为的基本价值标准。

"社会主义核心价值观是当代中国精神的集中体现，凝结着全国人民共同的价值追求。"培育和践行社会主义核心价值观，有利于提升民族和人民的精神境界，有助于实现中华民族伟大复兴的宏伟目标。习近平总书记指出："只要是中国人，就应该自觉培育和践行社会主义核心价值观。""要利用各种时机和场合，形成有利于培育和弘扬社会主义核心价值观的生活情景和社会氛围，使核心价值观的影响像空气一样无所不在、无时不有。"

（二）弘扬社会主义核心价值观重在引导学生自觉践行

2013年12月中共中央办公厅印发的《关于培育和践行社会主义核心价值观的意见》指出，"把培育和践行社会主义核心价值观融入国民教育全过程"，"推动社会主义核心价值观进教材、进课堂、进学生头脑"，"落实到教育教学和管理服务各环节"。培育和践行社会主义核心价值观，要以培育担当民族复兴大任的时代新人为着眼点，要在全社会大力弘扬和践行社会主义核心价值观，使之像空气一样无处不在、无时不有。2022年4月25日习近平总书记在中国人民大学考察调研时强调："广大青年要做社会主义核心价值观的坚定信仰者、积极传播者、模范践行者。"高校辅导员开展社会主义核心价值观教育，重在培育学生习惯养成，重在引导学生自觉践行。

1.把爱国主义与学生学习结合起来——培育学生爱国主义精神

爱国是社会主义核心价值观公民层面的第一项内容，是对每位公民的基本要求，也是对每位学生的基本要求。习近平总书记指出："爱国，是人世间最深层、最持久的情感，是一个人立德之源、立功之本。"新时代中国青年要热爱伟大祖国，热爱祖国是每个青年立身之本、成才之基。爱国不是空洞的口号，不能仅仅停留在口号上，而是体现在每个人现实生活的具体表现中。每个人要把自己的理想同祖国的前途、把自己的人生同民族的命运紧密联系在一起，扎根人民，奉献国家。学生在校期间发奋学习、立志长大成人后投身于中华民族伟大复兴事业中，在学习生活中自觉抵制意识形态的各种"杂音"和"噪声"、拥护中国共产党、坚定"四个自信"，就是爱国的具体表现，就是在用自己的行动践行社会主义核心价值观。

2.把敬业融入思想政治教育——培养学生劳动精神和敬业精神

敬业是指热爱工作岗位、全身心投入、无私奉献、努力把工作任务完成好。敬业是中华民族的传统美德，是中国人所推崇的工作态度，是人生品格的体现，也是社会主义核心价值观对每位公民提出的最基本的工作要求。学生还未步入社会，还未走上工作岗位，但在学校思想政治教育中，要向学生灌输爱岗敬业的理念，引导学生崇尚劳动，引导学生弘扬劳动精神，长大后能够辛勤劳动、诚实劳动、创造性劳动。《关于培育和践行社会主义核心价值观的意见》指出，要组织青少年参加力所能及的生产劳动和爱心公益活动、益德益智的科研发明和创新创造活动，以及形式多样的志愿服务和勤工俭学活动。《新时代公民道德建设实施纲要》也强调，要"强化劳动精神、劳动观念教育，引导学生热爱劳动、尊重劳动，懂得劳动最光荣、劳动最崇高、劳动最伟大、劳动最美丽的道理"。学校教育的目标是培养德智体美劳全面发展的社会主义建设者和接班人，"劳"是其中一个内容。一屋不扫，何以扫天下。一个学生连自己的宿舍卫生和教室卫生都不打扫，连自家"门前雪"都不扫，以后怎么能够"扫天下"？因此，辅导员要加强学生的劳动教育，把劳动融入学生的学习生活中。要求学生上好劳动课，每天清理自己的教室卫生，参加校内勤工俭学活动，参加社会志愿服务者活动；组织学生积极参加创新创业大赛等。通过这些劳动性的活动，培养学生的劳动精神和敬业精神，引导学生崇尚劳动、尊重劳动、热爱劳动，让劳动精神和敬业精神在学生中发扬光大。

3.把诚信与学生言行结合起来——塑造学生高尚人格

人无信不立，鸟无翅不飞；一言既出，驷马难追，都道出了做人的基本要求。诚信是一个国家的生存之基，是一个人的立身之本，也是一个人行走社会的通行证。辅导员要把诚信这一基本要求贯穿于学生日常学习生活之中，从学生参与的每一件事抓起，把诚信培养与学生言行结合起来，抓实抓细抓小，造就学生高尚的人格。如学生考试，不管成绩是高还是低，首先要求学生诚信考试，要让学生知晓诚信比成绩更重要。再如申报各类助学金，首先要求学生如实反映家庭情况，因为这是一个诚信问题，反映出一位学生的人品，比能否拿到助学金或拿到多少助学金更重要。

4.把友善的种子撒在学生心中——磨炼学生良好品行

友善是一缕照射的阳光，是一种无言的温暖，使人间充满爱，使世界更加美好。与人为善，与己方便，善待别人就是善待自己，这既是做人的一种哲理，也反映出一个人的品行。习近平总书记指出，要"营造全社会崇德向善的浓厚氛围"，要塑造追求真善美、向上向善的价值观。学生生活在学校大家庭中，每天与同学朝夕相处，一起上课学习、一起参加活动、一起享受校园生活，辅导员要善于抓住这一有利条件，教育学生与宿舍同学和谐相处，与班级同学友好相待，相互帮助，对同学多一分理解之心，对同学有一颗宽容之心。辅导员要把友善的种子撒在学生心中，在学生中形成修身律己、崇德向善、礼让宽容的道德风尚。

第二节 辅导员思想政治教育的角色定位

习近平总书记指出，青少年教育最重要的是教给他们正确的思想，引导他们走正路。教师承担着"塑造生命、塑造新人的时代重任"，"要给学生心灵埋下真善美的种子，引导学生扣好人生第一粒扣子"。习近平总书记还强调，思想政治教育工作要"为学生点亮理想的灯、照亮前行的路"，"广大教师要做学生锤炼品格的引路人，做学生学习知识的引路人，做学生创新思维的引路人，做学生奉献祖国的引路人"，"更好担起学生健康成长指导者和引路人的责任"。辅导员作为高校教师的组成部分，作为高校学生思想政治教育的骨干力量，承担着学生思想政治教育的重要任务，肩负着培养中华民族伟大复兴时代新人的光荣使命，是学生日常思想政治教育和管理工作的第一责任人，在学生成长成才中起着至关重要的作用，因此，辅导员必须不断提高自身综合素质，当好学生成长成才的引路人。

一、辅导员思想政治教育的角色定位是学生成长成才的引路人

怎样当好学生成长成才的引路人？辅导员要注重理想信念育人，当好学生理想信念的引导者；注重学业育人，当好学生学业发展的引导者；注重网络育人，当好学生网络空间的引导者；注重校园生活育人，当好学生日常生活的引导者；注重中华优秀传统文化育人，当好学生品德修养的引导者。通过落实五个注重和当好五种引导者，实现辅导员当好学生成长成才引路人的目标。

（一）注重理想信念育人——当好学生理想信念的引导者

学生是中华民族未来的希望，学生的理想信念是学生成长的风向标。坚定学生的远大理想和共产主义信念，是培养担当中华民族复兴大任时代新人的首要任务。目前，高校有思想政治教育的主渠道思政课对学生的思想政治理论进行教育和提升，有丰富多彩的校园社会实践培育学生的品行修养，有浓厚的校园文化对学生的思想进行熏陶，有众多的社团活动磨炼学生的意志和才干，有以教书育人、管理育人、服务育人为主的育人体系润泽学生的成长成才，已形成多管齐下的思想政治教育格局，全员全程全方位育人的各要素同向同行、形成合力、共同育人，使学生的思想政治教育得到加强，学生的思想品德得到升华，学生的理想信念得到巩固。作为学生成长成才引路人的辅导员，必须把学生的理想信念教育放在首位，把理想信念教育创造性地融入学生现实生活和具体活动中。

1.利用现实的社会生活进行理想信念教育

辅导员要把学生的理想信念教育与现实社会生活融合起来，把学生的理想信

念教育写在现实社会生活中,写在欣欣向荣的祖国大地上。学生进入大学生活阶段后,有宿舍的好友,有班级的同学,还有学生会众多的老乡校友,特别是大学校园浓厚的学习氛围、众多的学习场所、丰富多彩的学生活动、宽大的校园活动空间,忙碌的大学生活使学生没有时间读报纸听新闻,使学生没有条件看电视听广播。除了形势政策课走马观花地完成教学任务外,学生不是很了解现实社会生活,不十分关注现实社会生活,与生机勃勃、日新月异、快速发展的现实社会隔离开来。现实社会就是一部生动的理想信念教科书,现实生活就是一堂鲜活的思想政治教育课,对坚定学生理想信念最具有吸引力、感染力、说服力和号召力。辅导员要充分利用现实社会生活对学生进行理想信念教育,用真实的社会磨炼学生的理想信念,用真实的生活砥砺学生的理想信念。

2.利用国内的大好形势进行理想信念教育

辅导员要充分利用全国的大好形势对学生进行理想信念教育。党的十八大以来,以习近平同志为核心的党中央领导全党全军全国各族人民砥砺前行,不懈奋斗,不断进取,创造了经济快速发展和社会长期稳定的奇迹。全面建成小康社会和农村贫困人口全部脱贫的目标如期实现,人民对美好生活的向往不断变为现实。党和国家事业取得历史性成就、发生历史性变革,中国特色社会主义焕发出强大生机活力,党心军心民心空前凝聚振奋。全国上下一派欣欣向荣气象,正在信心百倍地书写着中华民族伟大复兴的新篇章,与动荡不稳、严峻复杂的国际形势形成了鲜明对比。这就是最好的理想信念教育教科书,有助于引导学生深刻认识马克思主义为什么"行"、中国共产党为什么"能"、中国特色社会主义为什么"好"。作为祖国未来的建设者和接班人,学生要把个人理想志向与中华民族的伟大复兴结合起来,把个人梦想融入中华民族伟大复兴的中国梦,做新时代的奋斗者、追梦人。

3.利用现成的宣传资源进行理想信念教育

辅导员要充分利用现成的宣传教育资源对学生进行理想信念教育。党的十八大以来,宣传思想工作举旗帜、聚民心、育新人、兴文化,创作了一系列唱响主旋律、传播正能量、讲好中国故事的作品。如百集文献纪录片《山河岁月》精心选取党史上100个重大事件、关键场景、重要人物,全面立体生动地呈现了中国共产党人的精神谱系,诠释了党历经百年而风华正茂、饱经磨难而生生不息的"成功密码",观看后能对学生起到学史增信的作用。类似的文献纪录片非常多,如《长征》《旗帜》《筑梦中国》《红色印记》《红色档案》等,都有很好的教育价值。辅导员要组织学生观看,让学生接受思想政治教育,使理想信念教育如春风化雨般,润物无声地滋润学生的心田,坚定学生的中国特色社会主义道路自信、理论自信、制度自信、文化自信。

4.利用公认的模范人物进行理想信念教育

辅导员要充分利用社会上的模范人物对学生进行理想信念教育。新中国70多年的社会主义建设、40多年的改革开放、迈进新时代的中华民族伟大复兴，创造了中华民族辉煌的伟大成就，也涌现出一系列模范人物。这些人物如杂交水稻之父、首届国家最高科学技术奖得主袁隆平，著名科学家钱学森，为中国航天事业做出卓越贡献的科学家朱光亚、孙家栋，为人民群众奉献一生的党的基层干部杨善洲，全国最美乡村教师、改变山区女童命运的云南公益校长张桂梅，透支自己也要让人生发光的吉林大学地球探测科学与技术学院教授黄大年等。每个人物都有令人感动的闪光点，都是学生学习的楷模。还有中央电视台综合频道《感动中国》栏目推出的年度人物，教育部联合中央主要媒体每年评选出的"全国教书育人楷模"，新中国成立70周年中共中央宣传部等部门评选出的个人和集体"最美奋斗者"称号获得者，每年评选出的全国劳动模范人物等，都是鲜活的动人的理想信念教育素材。辅导员收集整理后，都可以用来对学生进行理想信念教育，以榜样的力量激励学生、鼓舞学生，引导学生把个人的理想同祖国的前途、把自己的人生同国家的发展紧密联系在一起，立鸿鹄志，做奋斗者。

5.利用现有的社会设施进行理想信念教育

辅导员要充分利用社会现有的教育设施对学生进行理想信念教育。近年来，各级政府高度重视红色教育基地、爱国主义教育基地的建设，思想政治教育设施比较多。辅导员要深入挖掘当地的思想政治教育资源，利用社会设施对学生进行思想政治教育。在中国人民抗日战争胜利纪念日、烈士纪念日期间，辅导员可以组织学生瞻仰纪念碑、祭扫烈士墓，引导学生牢记历史、不忘过去，缅怀先烈、面向未来，凝聚奋进力量；可以组织学生参观当地的纪念馆、展览馆、博物馆等设施，对学生进行理想信念教育、红色教育；可以依托自然人文景观、产业遗产、重大工程等，对学生开展爱国主义教育。学生亲自体验一次思想洗礼，产生的实际效果胜过教师的几次说教。

（二）注重学业育人——当好学生学业发展的引导者

1.专业学习育人

辅导员要了解学生所学专业情况，深入挖掘专业学习中的思想政治教育元素，与专业教师同向同行，共同发力，筑牢学生专业思想，激励学生刻苦学习专业，以渊博的专业知识、扎实的专业基础、娴熟的专业技能助力祖国发展，为实现第二个百年奋斗目标贡献力量。文学、历史学、哲学类专业要帮助学生掌握马克思主义世界观和方法论，从历史与现实、理论与实践相结合的维度，深刻理解习近平新时代中国特色社会主义思想；经济学、管理学、法学类专业要培育学生经世济民、诚信服务、德法兼修的职业素养；理科类专业要培育学生创新是高质量发展第一动力的思想，注重科学思维方法的训练和科技伦理的教育，培养学生探索未知、追求真理的历史责任感；工科类专业要向学生讲授刻苦钻研技术、精益求精的大国工匠精神，培养学生勇攀科学高峰的使命感；医学类专业要注重加强学生的医德医风教育，树立生命至上、人民健康至上的理念；农学类专业要强化培养学生的大国"三农"情怀，引导学生懂农业、爱农村、爱农民，推进乡村振兴战略；体育类专业要围绕体育强国、健康中国的主题展开教育，培育学生敢于拼搏、敢于进取的精神；艺术类专业要培养学生传播正能量、讲好中国故事、弘扬中国精神的历史责任，激励学生以艺术精品贡献社会，以美育人、以美化人。

2.学业规划育人

辅导员要关心学生学业规划，当好学生立志成才的引导者。学习是学生的主要任务，学生要集中精力把学习搞好，把专业知识学透，把专业技能学精，掌握走向社会、立足社会、报效祖国的本领。辅导员要关心学生的学业规划，熟知学生所学专业的社会需求及发展趋势，帮助学生分析专业前景及社会需求，指导学生做好学业规划。辅导员要把学生专业学习与未来发展联系起来，与毕业就业联系起来，与学习深造继续考研结合起来，与学生成长成才融合起来，与国家发展强大对接起来，当好学生学业发展的参谋，当好学生成长成才的导师。辅导员要善于把思想政治教育寓于学生学业规划中，通过关心学生的学业，引导学生健康成长，把"小我"融入"大我"，把个人的理想信念与实现中华民族伟大复兴的中国梦联系起来，志存高远，奉献祖国。

（三）注重网络育人——当好学生网络空间的引导者

1.高度重视网络育人

随着互联网的快速发展和应用，现在是无处不网、无人不网、无时不网，网上宣传越来越重要，网络阵地越来越重要。习近平总书记指出："我们要加快推动媒体融合发展，使主流媒体具有强大传播力、引导力、影响力、公信力，形成网上网下同心圆，使全体人民在理想信念、价值理念、道德观念上紧密团结在一起，让正能量更强劲、主旋律更高昂。"我们要加强网上正面宣传，深入开展理想信念教育，深化新时代中国特色社会主义和中国梦宣传教育，积极培育和践行社会主义核心价值观，不断推进网上宣传理念、内容、形式、方法、手段的创新。

2.加强网络育人

辅导员要充分利用网络育人的优势，创造性地开展网络育人工作，发挥好网络育人的作用。要利用"学习强国"等平台加强思想政治教育，组织学生开展"学习强国"学习活动；通过易班平台、人民网公众号等途径，将国家时政新闻、道德模范、时代先锋、最美奋斗者、学习典型等思想政治教育素材分享给学生，让学生通过知国家大事增强政治意识，读模范典型接受思想洗礼；运用班级微博微信群、手机客户端等新媒体平台，定期把适合网络传播的音频、短视频、文献纪录片、微电影等推荐发送给学生，让学生读网看片增长知识，坚定理想信念。要充分利用网络教育的便捷性、广泛性和辐射性，强化网络资源对学生思想政治教育的正面引导作用。

3.加强网络建设

辅导员要加强学生互动社区网站、专业学习网站建设，重视与学生的网络联系和网络互动，通过网络拉近辅导员与学生的距离，通过网络搭建辅导员与学生沟通的桥梁。加强学生网上舆论引导，组织学生开展网络文化节、"网络文明进班团""网络文明进宿舍"等活动，守好网络精神家园，占领网络阵地，掌控网络渠道，让网络"发声"，传播网络主旋律、弘扬网络正能量、讲好网络中国故事。要把学生网络空间的表现作为辅导员学生管理工作的重要内容，作为学生班会的内容之一，作为学生评奖评优的依据之一。要通过网络建设、网络互动、网络活动、网络管理，实现网络育人，当好学生网络生活的引导者。

（四）注重校园生活育人——当好学生日常生活的引导者

1.加强校园生活育人

在全员全程全方位育人的基础上，辅导员还要注重生活育人。教育部等八部门《关于加快构建高校思想政治工作体系的意见》强调，要建立思想政治教育的"日常教育体系"，实现全员全程全方位育人。要通过组织学生开展"节粮节水节电""节约型班级建设"等主题教育活动，培育学生传承勤俭节约的优良传统，引导学生树立绿色发展理念。以新冠肺炎疫情防控为抓手，对学生进行健康教育，培养学生的公共卫生意识和良好卫生行为习惯，宣传健康强国的思想。以典型事例对学生开展安全教育，培养学生安全意识，强化学生法治观念。依托班级、宿舍等学生生活园区，把学生教育、学生管理、学生服务融入学生生活园区，强化学生生活园区的育人作用。有效利用重大纪念日开展育人工作，国庆节期间广泛开展"我和我的祖国"系列主题活动，通过主题宣讲、大合唱、共和国故事汇、网上网下专题宣传等形式，引导学生歌唱祖国、致敬祖国、祝福祖国，激发学生的爱国热情。在七一党的生日，组织学生开展各种纪念活动，唱响歌颂中国共产党的主旋律。组织学生开展升国旗仪式、入党入团仪式等，强化仪式的庄严感、礼仪感，增强学生对党和国家、对组织的认同感和归属感。

2.强化学生管理育人

学生踏入大学校门之前，家长为孩子的学习生活操心操劳。学生进入大学生活之后，学生家长对孩子的管理基本上处于放心放手的状态。只要孩子没有异常情况，家长一般不会插手多管。此时学生的学习生活转轨进入全新的阶段，学生处于家长放手的"真空"地带。这时，辅导员要及时接手补位，填补"真空"。辅导员对学生的管理与家长管理完全不同。家长管理以生活琐事为主、关心学习成绩；辅导员管理以学生成长成才为主，是以思想政治教育为手段，教育引导学生德智体美劳全面发展，成长为中国特色社会主义合格建设者和可靠接班人。辅导员对学生的管理要到位，不是指辅导员要当学生的"保姆"，事无巨细，什么都要管，而是要把思想政治教育工作做实做细做好，当好学生成长成才的"火车头"和"领头羊"。要加强学生的法治教育，用法律法规规范学生言行，增强学生守法意识；要用校规校纪严格要求学生，培养学生知校规守校纪的良好习惯，提升学生的文明素养。管理不是目的，只是育人的手段。辅导员对学生进行管理，是工作职责，更是当好学生成长成才的护航人和引路人，使学生成长成才不出现偏差，不误入歧途。

3.注重学生服务育人

辅导员要树立服务育人意识，强化服务育人举措，把解决学生实际问题与解决学生思想政治教育问题结合起来。当学生学业上出现迷惘时，辅导员要主动关心，帮助学生解决学习上的困难或迷惑；当学生宿舍暖气不热、管道漏水、灯光不亮时，辅导员要及时了解，联系有关部门尽快解决；当学生举办集体活动时，辅导员要主动介入，指导学生顺利完成任务。要把服务学生与教育学生有机融合起来，在关心学生、帮助学生、服务学生过程中教化学生、培养学生、引导学生，让学生感悟辅导员对学生人文关怀的温度、宽容理解学生的大度、真心帮助学生的细度、诚心助力学生的热度，用辅导员的仁爱之心、服务之举触动学生内心，感化影响学生，引导学生成长成才。

4.重视学生资助育人

辅导员要把学生"扶困"与学生"扶志"结合起来，通过资助激发学生的学习热情、爱国热情，培养受助学生自立自强、诚实守信、知恩感恩、勇于担当的良好品质。要把有形的资助与无形的思想政治教育联系起来，把物质资助与精神激励结合起来，把显性资助与隐性资助融合起来。要通过学生资助，让道德浸润学生心田，让大爱润泽学生心灵，引导学生做好事行善举、自觉回报社会，引导学生成长成才，发挥好资助育人的作用。

5.开展学生心理疏导育人

当今社会，学生父母忙于工作，学生本人忙于学业，人与人之间面与面的交流比较少。因此，学生出现心理异常及心理障碍的情况增多，忧郁症、自闭症屡见不鲜，厌学心理、个人情感纠葛时有发生。辅导员要结合学生心理特点和心理动向，组织开展心理健康知识普及宣传活动，开展丰富多彩的心理健康主题文化活动，营造积极正向、温馨和谐、自助助人的良好氛围，提高学生心理自我调节能力，助力学生身心健康成长。对出现心理异常的学生，辅导员要利用贴近学生的独特优势，通过谈心交流、参与学生活动等方式，为学生提供指导性的建议和力所能及的帮助，纾解学生心理压力。要组建由班委和寝室长等学生骨干组成的信息队伍，及时掌握学生思想情绪心理变化新动态，对个别心理障碍严重的学生，及时发现危机心理因子，第一时间进行干预和疏导，第一时间进行应对和化解，防患于未然，守护学生身心和人格健康成长，担当学生健康心理的疏导者。

（五）注重中华优秀传统文化育人——当好学生品德修养的引导者

中华民族有着5000多年的文明史，历史悠久，文化厚重。在长期生产生活实践中形成了讲仁爱、重民本、守诚信、崇正义、尚和合、求大同的优秀传统文化，体现了中华民族的价值取向、道德规范、思想风貌及行为特征，是中华民族的"根"和"魂"，为中华民族的发展和壮大提供了丰厚的精神滋养，是新时代思想政治教育的有机组成部分、不可或缺的内容。

1.充分发挥中华优秀传统文化育人功能

文以载道，文以化人，文以强国。中华民族悠久的历史、厚重的文化、灿烂的文明是个人品德修养的宝贵资源。习近平总书记指出："中华传统美德是中华文化精髓，蕴含着丰富的思想道德资源。""努力用中华民族创造的一切精神财富来以文化人、以文育人。""要让中华民族文化基因在广大青少年心中生根发芽。"中华优秀传统文化中鼓励人们向上向善的内容，如天下为公、大同世界的思想，自强不息、厚德载物的思想，经世致用、知行合一、躬行实践的思想，以诚待人、讲信修睦的思想等，都有利于培养学生个人品德修养。辅导员要把中华优秀传统文化与学生日常生活紧密联系起来，与丰富多彩的学生活动结合起来，以润物细无声的方式熏陶学生的品行，在落细、落小、落实上下功夫。

2.把中华优秀传统文化与党的精神谱系结合起来进行教育

文化在，灵魂就在，精神就在，力量就在。在中华民族伟大复兴的征程中，要大力弘扬中华优秀传统文化，把中华优秀传统文化与中国共产党百年奋斗史、新中国70多年社会主义建设史、改革开放40多年中国特色社会主义发展史结合起来，与中国共产党的精神谱系结合起来。中国共产党百年奋斗中形成的红船精神、井冈山精神、长征精神、遵义会议精神、延安精神、抗战精神、太行精神、西柏坡精神、抗美援朝精神、"两弹一星"精神、大庆精神、铁人精神、焦裕禄精神、雷锋精神、红旗渠精神、小岗精神、特区精神、载人航天精神、劳模精神、工匠精神、塞罕坝精神、抗洪精神、抗震救灾精神、北斗精神、抗疫精神、脱贫攻坚精神、历史主动精神、伟大建党精神等，是中华民族宝贵的精神财富，是对学生进行思想政治教育的生动资源。要以习近平新时代中国特色社会主义思想为指导，坚持"四个自信"，用中国共产党的精神谱系丰富中华优秀传统文化的内涵，赓续中华优秀传统文化的血脉，助力新时代中华民族的发展和崛起，谱写新时代更加光辉灿烂的文化篇章，造就一代又一代德才兼备的时代新人。

二、辅导员的角色定位要求提高辅导员的综合素质

经师易求，人师难得。辅导员要给学生心灵埋下真善美的种子，引导学生扣好人生第一粒扣子，当好学生成长成才的引路人。辅导员的角色定位要求辅导员必须按照工作要求完成好各项任务，努力提高自身综合素质，以身作则，为人师表，向"全国高校辅导员年度人物"学习，争当新时代优秀辅导员。

（一）辅导员工作的要求

2017年10月1日开始施行的修订版《普通高等学校辅导员队伍建设规定》明确指出："辅导员工作的要求是：恪守爱国守法、敬业爱生、育人为本、终身学习、为人师表的职业守则；围绕学生、关照学生、服务学生，把握学生成长规律，不断提高学生思想水平、政治觉悟、道德品质、文化素养；引导学生正确认识世界和中国发展大势、正确认识中国特色和国际比较、正确认识时代责任和历史使命、正确认识远大抱负和脚踏实地，成为又红又专、德才兼备、全面发展的中国特色社会主义合格建设者和可靠接班人。"根据上述内容，可以了解到"全国高校辅导员年度人物"评选活动自2009年开始推出，由教育部思想政治工作司指导，全国高校辅导员工作研究会、《中国教育报》、中国教育电视台共同主办，新华网提供独家网络支持。该活动旨在宣传表彰一批长期在为人师表、爱岗敬业、无私奉献方面有突出表现的优秀辅导员，发挥先进典型的引领和示范作用，更好地调动和激励高校辅导员工作的积极性和创造性，进一步加强高校辅导员队伍建设。该项活动面向全社会，充分展示了高校辅导员坚定的政治信念，已成为高校思想政治工作中影响深远的重要品牌。

工作的要求概括为三个方面：一是对辅导员自身的职业要求；二是辅导员应该完成的学生方面的工作；三是辅导员工作的目标。

1.辅导员自身的职业要求

对辅导员自身的职业要求包括恪守爱国守法、敬业爱生、育人为本、终身学习、为人师表的职业守则，共五点要求。一是爱国守法。这是每个公民应尽的基本义务，是社会主义核心价值观所倡导的内容，是基本道德规范，是辅导员基本的行为准则，是辅导员必须具备的基本条件，是对辅导员的起码要求，更是辅导

员的职业要求。二是敬业爱生。热爱辅导员工作,全身心地投入辅导员工作,努力把辅导员工作做好;关爱学生,"把对家国的爱、对教育的爱、对学生的爱融为一体,心中始终装着学生",把关爱融入学生工作中,用一颗爱心做好学生管理和服务工作,是辅导员做好本职工作的基本要求,是辅导员基本的职业准则,是辅导员职业的价值取向。三是育人为本。用习近平新时代中国特色社会主义思想铸魂育人,立德树人,是学校教育的根本任务,也是辅导员工作的重点和核心。辅导员要围绕立德树人开展各项学生工作,把立德树人的根本任务落实到实处、落实到细处,落实到学生管理和服务工作的方方面面。四是终身学习。终身学习是指人一生都要学习,这是建设全民学习、终身学习的学习型社会,促进人的全面发展的客观需要,更是辅导员不断提高自身素质、适应新时代发展、胜任辅导员工作的客观要求。五是为人师表。这是对辅导员的行为要求。"其身正,不令而行;其身不正,虽令不从。"辅导员是学生思想政治工作的骨干力量,也是学生管理工作的具体组织者,要以身作则、率先垂范,"自觉做为学为人的表率","用高尚的人格感染学生、赢得学生",言传身教,以自身的言行潜移默化地影响学生,以自己高尚的品德修养、远大的理想信念感染学生,给学生树立模范榜样。

2.辅导员应该完成的学生工作

辅导员应该完成的学生方面的工作为围绕学生、关照学生、服务学生,把握学生成长规律,不断提高学生思想水平、政治觉悟、道德品质、文化素养。完成上述学生工作,辅导员要遵循学生成长规律、教书育人规律和思想政治工作规律。以学生为主体、以思想政治教育为主要任务,开展各项学生工作,把习近平新时代中国特色社会主义思想、"四个自信"、社会主义核心价值观贯穿于学生管理工作和学生服务工作;把立德树人根本任务渗透于学生专业学习,把思想政治教育融入学生的各项活动,一切围绕学生又红又专的成长开展辅导员工作,一切为了学生德智体美劳全面发展开展学生活动,关心学生的专业学习,关注学生的思想状况,注重学生的价值观引领,充分发挥学生的主体作用,通过辅导员对学生的管理,通过辅导员为学生提供良好的服务,通过辅导员组织开展的各种学生活动,通过辅导员显性的和隐性的思想政治教育,实现学习育人、管理育人、服务育人、活动育人。通过辅导员对学生的有效管理、提供的优质服务以及组织开展的各类学生活动,使学生德智体美劳全面发展,提高学生的思想水平、政治觉悟、道德品质、文化素养。

3.辅导员工作的目标

辅导员工作的目标是引导学生正确认识世界和中国发展大势、正确认识中国特色和国际比较、正确认识时代责任和历史使命、正确认识远大抱负和脚踏实地,成为又红又专、德才兼备、全面发展的中国特色社会主义合格建设者和可靠接班人。为谁培养人、培养什么人、如何培养人是学校教育的根本问题。辅导员的思想政治教育要以立德树人为根本任务,以习近平新时代中国特色社会主义思想为统领,贯彻党的教育方针,与思政课教师及专业课程教师的思想政治教育相互协调,相互支撑,同向而行,一起形成合力,共同引领学生的全面发展和成长成才。让学生了解国情世情,让学生搞清楚弄明白为什么马克思主义行、为什么中国共产党能、为什么中国特色社会主义好,让学生坚定中国特色社会主义道路自信、理论自信、制度自信、文化自信,让学生明确中华民族伟大复兴的时代责任和历史使命,树立远大理想,弘扬社会主义核心价值观,践行习近平新时代中国特色社会主义思想,成长为德智体美劳全面发展的社会主义建设者和接班人,实现"为党育人、为国育才"的目标,为实现第二个百年奋斗目标提供人才保障和智力支撑。

(二) 辅导员的角色定位要求提高辅导员的综合素质

辅导员的角色定位要求辅导员必须按照习近平总书记在学校思想政治理论课教师座谈会上给思政课教师提出的"六点要求",严格要求自己,努力提高自身综合素质,当好学生成长成才的引路人,争当新时代优秀辅导员。

1.辅导员政治要强

让有信仰的人讲信仰,让有爱国情怀的人讲爱国。对马克思主义的信仰,对社会主义和共产主义的信念,只有首先在辅导员心中落到地扎下根,才能在学生心中开花结果,产生良好效果。只有辅导员自己信仰坚定,对教育学生的思想政治工作内容高度认同,学懂悟透马克思主义基本理论,搞懂弄通习近平新时代中国特色社会主义思想的灵魂和要义,真信真行,坚定"四个自信",坚定理想信念,才能有底气教育好学生,才能有效引导学生真学、真懂、真信、真用马克思主义,才能坚定学生的"四个自信",才能引导学生树立远大理想,帮助学生扣好人生第一粒扣子。辅导员要坚守"为党育人、为国育才"的目标,抓住"为谁培养人、培养什么人、怎样培养人"这一重大问题,善于从政治角度把握问题,善于从政治角度分析问题,体现辅导员教育的政治导向,突出辅导员职业的政治特征,自觉用习近平新时代中国特色社会主义思想武装自己的头脑,在大是大非面前保持政治清醒,站稳政治立场,明确政治观点,增强政治敏锐性和政治鉴别力,当好学生的"领头羊",才能在学生成长中把准前进方向,才能给学生准确把脉问诊,解决学生思想方面存在的各种"疑难杂症",才能让辅导员的思想政治教育工作富有吸引力和感染力,形成学生愿意听、乐于做的良好氛围。

2.辅导员情怀要深

辅导员思想政治教育要引导学生立德成人、立志成才,只有打动学生,触动学生心灵，才能教育学生，才能引导学生。辅导员在学生日常工作和学生活动中展现的真实情怀和勇于担当，最能打动学生，最能影响学生，甚至会影响学生一生。真信才有真情，真情才能感染人。辅导员为学生所做的各项工作，如果是发自内心、出于真情，定能触动学生、震撼学生，让学生终生难忘。辅导员要有家国情怀，心里装着国家和民族，在党和人民的伟大实践中关注时代、关注社会、关注国家，汲取养分、丰富思想、提升自己。辅导员要有传道情怀，对思想政治教育、对习近平新时代中国特色社会主义思想、对立德树人投入真情实感，对辅导员工作有执着追求。辅导员要有仁爱情怀，把对家国的爱、对教育的爱、对学生的爱融为一体，心中始终装着学生，一切为学生成长成才，用爱心、诚心、耐心来做学生思想政治教育工作，把深厚的情怀融入学生工作，让辅导员思想政治教育成为有温度的哺育学生健康成长的工作。

3.辅导员思维要新

辅导员要通过组织各项学生活动，教会学生进行科学的思维。辅导员给予学生的不应该是一些抽象的概念、空洞的说教，而应该是观察认识当代世界和当代中国的立场、观点、方法，要授人以渔。辅导员思想政治教育是一项非常有创造性的工作，有统一的要求，但没有现成的模式。辅导员要学会应用辩证唯物主义和历史唯物主义的方法，善于运用创新思维、辩证思维，善于运用矛盾分析方法抓住关键、找准重点，创新辅导员思想政治教育工作，创新学生工作，以学生为中心，发挥学生主体作用，给学生深刻的学习体验。工作中可以与学生共同探讨问题、分析问题，帮助学生辨别是非对错，把学生引导到正确的思维轨道；可以"发声"和"亮剑"批评不良社会现象，更要讲好中国故事，引导学生正面思考，传播正能量；可以讲第二个百年奋斗目标的复杂性和艰巨性，更要引导学生对中国特色社会主义现代化建设充满信心，对中华民族伟大复兴充满希望。无论对学生进行思想政治教育还是组织学生开展各项活动，最终都要落到引导学生树立正确的理想信念、引导学生学会正确的思维方法上来。

4.辅导员视野要广

一是辅导员要有宽广的知识视野。辅导员具有马克思主义理论功底，掌握思想政治教育内容，了解教育学和心理学的基础知识，熟悉管理学、法学的基本要求，还要广泛涉猎其他哲学社会科学以及自然科学的知识。

二是辅导员要有宽广的国际视野。学生经常会把国外的事情同国内的情况联系起来，这个过程就会产生一些疑惑，学生的疑惑就是辅导员思想政治教育的重点。辅导员要关心国内外大事，了解国内外最新的发展状况，善于利用国内外的事实、案例、素材，在比较中回答学生的疑惑，既不封闭保守，也不崇洋媚外，引导学生全面客观认识当代中国、看待外部世界，善于在批判鉴别中明辨是非对错,更加坚定学生的"四个自信"。

三是辅导员要有宽广的历史视野。历史是最好的老师、最生动的教材。辅导员的历史视野要有5000多年中华文明史,要有500多年世界社会主义史,要有中国人民近代以来170多年斗争史,要有中国共产党100年的奋斗史,要有中华人民共和国70多年的发展史,要有改革开放40多年的实践史,要有新时代中国特色社会主义取得的历史性成就、发生的历史性变革等。辅导员要通过组织学生参观展览,讲故事,参加歌咏比赛、知识竞赛、重要纪念日礼仪教育等社会实践和校园文化活动,把历史视野渗透到思想政治教育和学生工作中,让学生学史明理、学史增信、学史崇德、学史力行,砥砺推进中华民族伟大复兴。

四是辅导员要有宽广的发展视野。不能鼠目寸光,不能只看眼前不望长远,要用发展的视野看待事物,要用发展的视野分析目前存在的问题,要用发展的视野开展学生工作,看好中国的未来发展,看好学生未来的前途,给学生以希望,让学生看到未来。

5.辅导员自律要严

一名辅导员负责200名左右学生的思想政治教育和管理工作,有的辅导员还负责团委工作。可以说,辅导员是学生的一面旗帜,一言一行潜移默化地影响着学生。因此,辅导员对自己要求要严格。辅导员既要遵守公民基本道德规范,更要用"四有好老师"的标准严格要求自己,遵守辅导员的政治纪律和政治规矩,与党中央保持高度一致,不触碰"红线"和"底线"。辅导员要做到学生面前和背后一致、网上网下一致,不能在学生面前讲得不错,离开学生后却乱讲,不能在学生活动中表现不错,却在网上乱说。辅导员掌握着学生校园活动的主导权和话语权,一定要在各种学生活动中自觉筑牢主阵地,积极弘扬主旋律,主动传递正能量,努力讲好中国故事。遵守政治纪律,不意味着不能讲矛盾、不能碰问题。有的辅导员担心化解学生矛盾、解决学生问题可能引起麻烦,工作中总是绕开问题、避开难点,避实就虚。只要辅导员坚持正确的政治方向,心中有党,心中有祖国,立足于引导学生坚定理想信念,全面客观公正地化解学生之间的矛盾、解决学生遇到的问题,就不用担心在政治上出问题。

6.辅导员人格要正

亲其师,才能信其道。只有辅导员具备高尚的人格,爱党爱国爱人民爱学生,用心做好学生工作,才能对学生产生吸引力。辅导员要有堂堂正正的人格,用高尚的人格感染学生,用无私的品行教育学生,用教师的修养赢得学生。辅导员要有学识魅力,知识丰富,见识广泛,才能以知识的力量感召学生,以广博的见识感动学生。辅导员要有思想境界,勇于奉献,不计较个人得失,对学生的教育动之以情、晓之以理、导之以行、持之以恒,充满爱心,满怀信心,才能具有感染力。辅导员工作中的语言也要有魅力，从辅导员的话语中，学生能够感受到辅导员的人格和魅力，感受到辅导员的信任和希望。辅导员要自觉做到修身修为，像曾子那样"吾日三省吾身"，像王阳明那样"诚意正心""知行合一"，终身学习，自觉健全人格人品，当为学为人的表率，做让学生喜爱的辅导员，做让学生信任的辅导员，成为学生成长成才的引路人。

第三节 辅导员思想政治教育的基本原则和主要方法

教育方法是完成教育任务、实现教育目的的基本保障。辅导员思想政治教育的根本任务是立德树人，根本目的是为党育人、为国育才，培养德智体美劳全面发展的社会主义建设者和接班人。要实现这一教育任务和教育目的，辅导员必须始终坚持思想政治教育的基本原则，遵守思想政治教育的基本要求，践行思想政治教育的基本规定，不断改革创新思想政治教育方法，提高学生思想政治教育的针对性和实效性，增强学生思想政治教育的亲和力和感染力。

一、辅导员思想政治教育的基本原则

辅导员思想政治教育的基本原则是根据思想政治教育的目的和实践，遵循思想政治教育规律和学生成长规律而概括总结的思想政治教育的共性要求，是辅导员进行思想政治教育的基本行为准则，具有方法论的属性，对辅导员落实立德树人根本任务发挥着指导作用。辅导员只有坚持思想政治教育的基本原则，不断改革创新思想政治教育的具体方法，才能更好地实现"为党育人、为国育才"的目标。

（一）坚持育人性原则

为谁培养人、培养什么人、怎样培养人，是辅导员思想政治教育的首要问题，也是落实立德树人根本任务的首要问题。一个国家没有先进的科学技术，一打就垮；没有合格的建设者和可靠的接班人，不打自垮。古今中外，每个国家都是按照自己的要求培养人才，没有例外。我国是中国共产党领导的社会主义国家，决定了思想政治教育的根本目标是培养德智体美劳全面发展的社会主义建设者和接班人，决定了思想政治教育的育人性。育人性是指辅导员通过学生品德修养，教育引导学生如何做人做事，教育引导学生明大德、守公德、严私德，树立起正确的人生观、世界观、价值观，教育引导学生成长为社会主义合格的建设者和可靠的接班人。坚持育人性原则，是辅导员进行思想政治教育的本职工作和基本职责，也是辅导员落实立德树人根本任务的历史责任和时代使命，更是落实习近平总书

记提出的"坚持教书和育人相统一"的具体举措和根本保证。

辅导员思想政治教育坚持育人性的原则,首先,要求辅导员提高思想认识,树立思想政治教育就是育人的理念,把思想政治教育和为谁培养人、培养什么人、怎样培养人结合起来,把思想政治教育和立德树人融合起来,走出"管理等同于思想政治教育、服务等同于思想政治教育、育才等同于育人"的误区,扭转重管理、重服务、轻思想政治教育、轻立德树人的倾向,杜绝只管理、只服务、不育人的现象,全面做好学生的思想政治教育工作,全面落实立德树人的根本任务,让所有辅导员都承担起思想政治教育的责任,完成好立德树人的任务,坚守好"为党育人、为国育才"的初心和使命。其次,要求辅导员抓住德育、品德修养这个关键环节,强化立德树人意识,找准立德树人角度,提升立德树人能力,把立德树人贯穿于辅导员思想政治教育中,把学生德育培养融入辅导员学生管理工作中,把弘扬社会主义核心价值观渗透于学生各项活动中。通过每位辅导员的努力,通过日复一日的教育、年复一年的熏陶,强化学生的个人品德修养,筑牢学生的远大理想和崇高信念,厚植学生的爱国主义情怀,提升学生的综合素质,培养出既有高尚品德又有真才实学、能够担当民族复兴大任的时代新人,造就出一代又一代为人民服务、为中国共产党治国理政服务、为巩固和发展中国特色社会主义制度服务、为改革开放和社会主义现代化建设服务的建设者和接班人。

(二) 坚持政治性原则

为党育人、为国育才的使命和目标决定了思想政治教育具有鲜明的政治性,包括思想政治教育的政治方向、政治立场、政治观点、政治鉴别力和政治敏锐性等。辅导员坚持政治性原则,是指辅导员在思想政治教育过程中要把准社会主义的政治方向,站稳马克思主义的政治立场,树立习近平新时代中国特色社会主义思想的政治观点,提高对事物是非曲直的政治鉴别力,增强思想政治教育的政治敏锐性,把学生培养为品德高尚、热爱祖国、热爱中国共产党、热爱社会主义、热爱人民、热爱劳动、担当中华民族伟大复兴大任的时代新人。

坚持政治性的原则,一是辅导员要围绕立德树人开展思想政治教育工作,树立政治意识和政治理念,坚守政治要求和政治纪律。思想政治教育工作中始终坚持党的教育方针,全面贯彻习近平新时代中国特色社会主义思想,弘扬社会主义核心价值观,传承中华优秀文化传统,做到"两个维护",坚定"四个自信",把思想政治教育的政治性原则置于学生管理、学生服务各项要求的首位,坚持正确的价值导向,弘扬主旋律,传播正能量,不触碰"红线"和"底线",在立德树人过程中让学生成人成才。二是辅导员要把政治性和学生专业学习、学生日常管理结合起来,融为一体,深入挖掘学生专业学习、学生日常管理中的思想政治教育元素，把立德树人寓于学生专业学习和日常管理工作中，用学生信服的道德情操启迪学生心灵，用高尚的思想品德润泽学生心田，用社会主义核心价值观影响学生言行，用马克思主义的真理力量引导学生发展，让学生在专业学习和日常生活中领悟习近平新时代中国特色社会主义思想的真谛，让学生在口服心服中产生思想共鸣，让学生在认知认同中真信真行。

（三）坚持统一性原则

统一性规定着事物的性质和发展方向，具有普遍性和原则性的特点。坚持思想政治教育的统一性原则是由"为党育人、为国育才"的培养目标及其政治性决定的。辅导员坚持思想政治教育的统一性原则，就是要坚持统一的指导思想、统一的意识形态、统一的政治方向、统一的政治立场和统一的政治观点，坚守马克思主义的一元化指导地位，坚持社会主义的政治方向，全面贯彻党的教育方针。杜绝各种"杂音"和"噪声"，以立德树人为根本任务，加强学生的品德修养，厚植学生的爱国主义情怀，培养学生的奋斗精神，提升学生的综合素质，确保对学生的各种思想政治教育、对学生的各种管理和各种服务同向同行，共同形成协同效应，解决好为谁培养人、培养什么人、怎样培养人的根本问题。

辅导员坚持统一性原则，是把握思想政治教育的大方向，是落实立德树人的根本任务，不能与具体方法的多样性混为一谈。辅导员落实立德树人的根本任务，面对不同学科和不同专业的学生，主体不同、环境不同，具体教育目标也不同。这就决定了在凸显统一性主导地位的前提下，思想政治教育必须具有灵活性、针对性和多样性，不可能处处齐步走，也不可能方式方法单一化，而是要根据学生的具体情况，采用不同的思想政治教育资源，采取不同的思想政治教育手段和方法。

（四）坚持全面性原则

全面性的原则是指辅导员进行思想政治教育，对象要全面，包括所有的学生，不能有例外；内容要全面，包括思想政治教育中的所有内容，不能有遗漏；领域要全面，涉及学生工作的各个方面，是全方位的，不能有死角；过程要全面，覆盖学生成长成才的全过程，不能有始无终，也不能断断续续。

思想政治教育中坚持全面性的原则，一是要求辅导员把学生全部纳入思想政治教育范围，根据学生的不同情况开展工作，不能因为学生学习成绩优异和表现好，就排除在工作范围以外，也不能因为学生学习成绩差和表现不佳，就置之不理，辅导员要关心每位学生的成长成才。二是要求辅导员以落实立德树人根本任务为抓手，全面开展思想政治教育，把品德修养、学习马克思主义及马克思主义中国化最新成果、践行社会主义核心价值观、弘扬中华优秀文化传统、遵纪守法等内容融入学生校园学习和日常生活中。三是要求辅导员全员、全过程、全方位开展思想政治教育工作,落实好立德树人的根本任务,在组织学生各项工作中渗透思想政治教育的有关内容,在安排学生各项活动中纳入思想政治教育的基本元素,在管理学生的日常生活中融入思想政治教育的组成要素,实现思想政治教育无人不做、无时不在、无处不有。

(五) 坚持主体性原则

"主体"是指事物的主要部分,还指有认识和实践能力的人。坚持主体性原则是指辅导员在思想政治教育工作中要重视学生的主体地位和主体作用,充分发挥学生在品德修养、价值观形成过程中的主动性,充分调动学生在思想政治教育中的积极性。思想政治教育的参与主体是教师和学生,教师是教育者,发挥着引导作用,学生是受教育者,也是接受者和践行者。只有学生的主体地位发挥出来,修养自身品德,形成正确价值观,成长为合格的建设者和可靠的接班人,思想政治教育的现实意义才能体现出来。因此,思想政治教育的特点要求在思想政治教育的实际工作中要发挥好学生的主体作用。

坚持主体性原则,发挥学生在思想政治教育中的主体作用,不是辅导员不发挥作用,而是辅导员要发挥思想政治教育和立德树人的主导作用。其主要体现在引导学生品德和价值观的形成、把握好政治方向、用习近平新时代中国特色社会主义思想铸魂育人、安排学生活动主题、设计学生活动内容、创新学生管理方法等。除此之外还体现在辅导员相对于学生而言更有信仰、更讲政治、更懂理论、更有学识、更具权威,但主导作用不能代替主体作用。高校每位辅导员要负责管理200名左右的学生,学生数量多,工作任务多,辅导员不可能有精力亲自管理学生工作中的每一件事情,要管也不可能管好,需要学生自我管理,高校学生基本上都是成年人,有一定自我管理的能力,而且学生管理中学生事项、学生活动非常多,都需要学生参与。因此,高校学生管理的一个特点是重视学生的自我管理。特别是近年来教学实践倡导学生中心论,鼓励发挥学生在教学中的积极作用和主观能动性。辅导员学生管理工作完全可以借鉴这一做法,充分发挥学生在思想政治教育中的主体作用,让学生以主体的身份积极参与立德树人过程中,由被动转变为主动,由接受者转变为参与者,自觉提高品德修养,形成正确的世界观、人生观、价值观,成长为德智体美劳全面发展的社会主义建设者和接班人。

(六) 坚持持续性原则

持续是持续很长时间、不间断的意思。思想政治教育涉及人的品德修养、思想认识、价值观形成等,这些不是立竿见影、马上就能见效的工作,需要长期坚持,持续努力,才能收到应有的成效。持续性原则是指辅导员进行思想政治教育,落实立德树人根本任务，需要不间断的长期坚持和努力，不能松懈，不能停停脚，也不能歇歇步，思想政治教育永远在路上。

坚持持续性原则，一方面要求辅导员解决思想认识问题，充分认识到进行思想政治教育的长期性、艰巨性和持续性，坚持思想政治教育的持续性，不能有船到码头车到站的想法，要从长计议，长期规划，当一辈子辅导员，就要做一辈子思想政治教育工作，从学生入校第一天到毕业离校，让学生每天都沐浴在思想政治教育的熏陶中，养成优秀品行，练就高尚人格；另一方面，要求辅导员协调好思想政治教育的短期计划和长期规划的关系，立足当前，着眼长远，把布置安排的思想政治教育工作一件一件地做扎实，把立德树人的根本任务一位学生一位学生地做细致，让思想政治教育工作往深处走、往学生心里去，做到浇花浇根、育人育心，让学生口服心服，真学真信真行，成长成才。

二、辅导员思想政治教育的主要方法

辅导员思想政治教育方法是为了落实立德树人根本任务，在思想政治教育过程中所运用的方式与手段的总称。思想政治教育方法在坚持思想政治教育基本原则的基础上，应根据学生的思想状况、工作目标等实际情况，按照延续使用好办法、改进完善老办法、探索尝试新办法的基本思路，灵活应用各种方法，因人而异、因时而进、因势而新，实现"工作有法，但无定法，贵在得法"，全面提升辅导员思想政治教育的针对性和实效性。

（一）思想政治教育的主题教育方法

党的十八大以来，全党主题教育活动接连不断。2013年下半年开始，全党深入开展党的群众路线教育实践活动；2016年，开展"两学一做"学习教育活动；2019年，在全党开展"不忘初心、牢记使命"主题教育活动；2021年，在全党开展党史学习教育活动等。主题教育活动是开展思想政治教育工作的一种有效方式，也是学校思想政治教育的一种常用方法。

1.思想政治教育主题教育方法及其特点

主题教育方法是根据思想政治教育和学生工作需要，选定思想政治教育的相关内容为主题，通过多种形式对学生进行思想政治教育的方法。该方法具有教育主题选取灵活、教育主题单一、教育内容突出、教育形式多样化、举办时间可长可短、对学生产生的影响比较深等特点，是辅导员思想政治教育运用比较多的一种方法。

中国特色社会主义进入新时代，实现中华民族伟大复兴的第二个百年奋斗目标已经开启，面对新的伟大征程，面对新的教育主体，面对新的国内外形势，辅导员思想政治教育必须与时俱进，创新发展，把思想政治教育与新形势结合起来，推进思想政治教育与现代信息技术深度融合，以精准思想政治教育为抓手，进一步提高辅导员思想政治教育的吸引力和感染力，进一步增强思想政治教育的针对性和实效性，开创思想政治教育的新局面，实现思想政治教育工作的高质量发展。

2.思想政治教育主题教育方法的运用

运用主题教育方法进行思想政治教育工作，第一，要求辅导员根据学生工作需要、社会发展形势和学生的思想实际情况，选定好教育主题及教育内容。如期末考试期间可以开展诚信考试为主题的教育活动，增强学生的诚信理念、诚信自觉；清明节到来之际，可以组织学生进行缅怀先烈的主题教育活动；七一党的生日期间，可以组织学生开展以歌颂党为主题的教育活动，增强学生对党史、党的性质、党的伟大历史成就的认识，增强学生对党的热爱；十一国庆节期间，可以组织开展歌颂祖国、中国梦、中华民族伟大复兴第二个百年奋斗目标等为主题的教育活动，增强学生的中国特色社会主义道路自信、理论自信、制度自信、文化自信。

第二，要求辅导员根据实际情况采取多种多样的主题教育形式，确定好主题教育的形式。如诚信考试主题教育活动，可以采取开班会、出墙报、挂标语横幅、教室黑板写出宣传提示的形式；缅怀先烈的主题教育活动可以到烈士陵园进行扫墓；七一歌颂党为主题的教育活动可以是学生歌咏比赛、学生朗诵比赛、传媒平台主题宣传、观看党史文献纪录片、墙报栏目宣传、学生入党仪式宣传等；十一歌颂祖国为主题的教育活动形式更灵活，可以校内进行、网上组织，还可以走入社会，进企业、到乡村，让学生了解祖国快速发展的大好形势。

第三，要求辅导员根据实际情况准备思想政治教育素材，注重主题教育的生动性和实效性。只有让有信仰的人讲信仰，才能把信仰讲得声情并茂、入耳入心。只有内心有真实的情怀，才能把情怀讲得让人感动、产生共鸣。以主题教育方法对学生进行思想政治教育，要抓住思想政治教育的针对性和实效性，在关键点上"画龙点睛"，做到生动鲜活，触及学生的心灵深处。习近平总书记在论述理想信念时，曾指出理想信念坚定是经受住任何考验的"精神支柱"，没有理想信念，或者理想信念不坚定，精神上就会"缺钙"，就会得"软骨病"，就会产生各种各样的问题；在阐述教书育人问题时，他指出学生正值价值观形成和确立的时期，要帮助学生扣好人生第一粒扣子，如果第一粒扣子扣错了，剩余的扣子都会扣错；在讲述坚持中国特色社会主义道路时，他用"鞋子合不合脚，只有穿的人才知道"来说明中国特色社会主义道路是人民的选择。这是语言的魅力，更是内心深处理想信念、家国情怀、远大目标、民族伟大复兴思想的真实表达。辅导员要认真学习贯彻习近平新时代中国特色社会主义思想，把学生思想政治教育工作做得有

"声"有"色"、有"滋"有"味"、有"情"有"义",提高思想政治教育的亲和力和感染力。

(二)思想政治教育的渗透教育方法

习近平总书记在同北京师范大学师生代表座谈时强调,广大教师要用自己的学识、阅历、经验点燃学生对真善美的向往,"使社会主义核心价值观润物细无声地浸润学生们的心田"。他在主持学校思想政治理论课教师座谈会时也强调,"要挖掘其他课程和教学方式中蕴含的思想政治教育资源","坚持显性教育和隐性教育相统一","既要有惊涛拍岸的声势,也要有润物无声的效果"。思想政治教育渗透教育方法就是用隐性教育方式实现润物无声教育效果的一种有效方法。

1.思想政治教育渗透教育方法及其特点

思想政治教育渗透教育方法是指利用学生管理、学生服务、学生活动中的思想政治教育元素,以逻辑自然、合理合情、与学生工作融为一体的方式开展思想政治教育的方法,是以潜移默化的教育方式达到润物无声的教育效果。

运用渗透教育方法进行思想政治教育和价值引领,并不一定直接向学生说明要进行思想政治教育,而是把思想政治教育内容融入学生活动中,与学生管理和服务工作融合起来,不需要长篇大论,也不需要深刻论述,更不需要思想政治教育的全面性和系统性,符合情理,易于接受,产生的效果更好、影响更大、作用更强。学生工作中可挖掘的思想政治教育渗透方法的切入点多、涉及面广、教育内容多,每位辅导员都可以运用,是学生工作中比较容易进行的一种思想政治教育方式。因此,思想政治教育渗透方法具有间接性、简单性、非系统性、广泛性的特点。

2.思想政治教育渗透教育方法的灵活运用

思想政治教育渗透教育方法适合用于学生工作的各方面,要求辅导员了解思想政治教育的有关内容,结合具体学生工作的内容,认真推敲学生工作与思想政治教育的关联点,仔细筛选思想政治教育元素的融入点,以渗透方法来完成教育任务,让学生在不知不觉的状态中达到思想政治教育"随风潜入夜,润物细无声"的育人效果。如在学生助学金评比过程中,要让学生知道现在的资助力度大、资助比例高、资助范围广,要让学生感受到党和政府对家庭困难学生的关爱、国家对教育事业的支持,要让受资助的学生发奋学习,回报社会;在举办校运会之际,辅导员要向学生渗透体育强国、健康强国的理念,引导学生全面发展;当我国民生事业、产业发展等方面有了重大进展或重大成就时,辅导员可以把相关新闻报道或视频节目发送到学生微信群或学生媒体平台,让学生感受到祖国的发展和强大,增强学生的爱国热情;全国"两会"期间,辅导员可以组织学生交流讨论一些"两会"热点话题，培养学生关心国家大事的意识；神舟十三号载人飞船结束了长达半年的太空之旅，搭载着航天员稳稳降落着陆，圆满完成我国迄今为止时间最长的载人飞行天地往返任务，在开班会或在与学生交流中，辅导员可以将载人飞船安全返回的信息传递给学生，说明科技创新、科技强国、民族复兴的重要性，坚定学生实现第二个百年奋斗目标的决心。只要辅导员用心思考，学生工作中运用渗透教育方法进行思想政治教育的机会无处不在，无时不在。

（三）思想政治教育的实践教育方法

实践是认识的来源，是认识的目的。对学生进行思想政治教育，不仅要坚定学生的远大理想，树立学生的崇高信念，增强学生的"四个自信"，更重要的是要让学生投身中国特色社会主义现代化建设，助力中国梦的早日实现。正如习近平总书记所指出的那样："要高度重视思政课的实践性，把思政小课堂同社会大课堂结合起来，在理论和实践的结合中，教育引导学生把人生抱负落实到脚踏实地的实际行动中来，把学习奋斗的具体目标同民族复兴的伟大目标结合起来，立鸿鹄志，做奋斗者。"

1.思想政治教育实践教育方法的界定

思想政治教育的实践教育方法是指通过学生亲自实践的方式，对学生进行思想政治教育，实现教育学生的目的。实践教育方法注重知行统一，使学生亲自体验、亲自体会，印象更深，效果更好，胜过单纯的说教，也是学生思想政治教育形式多样化的体现。学生成长过程中，实践活动无处不在，对学生的思想政治教育也无处不在。

2.思想政治教育实践教育方法的创新运用

运用实践教育方法对学生进行思想政治教育，一是要求辅导员深入挖掘学生实践中思想政治教育元素，组织学生开展相关实践活动，把思想政治教育融入其中，完成对学生的思想政治教育工作。如辅导员可以指导班团干部组织学生进行社会实践调查，了解党和国家的方针政策，了解祖国发生的天翻地覆的变化，增进学生爱党、爱社会主义的情怀；可以组织学生志愿者服务、勤工助学等校园实践活动，培养学生的高尚情怀；清明节组织学生到烈士陵园扫墓，净化学生的心灵，升华学生的思想境界。

二是要求实践教育方法与学生所学专业相结合，与学生实际情况相结合，使学生愿意参加实践，对学习成长有益处，增强思想政治教育的针对性和实效性。比如，对于艺术类专业学生，在七一党的生日时组织排演长征组歌或抗战歌曲，对于提高学生的专业实践有帮助，对于学生的思想教育也非同寻常，可以说是终生难忘。再如，为了加强学生的党史学习，可以组织学生开展党史知识竞赛，学生亲自体验，印象非常深刻，比单纯的讲解效果更好。

（四）思想政治教育的言传身教方法

"师者，人之模范也。"习近平总书记指出："好老师首先应该是以德施教、以德立身的楷模。"好老师要"带头弘扬社会主义道德和中华传统美德，以自己的模范行为影响和带动学生"。教师要"坚持言传和身教相统一"。立德树人，进行思想政治教育，不仅要靠教师课堂上的说服教育，还要靠教师榜样的力量，特别是辅导员，每天和学生打交道，与学生接触的机会多，参与的学生活动多，更要用自己的言行践行好言传身教方法。

1.言传身教方法的含义

言传身教的原意是用言语来教导，用自己的实际行动来做示范，树立榜样，传递教育价值观。把言传身教作为一种思想政治教育方法，基本要求是言行一致、以身作则、身教为先，适用于每位教师。言传身教方法融合了辅导员言语引导与榜样示范相结合、说教与践行相统一的思想和方法，体现了率先垂范的重要性，是一种行之有效的思想政治教育方式，每位辅导员都要在实际工作中努力践行言传身教方法。

2.辅导员要努力践行言传身教方法

"对教师来说，想把学生培养成什么样的人，自己首先就应该成为什么样的人。""喊破嗓子不如做出样子"，言传身教方法要求每位辅导员不仅平时要说服教育学生，言之以理，动之以情，还要以自己的言行教育学生，以自己的榜样影响学生辅导员应各方面严格要求自己，言传身教，言行一致。对工作认真负责、充满激情，对学生以诚相待、充满爱心。辅导员应以自身的正能量教育学生，引导学生践行社会主义核心价值观，弘扬讲仁爱、重民本、守诚信、崇正义、尚和合、求大同的中华优秀传统文化同时，要激发学生热爱祖国，拥护中国共产党，投身于中华民族伟大复兴的奋斗中。

（五）思想政治教育的网络媒体教育方法

习近平总书记指出："网络是一把双刃剑。一张图、一段视频经由全媒体几个小时就能形成爆发式传播，对舆论场造成很大影响。这种影响力，用好了造福国家和人民，用不好就可能带来难以预见的危害。"

中共中央、国务院《关于新时代加强和改进思想政治工作的意见》指出，"加强网络思想政治工作"，"使互联网这个最大变量变成事业发展的最大增量"。辅导员必须充分认识信息化给学生思想政治教育工作带来的挑战，趋利避害，积极利用网络媒体平台开展学生的思想政治教育工作。

1.思想政治教育网络媒体教育方法

思想政治教育网络媒体教育方法，是指运用网络媒体平台对学生进行思想政治教育的方法。信息化时代的到来，学生无人不网、无日不网、无处不网，颠覆了传统的生活方式，改变了已有的教学形式，对思想政治教育也提出了新的挑战。运用网络媒体平台新技术，可随时随地更新信息，并实现信息的即时分享，给辅导员思想政治教育工作提供了便利，但网络媒体信息良莠不齐，泥沙俱下，混淆视线，让学生眼花缭乱，难以辨认对错真假，给辅导员思想政治教育工作带来了更大挑战。

2.思想政治教育网络媒体教育平台的应用和管理

一是提高思想认识。辅导员要强化网络意识，树立网络思维，提高信息化技术能力，投入时间和精力加强运用网络媒体进行思想政治教育。辅导员应从自己负责管理的学生做起，积极推动思想政治工作传统优势同信息技术高度融合，筑牢网络育人阵地，用好网络育人资源。

二是建立学生思想政治教育网络媒体平台。辅导员要充分利用学生信息技术娴熟的特点，指导学生以班级、团组织为单位建立一个比较规范的、有人负责管理的网络媒体平台，拓展学生思想政治教育的途径，要求学生人人参与，实现学生全覆盖。辅导员作为学生思想政治教育的引路人，不能袖手旁观，而要直接"上手"，参与网络媒体平台之中，不仅可以拉近与学生的距离，而且可以对网络媒体平台的运行进行监管，参与其中就是一种无形的监管手段，比任何其他监管都起作用。

三是要利用好思想政治教育网络媒体平台。辅导员要善于抓住教育机会，要求学生定期向网络媒体平台推发思想政治教育方面的有关资源，让学生耳濡目染接受教育，要定期组织学生在网络媒体平台开展主题教育活动，让网络媒体平台"活"起来。如组织学生交流党史学习体会，国庆节期间组织学生每人推发一条好新闻，进行爱国主义主题教育活动等。

四是要重视网络媒体平台的运行管理。网络媒体平台是辅导员进行思想政治教育的重要阵地，辅导员不能只重视平台的建立，更要重视平台的日常运行管理。特别是辅导员要事先阅读检查学生向平台推发的资源是否有价值、观点是否正确，杜绝网络媒体平台出现任何"噪声"和"杂音"，确保平台成为传播正能量、弘扬主旋律、宣传好故事的牢固阵地。

（六）思想政治教育的交流谈心方法

个人之间进行交流谈心，是生活工作中经常使用的一种方法，其对于学生管理工作更为常见。辅导员要善于把交流谈心方法用于思想政治教育工作，了解学生的思想状况，增进师生之间的相互了解，提升相互的思想认识。

1.思想政治教育交流谈心方法及其特点

交流谈心方法是指通过辅导员与学生进行单独谈话的方式，交流思想，达成共识，达到对学生进行思想政治教育的目的。其特点是人员范围比较小，可能是辅导员跟学生一对一的谈话，也可能是辅导员一人跟几名学生的谈话；交流谈心的内容非常广泛，有时是为了鼓励学生做得更好或为了解决学生的问题，有时是与学生交流思想了解情况，还可以是给学生安排思想政治教育任务；交流谈心既可以是显性的，让学生都知道，达到教育所有学生的目的，也可以是隐性的，只有辅导员和当事学生知道。因此，交流谈心方法具有人员范围小、内容广泛、方式多种多样等特点。

2.思想政治教育交流谈心方法的有效应用

一是要策划好交流谈心的安排。交流谈心方法是辅导员经常使用的教育方法，但不是随便使用，需要精心安排，充分准备。辅导员要根据学生实际情况，确定交流谈心的对象、交流谈心的主题、交流谈心的方法、交流谈心的目的等。二是要用诚心进行交流谈心。辅导员可以开门见山直接与学生交流谈话主题，也可以循序渐进接近主题；要主动把自身工作经历、心路历程作为谈话引言，主动倾诉，也要事先了解学生情况，主动关心学生；要以诚相见，重在交心，重在交流感情，注重互动，换位思考，由情入理，以情感动学生，以理说服学生。三是要提高交流谈心的艺术。交流谈心要点面结合，更要由面到点，具有针对性；语言交流是主导，眼神、表情、手势等都是很好的辅助方式；交流谈心不可能一次见效，要做好多次交流谈心的准备。四是争取达到交流谈心的效果。辅导员要心中有方案，心中有底线，做到心中有数；交流谈心要刚柔并济，有进有退，有守有让，既指出学生的缺点不足，又给予学生鞭策鼓励，始终掌握主动，争取达到交流谈心的最佳效果。

（七）思想政治教育的问题导向教育方法

习近平总书记在学校思想政治理论课教师座谈会上指出："要坚持问题导向，学生关注的、有疑惑的问题其实也就几大类，要把这些问题掰开了、揉碎了，深入研究解答，把事实和道理一条条讲清楚。""从一个问题切入，把一个问题讲深，最后触类旁通，可以带动很多关联问题，有可能是一通百通，提纲挈领。"辅导员在思想政治教育工作中也要坚持问题导向的思路，应用问题导向教育方法做好学生思想政治教育工作。

1.思想政治教育问题导向教育方法的基本含义

问题导向教育方法，是指辅导员以思想政治教育中存在的问题为切入点，围绕存在的问题对学生开展思想政治教育，解决存在的问题。思想政治教育问题导向教育方法以存在的问题为主线开展思想政治教育,目的是解决学生思想上存在的问题。问题五花八门,各种各样,需要认真分析,以问题的解决为抓手推进学生思想政治教育工作。

2.思想政治教育问题导向教育方法的灵活运用

学生思想政治教育工作中坚持问题导向,一是要求辅导员树立问题意识,提高站位,守好一段渠、种好责任田。从为谁培养人、培养什么人、怎样培养人的高度思考问题,从学生德智体美劳全面发展的视角分析问题。辅导员应善于从学生思想政治教育工作中发现问题,针对思想政治教育回应学生关切度不足、吸引力感染力不强、学生主动性积极性不高等问题,面对学生思想政治教育有效供给不足的现实问题,找准教育切入点,紧扣学生关注点,补齐工作不足点,增加学生思想政治教育资源的有效供给。通过用问题导向教育方法引导和激发学生参与思想政治教育的积极性和主动性,提高思想政治教育的效果。二是要求辅导员具备解决问题的思维,认真分析问题存在的原因及解决的思路,要因事而化、因人而异、因材施教,要对症下药、精准施策,善于运用循序渐进、春风化雨的教育方式引导学生、熏陶学生,让思想政治教育更有温度、深度和力度,增强思想政治教育的针对性、实效性。

(八)思想政治教育的"三因"教育方法

"三因"教育方法是指辅导员对学生进行思想政治教育要因事而化、因时而进、因势而新的教育方法。2016年12月,习近平总书记在全国高校思想政治工作会议上发表重要讲话,强调"做好高校思想政治工作,要因事而化、因时而进、因势而新"。这是对学校思想政治教育规律的高度提炼和深刻总结,是对学校思想政治教育的总体要求,也是新时期辅导员做好学生思想政治教育的基本方法。

1.辅导员思想政治教育要因事而化

因事而化,是指辅导员要围绕学生思想状态和学生思想中存在的问题开展思想政治教育工作,培养时代新人。因事而化中的"因"有顺应、凭借之意,"事"指具体事情、事件,"化"则指感化、教化。因事而化重在"事"和"化",即思想政治教育要从客观实际出发,抓住学生思想政治教育中的热点事件或难点问题,进行全方位的深入剖析和正确引导,实现思想政治教育内容与学生兴趣点的直接对接,具有针对性,提高思想政治教育的实效性,解决学生理想信念问题,让学生内心相信马克思主义、真心拥护中国共产党领导、决心参与中华民族伟大复兴伟大事业,实现辅导员思想政治教育的根本目标。

思想政治教育因事而化,要求辅导员密切关注学生的思想状况,找准思想政治教育的关切点,抓住新时期学生思想认识中存在的突出问题,遵循思想政治教育规律和学生成长规律，有的放矢地对学生开展思想政治教育工作，以事化人，注重问题引领、因势利导、实质提炼、正确引导，让学生在问题的化解中受到思想政治教育，让学生在成事中成人，在成人中成才，从而成长为德智体美劳全面发展的社会主义建设者和接班人。

2.思想政治教育要因时而进

因时而进，是指辅导员要与时俱进，紧扣时代主题开展学生思想政治教育工作。因时而进的"时"有时机、时代之意，"进"有进步、前进之意，因时而进重在"时"和"进"。马克思主义具有与时俱进的理论品质，政治属性为先的思想政治教育也要与时俱进。不进则退、慢进亦退。当今世界，经济社会迅速发展，科技进步日新月异，信息时代改变着传统生活方式，学生的思想观念也在发生变化。这就客观要求辅导员思想政治教育工作因时而进，与时俱进，紧跟时代发展步伐。

思想政治教育因时而进，要求辅导员跟上时代步伐，顺应时代潮流，反映时代要求，因时而动，顺时而进。辅导员应不断用马克思主义中国化的最新理论成果更新思想政治教育内容，将十八大特别是十九大以来党的路线、方针、政策与思想政治教育内容联系起来，将《中共中央关于党的百年奋斗重大成就和历史经验的决议》等最新内容有机融入思想政治教育中，特别是用习近平新时代中国特色社会主义思想铸魂育人，把习近平新时代中国特色社会主义思想融入学生思想政治教育工作，力争做实做细做好做出成效，不断丰富思想政治教育内容，积极推进思想政治教育方式创新，提高思想政治教育的实际效果和整体水平。

3.思想政治教育要因势而新

因势而新，是指辅导员要根据经济社会发展变化的新形势，不断推进学生思想政治教育工作的创新。因势而新的"势"有局势、形势之意，"新"则指新颖、创新，因势而新重在"势"和"新"。任何事物都是不断发展变化的，我国经济社会发展步入新阶段，中国特色社会主义现代化建设进入新时代，第一个百年奋斗目标已经实现，农村绝对贫困现象已经消除，小康生活已经成为现实，辅导员要根据发展变化的新形势，不断推进学生思想政治教育工作的创新，做到因势而新。

思想政治教育因势而新，要求辅导员紧跟时代发展步伐，将"两个确立""两个维护"、中国共产党百年奋斗重大成就和历史经验、第二个百年奋斗目标、经济发展稳中求进的主基调等内容融入学生思想政治教育。针对学生思想认识中出现的新现象、新情况开展思想政治教育，拉近学生思想政治教育内容与现实社会之间的距离，拉近思想政治教育工作与学生之间的距离，拉近辅导员与学生之间的距离，增强辅导员思想政治教育的实效性、针对性，增进辅导员思想政治教育的亲和力和感染力，提高辅导员思想政治教育的"点头率"和"认可率"。

第四节 辅导员思想政治教育的创新发展

中国特色社会主义进入新时代，实现中华民族伟大复兴的第二个百年奋斗目标已经开启，面对新的伟大征程，面对新的教育主体，面对新的国内外形势，辅导员思想政治教育必须与时俱进，创新发展，把思想政治教育与新形势结合起来，推进思想政治教育与现代信息技术深度融合，以精准思想政治教育为抓手，进一步提高辅导员思想政治教育的吸引力和感染力，进一步增强思想政治教育的针对性和实效性，开创思想政治教育的新局面，实现思想政治教育工作的高质量发展。

一、辅导员思想政治教育面临的新形势

党的十八大以来，习近平总书记就学校思想政治工作发表一系列重要讲话，指明了高校思想政治工作的前进方向。一系列有关思想政治教育文件的实施，也为辅导员思想政治教育创造了有利条件。高校高度重视思想政治教育工作，全国上下凝心聚力，为实现第二个百年奋斗目标而不懈奋斗这些都是辅导员开展思想政治教育的积极因素。但面对新的主体——00后学生，面对新冠肺炎疫情的影响，面对世界百年未有之大变局，不确定因素增多，形势严峻复杂，辅导员思想政治教育面临新的挑战。

（一）方向更加明确——习近平总书记重要讲话指明了方向

党的十八大以来，以习近平同志为核心的党中央高度重视学校思想政治教育工作，先后召开全国高校思想政治工作会议、全国教育大会、学校思想政治理论课教师座谈会。在这些会议上，习近平总书记都发表了重要讲话，强调高校思想政治工作关系教育为谁培养人、培养什么人、如何培养人这个根本问题，要把立德树人作为学校思想政治教育工作的中心环节，把思想政治工作贯穿教育教学全过程，强调全员育人、全过程育人、全方位育人，为学校特别是高校思想政治教育工作提供了强大的思想武器，指明了学校思想政治教育工作前进的方向。

2016年12月7日至8日，在全国高校思想政治工作会议上，习近平总书记强调高等教育肩负着培养德智体美全面发展的社会主义事业建设者和接班人的重大任务，高校立身之本在于立德树人；强调高校思想政治工作关系高校培养什么样的人、如何培养人以及为谁培养人这个根本问题，要把思想政治工作贯穿教育教学全过程；强调做好高校思想政治工作，要因事而化、因时而进、因势而新，要遵循思想政治工作规律，遵循教书育人规律，遵循学生成长规律；强调各门课都要守好一段渠、种好责任田，各级党委要把高校思想政治工作摆在重要位置。

2018年9月10日，在全国教育大会上，习近平总书记提出"六个下功夫"，进一步明确了培养担当民族复兴大任时代新人的基本要求。一是要在坚定理想信念上下功夫，教育引导学生立志肩负起民族复兴的时代重任；二是要在厚植爱国主义情怀上下功夫，让爱国主义精神在学生心中牢牢扎根；三是要在加强品德修养上下功夫，教育引导学生踏踏实实修好品德；四是要在增长知识见识上下功夫，教育引导学生珍惜学习时光、心无旁骛求知问学；五是要在培养奋斗精神上下功夫，教育引导学生历练敢于担当、不懈奋斗的精神；六是要在增强综合素质上下功夫，帮助学生增强体质，提高学生审美和人文素养，教育引导学生崇尚劳动、尊重劳动、弘扬劳动精神。

2019年3月18日，在学校思想政治理论课教师座谈会上，习近平总书记强调了办好思想政治理论课意义重大。他指出要全面贯彻党的教育方针，落实立德树人的根本任务，解决好培养什么人、怎样培养人、为谁培养人这个根本问题；办好思想政治理论课关键在教师，教师承载着传播知识、传播思想、传播真理，塑造灵魂、塑造生命、塑造新人的时代重任，要给学生心灵埋下真善美的种子，引导学生扣好人生第一粒扣子；要推动思想政治理论课改革创新，坚持"八个统一"，不断增强思想政治理论课的思想性、理论性、亲和力和针对性；加强党对思想政治理论课建设的领导。

（二）条件更加有利——一系列文件提供了有力保障

为开创我国高校思想政治教育工作新局面，落实好立德树人根本任务，中共中央、国务院和教育部等有关部门，出台了一系列相关文件，制定了一系列相关政策，进一步推进了高校思想政治教育工作，为开创高校思想政治教育工作新局面创造了更为有利的条件，提供了更为有力的保障。

1.思想政治工作的有关文件及精神

2013年12月，中共中央办公厅印发《关于培育和践行社会主义核心价值观的意见》②，论述了培育和践行社会主义核心价值观的重要意义和指导思想，阐述了培育和践行社会主义核心价值观要坚持以人为本、坚持以理想信念为核心、坚持联系实际、坚持改进创新的原则；强调要把培育和践行社会主义核心价值观融入国民教育全过程，从小抓起、从学校抓起；要把培育和践行社会主义核心价值观落实到经济发展实践和社会治理中；要加强社会主义核心价值观宣传教育，深入开展中国特色社会主义和中国梦宣传教育，用社会主义核心价值观引领社会思潮、凝聚社会共识；要开展涵养社会主义核心价值观的实践活动，大力推进道德实践活动，加强诚信建设，广泛开展以相互关爱、服务社会为主题的群众活动，形成我为人人、人人为我的社会风气。

2019年10月27日，中共中央、国务院印发《新时代公民道德建设实施纲要》，要求牢固树立中国特色社会主义共同理想，在全社会大力弘扬社会主义核心价值观，积极倡导富强民主文明和谐、自由平等公正法治、爱国敬业诚信友善，全面推进社会公德、职业道德、家庭美德、个人品德建设，深化道德教育引导，推动道德实践养成，抓好网络空间道德建设，形成公民道德建设蓬勃开展、深入发展的良好局面。

2019年11月12日，中共中央、国务院印发《新时代爱国主义教育实施纲要》，指出新时代加强爱国主义教育，对于振奋民族精神、凝聚全民族力量，决胜全面建成小康社会，夺取新时代中国特色社会主义伟大胜利，实现中华民族伟大复兴的中国梦，具有重大而深远的意义。要坚持把实现中华民族伟大复兴的中国梦作为鲜明主题，坚持爱党爱国爱社会主义相统一，着力培养爱国之情、砥砺强国之志、实践报国之行，使爱国主义成为全体中国人民的坚定信念、精神力量和自觉行动。

2021年7月，在中国共产党成立100周年之际，中共中央、国务院印发《关于新时代加强和改进思想政治工作的意见》指出，加强和改进思想政治工作，事关党的前途命运，事关国家长治久安，事关民族凝聚力和向心力；明确了新时代加强和改进思想政治工作的指导思想和方针原则，强调要把思想政治工作作为治党治国的重要方式，要深入开展思想政治教育，要提升基层思想政治工作质量和水平，要充分调动一切积极因素，广泛团结一切可以团结的力量，完善全党全社会共同参与的思想政治工作大格局。

全国性的思想政治工作方面的文件，一是内容重要，公民道德建设、爱国主义教育是思想政治教育的重要内容，是思想政治教育的基本组成部分，非常重要。二是涉及面广，覆盖社会所有人员，包括城镇居民和农村居民、企业职工和机关干部、学校学生和社团人员，都需要按照颁布的规定来做，都需要进行思想政治教育工作。三是意义大，对全国各地各行业各部门，对大学、中学、小学都具有指导意义。四是层次比较高，都是由中共中央、国务院制定印发的，一方面是因为这些文件内容涉及全国，是全国性的；另一方面也表明以习近平同志为核心的党中央对思想政治工作的高度重视。

2.学校思想政治工作的有关文件及精神

2017年2月，中共中央、国务院印发《关于加强和改进新形势下高校思想政治工作的意见》，指出加强和改进高校思想政治工作，事关办什么样的大学、怎样办大学的根本问题，是一项重大的政治任务和战略工程。文件明确了加强和改进高校思想政治工作的重要意义、总体要求、指导思想、基本原则，强调了要强化思想理论教育和价值引领，加强哲学社会科学学科体系建设，加强对课堂教学和各类思想文化阵地的建设管理,加强教师队伍和专门力量建设,推进高校思想政治工作改革创新。

2017年9月21日,教育部公布修订后的《普通高等学校辅导员队伍建设规定》。该规定明确指出,辅导员是开展大学生思想政治教育的骨干力量,是高等学校学生日常思想政治教育和管理工作的组织者、实施者、指导者。同时,文件提出了辅导员工作的要求,明确了辅导员的主要工作职责包括思想理论教育和价值引领、党团和班级建设、学风建设、学生日常事务管理、网络思想政治教育等九项内容,规定了辅导员的配备与选聘。高校要坚持把立德树人作为中心环节,把辅导员队伍建设作为教师队伍和管理队伍建设的重要内容,是辅导员开展工作的纲领性文件。

2017年12月4日,中共教育部党组制定《高校思想政治工作质量提升工程实施纲要》,指出高校思想政治工作总体目标是着力培养担当民族复兴大任的时代新人,高校思想政治工作基本原则是坚持育人导向、坚持遵循规律、坚持问题导向、坚持协同联动,要求大力提升高校思想政治工作质量,统筹推进课程育人,着力加强科研育人,扎实推动实践育人,深入推进文化育人,创新推动网络育人,大力促进心理育人,切实强化管理育人,不断深化服务育人,全面推进资助育人,积极优化组织育人,明确"十大"育人体系的主要内容,构建"十大"育人质量提升体系。

2020年4月22日,教育部、中共中央组织部、中共中央宣传部等八部门印发《关于加快构建高校思想政治工作体系的意见》,明确了高校思想政治工作的指导思想和目标任务,强调高校思想政治工作的理论武装体系是加强政治引领、厚植爱国情怀、强化价值引导,指出了高校思想政治工作的学科教学体系包括全面推进所有学科课程思政建设,强化高校思想政治工作的日常教育体系、管理服务体系、安全稳定体系、队伍建设体系等,加强高校思想政治工作的组织领导和实施保障,加快构建目标明确、内容完善、标准健全、运行科学、保障有力、成效显著的高校思想政治工作体系,是落实《关于加强和改进新形势下高校思想政治工作的意见》的实施纲要,是高校全面开展思想政治工作的指导性文件。

学校思想政治工作是思想政治工作的重点,是思想政治教育的主要对象,关系到祖国未来的发展,关系到为谁培养人、培养什么人、如何培养人这个根本问题,非常重要,党中央高度重视。一方面作为党和国家最高领导层面的中共中央、国务院制定了相关意见,提出了指导思想和基本原则,以指导学校思想政治工作的进一步开展。另一方面,中央相关部门联合教育部共同制定了涉及面比较广的学校思想政治工作相关规定,中共教育部党组制定了相关的实施纲要,以落实中央有关文件精神,安排学校思想政治工作的相关事项。

3.思想政治理论课的有关文件及精神

思想政治理论课是学校思想政治工作的主渠道、主阵地，承担着教书育人的历史使命，是落实立德树人根本任务的关键课程，作用不可替代。以习近平同志为核心的党中央对思想政治理论课高度重视，中共中央办公厅、国务院办公厅印发了相关意见，以推进学校思想政治理论课改革创新。同时，教育部印发相关实施方案，落实中央精神，指导学校开展思想政治理论课改革创新发展。

2019年8月，中共中央办公厅、国务院办公厅印发《关于深化新时代学校思想政治理论课改革创新的若干意见》，聚焦学校思想政治理论课，明确了思想政治理论课的重要意义、指导思想和基本原则，要求完善思政课课程教材体系，调整创新思政课课程体系，统筹推进思政课课程内容建设，建设一支政治强、情怀深、思维新、视野广、自律严、人格正的思政课教师队伍，不断增强思政课的思想性、理论性和亲和力、针对性，加强党对思政课建设的领导。

2020年6月，教育部印发《高等学校课程思政建设指导纲要》，立足于解决培养什么人、怎样培养人、为谁培养人这一根本问题，构建全员全程全方位育人大格局，对高校课程思政建设作出一系列工作安排。其中，特别强调了坚持"四个相统一"全面推进课程思政建设工作，明确了课程思政五个方面的主要内容，包括推进习近平新时代中国特色社会主义思想"三进"，培育和践行社会主义核心价值观，加强中华优秀传统文化教育，深入开展宪法法治教育，深化职业理想和职业道德教育。此外，还要求把课程思政融入课堂教学建设的全过程。

2020年12月18日，中共中央宣传部、教育部制定了《新时代学校思想政治理论课改革创新实施方案》，强调充分发挥思政课在立德树人中的关键课程作用，坚持用习近平新时代中国特色社会主义思想铸魂育人；提出新时代学校思政课改革创新的基本要求，对大中小学思政课课程目标进行一体化设计，构建大中小学一体化思政课课程体系，明确各学段思政课课程内容，加强思政课教材体系建设等。

（三）任务更为艰巨——辅导员思想政治教育面临的新挑战

1.00后学生成为新主体

目前高校学生的主体是00后出生的年轻人，与80后和90后出生的学生相比，00后学生既有优势，又有弱项，时代特点比较突出。00后学生成长于我国经济快速发展的黄金时期，多数学生家庭经济条件比较好，享受生活成为自然状态，艰苦奋斗理念淡薄；成长在信息化时代，思想活跃，接受新生事物快，眼界更为开放，知识面广，学业基础好，擅长用现代技术手段解决问题，但易受网络负面信息诱导，思想认知缺乏深度，是非曲直鉴别力比较弱；多数学生仍为独生子女家庭，个性鲜明，自我中心意识较强，参与意识较强，合作理念欠缺，对局外人与事漠然置之；伴随着祖国的强大，自信心和民族感较强，但相对比较任性，传统说教效果不大；成长时期受到多元文化泛滥带来的影响，个性差异大，热血奋斗与佛系生活并存，"内卷"与"躺平"同在；伴随手机生活，手机网络依赖严重，精神娱乐方式多元化；少数学生音体美特长突出，多数学生传承优秀传统文化因素积淀少，传统权威意识逐步淡化，网红影星成为崇拜偶像，赶时髦随大溜成主流；目睹高房价、生活开支大、就业难的现实，心理压力较大，实用主义倾向比较突出，心理承受能力比较脆弱；等等。面对新主体，辅导员思想政治教育的任务更为艰巨，必须有更充分的思想准备，必须采取更为有效的工作方式。

2.国内外形势严峻复杂

从国内形势来看，一方面中国特色社会主义进入新时代，脱贫攻坚战如期打赢，全面建成小康社会的第一个百年奋斗目标如期实现，全面建设社会主义现代化国家、向第二个百年奋斗目标进军的新征程已经开启，向好的基本面没有改变，新冠肺炎疫情防控取得明显成效，人民生活不断改善。另一方面，我国发展面临的风险挑战明显增多，消费和投资恢复迟缓，稳出口难度增大，局部疫情时有发生，新的下行压力增大，关键领域创新支撑能力不强，输入性通胀压力加大，中小微企业和个体工商户生产经营困难，稳就业任务更加艰巨。

从国际形势来看，世界经济复苏动力不足，大宗商品价格高位波动，全球疫情仍在持续，局部战争不断，经济秩序不稳定因素增多，各方面不确定因素更为突出。世界百年未有之大变局与新冠肺炎疫情全球大流行、重大突发事件交织影响，形势更趋复杂严峻。面对严峻复杂的新形势，意识形态领域的斗争将更为激烈，辅导员一定要坚定信心和决心，拥护"两个确立"，践行"两个维护"，坚持以习近平新时代中国特色社会主义思想为指导，聚焦思想政治教育工作，鼓足干劲，迎难而上，努力开创学生思想政治教育工作新局面。

3.辅导员思想政治教育的针对性和有效性需要进一步提高

2016年12月，习近平总书记在全国高校思想政治工作会议上发表重要讲话，强调"做好高校思想政治工作，要因事而化、因时而进、因势而新"。2019年3月18日，习近平总书记主持召开学校思想政治理论课教师座谈会并发表重要讲话，强调"思想政治理论课要坚持在改进中加强、在创新中提高，及时更新教学内容、丰富教学手段，不断改善课堂教学状况，防止形式化、表面化"。高校思想政治工作要与时俱进，紧跟时代发展步伐，紧扣时代主题，顺应时代潮流，反映时代要求，因时而动，顺时而进，不断用马克思主义中国化的最新理论成果更新教学内容。习近平总书记还强调，要不断增强思政课的思想性、理论性、亲和力和针对性，提出"八个统一"：即坚持政治性和学理性相统一，坚持价值性和知识性相统一，坚持建设性和批判性相统一，坚持理论性和实践性相统一，坚持统一性和多样性相统一，坚持主导性和主体性相统一，坚持灌输性和启发性相统一，坚持显性教育和隐性教育相统一。"八个统一"围绕培养什么人、怎样培养人、为谁培养人这个根本问题，科学概括出思政课一系列规律性认识和成功经验。面对新的主体，面临新的形势，辅导员如何开展思想政治教育工作，如何增强思想政治教育的亲和力和感染力，如何提高思想政治教育的针对性和有效性，是新时代提出的一个重大课题和迫切任务，也是辅导员必须承担的历史责任和历史使命。

二、以精准思政开创辅导员思想政治教育新局面

习近平总书记指出，思想政治工作要"坚持守正和创新相统一"，"要运用新媒体新技术使工作活起来，推动思想政治工作传统优势同信息技术高度融合，增强时代感和吸引力"。中共中央、国务院印发的《关于新时代加强和改进思想政治工作的意见》也指出，"要推动新时代思想政治工作守正创新发展"。随着时代的发展和社会的进步，"读报纸念文件"等相对枯燥的思想政治教育方法已不适应新时代新发展的需要，辅导员思想政治教育要与时俱进，不断改革创新，把思想政治教育的优良传统与新时代新发展新主体结合起来，延续使用好办法，改进完善老办法，探索尝试新办法，充分利用现代信息技术与思想政治教育对接，以精准思想政治教育为抓手，提高思想政治教育的吸引力和感染力，增强思想政治教育的针对性和实效性，开创思想政治教育的新局面。

（一）精准思想政治教育的必然性

1.精准思想政治教育的含义

精准思想政治教育是新时代辅导员围绕学生思想政治教育工作，利用物联网、大数据、云计算等现代信息技术，对学生群体和个体的思想、学习、生活等状况进行精准识别、精准分析、精准决策，并通过"互联网+"的形式对学生进行精准思想政治教育的实践活动。物联网、大数据、云计算等现代信息技术是硬件基础，精准识别、精准分析、精准决策是重要过程，对学生进行思想政治教育、落实立德树人根本任务是基本内容，取得思想政治教育良好成效是努力目标，具有分析决策客观化、教育措施前置化、学生教育动态化的特征。

2.精准思想政治教育的必要性

习近平总书记在学校思想政治理论课教师座谈会上指出，近年来思政课建设成效显著，但教材内容不够鲜活，针对性不强，实效性不高；讲课照本宣科，"到课率""抬头率"大打折扣；要把思政课讲得更有亲和力和感染力、更有针对性和实效性，要因地制宜、因时制宜、因材施教。要"提升思想政治教育亲和力和针对性"。中共中央、国务院印发的《关于加强和改进新形势下高校思想政治工作的

意见》强调，要"提高工作科学化精细化水平"。《关于新时代加强和改进思想政治工作的意见》指出，要"因地、因人、因事、因时制宜开展工作"。教育部颁布的《高校思想政治工作质量提升工程实施纲要》指出，"坚持问题导向，注重精准施策。""聚焦重点任务、重点人群、重点领域、重点区域、薄弱环节，强化优势、补齐短板，加强分类指导、着力因材施教。"

上述谈到的问题，辅导员思想政治教育中也存在。"因材施教""精准施策""提升思想政治教育亲和力和针对性"的努力方向，也正是辅导员思想政治教育需要解决的问题和完成的任务。因此，精准思想政治教育符合辅导员思想政治教育的实际情况，注重因材施教，强调精准施策，由大水漫灌的方式转变为精准滴灌，充分利用信息化新技术，有利于提高思想政治教育的针对性和实效性，具有客观必然性，是今后思想政治教育工作发展的大趋势。我国依靠精准扶贫的政策，消除了农村绝对贫困现象，实现了农村几千万贫困人口脱贫的目标。高校依靠精准思想政治教育，也一定能够取得良好教育效果，开创辅导员思想政治教育工作的新局面。

（二）精准思想政治教育的主要过程

1.精准识别——教育对象的精准

每位辅导员负责管理的学生人数比较多，对每一位学生进行思想政治教育，是辅导员的职责和任务。辅导员要努力把每位学生的思想政治教育做到位，但要有重点对象，不可能每位学生完全一样。怎么确定重点对象，就需要精准定位，需要精准思想政治教育做支撑。另一方面，实际工作中辅导员承担的学生管理工作非常多，从专业学习到校园生活，从上课教室到学生宿舍，从班级管理到学生入团入党，辅导员难以抽出时间、拿出精力面对面、一对一逐个地对学生进行细致的思想政治教育，而是要有教育的重点。教育的重点一般是学生思想方面出现重大问题、专业学习成绩差难以达到学校要求、遵守纪律方面或个人情感方面出现明显问题的学生。重点的确定，也需要精准定位。只有找准了教育的对象，才能有的放矢，解决存在的问题，达到思想政治教育的效果。

2.精准分析——教育内容的精准

思想政治教育领域广泛，内容比较多，怎样确定教育内容，使教育具有针对性，需要精准确定。对学生进行思想政治教育，一般情况下是根据国内外形势发展的需要、学校的整体工作安排和辅导员的思想政治教育计划来确定教育内容。但在实际工作中，可能在某个阶段整体学生或个别学生出现这样或那样的思想问题，需要辅导员进行思想政治教育工作，这种教育工作必须对症下药，切中存在问题的要害，符合学生的思想实际情况。未雨绸缪，提前介入，这也需要精准思想政治教育。

3.精准决策——对策措施的精准

确定了精准思想政治教育的对象和内容，找准了学生，摸清了问题，还要精准拿出解决问题的对策和建议，开出精准的药方，大处着眼，小处着手，精准施策，才能"药到病除"，解决存在的问题。进行思想政治教育，不是一蹴而就，而是一项持久性的长期工作任务。只有坚持长期对学生进行思想政治教育，持之以恒，对学生进行熏陶和心灵洗涤，才能耳濡目染、潜移默化，收到良好的教育效果。另一方面，辅导员思想政治教育要解决突出的问题或突发的事件，必须精准拿出符合实际情况的对策措施，才能迅速解决存在的问题，化解存在的矛盾，防止事态进一步激化或恶化，避免严重后果的出现。

（三）精准思想政治教育的落实

1.提高思想认识——精准思想政治教育的前提

学校各级领导要站在落实立德树人根本任务的政治高度，以学校管理信息化的大趋势为视角，充分认识精准思想政治教育的重要性和必要性，重视和支持精准思想政治教育工作的开展，树立精准思想政治教育的理念，强化精准思想政治教育的意识，坚持问题导向和目标导向相统一，以精准思想政治教育为途径，提前介入，事先教育，防患于未然，把学生思想政治教育工作做实做细做好。

2.构建信息平台——精准思想政治教育的条件

随着信息时代的到来，物联网、大数据、云计算等现代信息技术广泛应用于各行各业，颠覆了传统观念，改变了人们生活，为高校精准思想政治教育带来了创新发展机遇，提供了信息技术支撑。学生从入学到毕业离校，高校存有学生的基本信息、学习成绩等数据，专业教师掌握有学生上课信息，食堂有学生一日三餐的信息存储，党团系统有学生活动的有关信息，智能校园管理水平逐步提升。高校要完善智能校园管理，建设学生管理信息平台，充分挖掘利用各种信息，提高数据利用率，通过信息平台可查看学生有关信息，实现学生管理的信息化，为辅导员精准思想政治教育创造必要条件，提高学生管理信息化水平。

3.完善平台数据——精准思想政治教育的基础

数据是否完善，决定信息平台运行的质量，决定精准思想政治教育的精准度。要联通招生、教学、学工、宿管、党团、后勤餐饮等部门的业务数据，涵盖学生家庭基本情况、学业发展、资助表彰、社团活动、社会实践等范围，实现数据全口径、全周期规范采集整理存储，整合交叉性、关联性数据，动态更新。打破技术壁垒，打通信息孤岛，建立学习指数、异常行为、生活习惯等模型，寻找大数据相关性背后的特征和规律，满足精准思想政治教育的需求，为实现精准思想政治教育提供依据和参考。

4.用好平台数据——精准思想政治教育的实施

要通过静态数据的横向比较和动态数据的纵向分析，挖掘数据中隐匿的信息；要通过信息平台的预警系统，及时发现学生群体和个体存在的隐性问题，研判分析，找准问题，拿出对策，开展精准思想政治教育。如通过学生图书馆借阅图书信息，可以了解学生学习情况、知识结构等方面的特点；学生学习成绩出现异常，上课作息情况发生较大变化，学生校园消费支出情况不正常，背后都有各种各样的原因，可能是厌学或专业意识不强，也可能是个人情感或家庭出现问题。这些就需要辅导员深入了解情况，精准分析，查找出隐藏着的原因和问题，精准施策。

5.提高辅导员综合素质——精准思想政治教育的关键

精准思想政治教育信息平台再好，数据再完善，最后都需要辅导员进行分析，都需要辅导员开展工作，因此，辅导员是精准思想政治教育的关键。在掌握思想政治教育相关内容和相关知识的基础上，辅导员要进一步提高现代信息技术应用能力，本着对学生成长负责、对本职工作负责的态度，把精准思想政治教育做实做细做好，以精准思想政治教育提升学生思想政治教育水平，使高校学生思想政治教育迈上新的台阶。

第七章　思想政治教育中高校辅导员队伍的建设与发展

高校辅导员队伍建设的成果直接影响到高校思想政治教育工作的水平。因此，高校辅导员队伍建设必须立足思想政治教育工作改革与发展所提出的新要求。本章分为高校辅导员面临的机遇与挑战、高校辅导员队伍建设的重要意义、高校辅导员队伍建设的途径、高校辅导员队伍的未来发展方向四个部分。主要包括教育对象变化的现实诉求、辅导员工作职业发展的内在需求、推进高校辅导员队伍理念建设、优化高校辅导员配备建设等内容。

第一节　高校辅导员面临的机遇与挑战

一、呼应大学生思想政治教育的实践

思想政治教育制度环境作为思想政治教育环境的重要组成部分，对于促进辅导员队伍建设有着重要的作用。学生们希望能够和教师进行平等的交流和沟通，这既体现了学生对"以人为本，促进人的全面发展"的价值理念的高度认可，又体现了学生渴望得到人文关怀的强烈愿望。

国家非常重视大学生的思想政治教育工作。但是，随着国内外局势的深刻变化、市场经济的深入发展，大学生的思想观念受到了前所未有的冲击。对比市场经济与计划经济的发展要求，市场经济主体需要更多的自律。市场经济制度规定着人们的可为与不可为。在市场经济条件下，人们靠自身的自律行为来满足既合乎法律又合乎道德的要求。随着市场经济的深入发展，社会日益制度化和道德化。传统的辅导员工作模式，无论是方式、方法，还是形式、内容，都已经不能适应大学生思想变化的需要。因此，辅导员制度必须适应社会制度环境，满足大学生成长的需求。

二、高等教育大众化的必然选择

我国高等教育大众化区别于精英化的最显著的特征，是高校学生规模在短期内的迅速扩大。目前，我国的高等教育水平在国际上已经达到了一定的高度。国务院决定适当控制招生的增长幅度，把重点放到提高教育质量上。因此，国家进行了一定的宏观调控，使得招生增速有所回落，高校学生人数进入了稳定增长时期。大学生的学生结构、学生需求和群体文化随之也发生了变化。但大学生在学习目标、个人观念、思想素质、个性特征等方面的差异性逐渐凸显出来了。同时，社会价值的多元化、西方文化的冲击等也对大学生的思想产生了影响，其中不乏负面影响。

三、教育对象变化的现实诉求

辅导员对象的深刻变化，要求辅导员自身要不断地成长进步。辅导员对象的变化主要体现在以下几方面：

（一）信息时代辅导员与大学生拥有对等的信息获取量

在传统辅导员工作中，辅导员凭借着占有信息的优先权对大学生进行有效的施教，因此在学生中获得了较高的地位。然而，随着信息时代的迅速到来，大学生可以通过网络获得想了解的各种资源，信息获取量在某种程度上已经超过了辅导员。因此，辅导员要想更好地对大学生进行教育与辅导，就必须从自身出发提升信息获取的能力，提升专业技能水平。而辅导员制度的发展与完善，客观上为辅导员提升专业技能提供了保障，从而满足了信息时代大学生日益增加的发展需求。

（二）辅导员与大学生的主客体地位逐渐平等

这种平等互动的关系，是现代思想政治教育的重要标志。在传统的思想政治教育方式中，辅导员依托党政关系，借助资源优势，事实上已经导致了学生在思想教育中处于劣势地位，被动地接受教育。这不利于其自身主观能动性的发挥，也不能满足思想政治教育的需求。在当前的辅导员工作中，大学生与辅导员处于平等的地位，所以，辅导员应当以平等对话的交流方式与大学生进行互动。辅导员需要改变传统的教育方式，充分尊重大学生的主体地位，注重大学生主体性的发挥。

（三）大学生成长成才的发展需求日益增多

过去，辅导员制度政治功能占主导地位。所以，其在培养人、塑造人的目标定位方面略显模糊。尽管辅导员在培养大学生树立社会主义意识形态方面起到了不可替代的重要作用，但是促进大学生全面发展的目标没有实现。目前，大学生思想政治教育已经确立了以促进大学生的全面发展为目标，深入进行素质教育。这一工作目标的确立，客观上给辅导员工作带来了一定的挑战。大学生成长成才的需求是多方面的，而辅导员是大学生思想政治教育的骨干力量。如何履行好辅导员工作的各项职责，是辅导员队伍建设需要着力解决的重要问题。

四、辅导员工作职业发展的内在需求

高等教育的人才培养主要分为两大系统。一是专业知识和技能的培养，二是思想政治素质、个性和人生觉悟的培养。辅导员和专任教师在两项职能的发挥上，分别起着重要的作用。从其主要职能上来看，专任教师主要对大学生进行专业知识和技能的培养，辅导员主要进行大学生的思想政治教育。对于专任教师来说，职业化水平已经得到了社会的认可，而辅导员则没有，其职业化水平尚处在起步阶段。

（一）辅导员工作是专业性较强的教育实践活动

细化辅导员的专攻方向是激励辅导员长期从事辅导员工作的有效措施之一。在辅导员专攻方向的选择上，有一半的辅导员选择思想政治教育，其余的则选择心理咨询与服务、职业生涯规划与就业指导、学生日常事务服务与管理、学生活动及实践策划与辅导、学生宿舍服务与管理等。从每一个专攻方向的工作性质上看，其需要思想政治教育、心理、管理等相关学科的专门理论知识与技能作支撑。按照辅导员现在的工作要求，这些专业知识要统一集中在对学生个体的教育与培养之中。

（二）辅导员工作是一项具有社会性和群体性的工作

社会需求是职业产生和发展的推动力。随着高校招生人数的增加，辅导员的人数也将逐渐增加。如此庞大的职业群体，承载着为国家培养和输送人才的重要职责。辅导员制度在我国高校人才培养中发挥着重要作用，但辅导员工作不是一成不变的。随着大学生思想政治工作面临的新形势和新要求，辅导员工作的内涵和外延逐渐发生改变，这需要更完善的制度对其进行规制。

（三）辅导员工作是一项合法的实践活动

职业合法源于社会对该职业的需要和认同，表现在政府机关对该职业的确认。辅导员制度是被实践证明了的具有中国特色的社会主义教育制度，越来越受到国家及相关教育部门的高度重视。从对大学生的思想政治教育纲领性文件的颁布实施，到辅导员队伍建设纲领性文件的颁布实施，这些都体现了辅导员制度发展的不断深入，同时也为辅导员队伍的发展方向提供了建设思路。尽管目前辅导员的

队伍建设尚不完善，但是国家对辅导员队伍建设的重视程度已经达到了前所未有的高度。

第二节　高校辅导员队伍建设的重要意义

一、中国社会主义现代化建设战略的需要

青年人才是国家发展的后备力量，更是实现中国梦的主力军。高校是青年人才培养的主阵地。习近平关于新时代高校思想政治教育一系列重要论述的提出丰富了高校思想政治教育的教学方式，提高了高校思想政治教育的教学质量，推动了高校思想政治教育工作的顺利开展，这不仅促进了当代大学生的成长成才，更助推了中国梦的实现。

（一）促进当代大学生的成长成才

摆脱了高中的升学压力，通过了高考，开启了梦寐以求的大学生活，没有了家长的时刻监管，大多数大学生的心理开始渐渐放松，有些还想尝试以前不敢做的事情，尝试新的事物。在这种情况下，其若没有把握好度，就会犯错。随着时代的发展，高校思想政治教育似乎已不能达到预期的效果，因此，加强高校辅导员的队伍建设，给高校思想政治教育打一剂强心剂，对促进大学生的成长成才具有重要意义。

第一，帮助大学生坚定理想信念。辅导员要引导当代大学生树立远大理想，要用理论武装大学生，帮助他们用智慧的双眼来看待国家的前世今生，使他们不断增强"四个自信"，不断增进对我党的信心、信念和信赖，增强做中国人的底气和自豪感。

第二，帮助大学生树立正确的"三观"。正确"三观"的养成不是一蹴而就的，需要用思想政治教育告诉学生八个字，那便是"勤学、修德、明辨、笃实"。只有习得了这八个字的真意，并在现实当中以此为准则，学生才能做到修身立德、"三观"端正。

第三，培养德才兼备的人才。理论的积淀为大学生成长成才提供了正确的政治方向，方法则为其提供了正确的道路指引。德才兼备人才的培养离不开正确的理论和方法的指导。高校的辅导员队伍建设，有利于大学生更好地端正品行，激励他们勇敢地做时代的开拓者和奋进者，做社会主义的合格建设者和可靠接班人。

（二）加快实现中国梦的有力步伐

中国梦是每一个中华儿女的共同夙愿，每个中国人都要为实现中国梦助力。

大学生作为国家培养的高级人才，是推动社会进步的栋梁之材，是实现中国梦的后备力量。对大学生进行思想政治教育是实现中国梦的重要保证。高校辅导员队伍建设有利于提高高校思想政治教育的质量，对中国梦的实现意义重大。

首先，坚定中国道路。只有坚定中国道路，才能实现中华民族伟大复兴的中国梦。习近平创新了高校思想政治教育方法，运用大学生喜闻乐见的方式对其进行思想政治教育，使大学生更容易理解、接受党的政策、方针、路线，从而增强对党的信任，更加坚定中国道路。

其次，凝聚中国力量。中国力量就是中国各族人民大团结的力量。要实现中国梦就必须凝聚中国力量，而凝聚中国力量需要发挥高校思想政治教育的作用。因为大学生是实现中国梦的主力军，要让他们积极发挥聪明才智，努力学习，用知识武装头脑，为中国梦助力。

最后，弘扬中国精神。中国精神贯穿于中国五千年的历史中，是中国之魂。习近平在关于新时代高校思想政治教育的重要论述中，对高校思想政治教育的方法进行了创新，利用网络平台等各种载体更加全面地诠释了弘扬中国精神是实现中国梦的必然要求，积极地发挥了高校思想政治教育的作用。

二、中国现代大学制度的特色所在

（一）对现代大学制度的反思

现代大学制度的源头在西方，其始于12至13世纪在西欧出现的中世纪大学，从意大利的萨拉诺大学、博洛尼亚大学，到法国的巴黎大学、英国的牛津大学，再经过19世纪洪堡创立的柏林大学，大学制度成为一种范式。直到美国高校建立的法人——董事会制度，现代大学制度才逐渐成为一种形式多样、体制完备的制度。

谈到现代大学制度，人们极容易用某种大学制度或标准来衡量中国的现代大学制度与体系。例如，美国大学所倡导的"黄金标准"，即以学术自由、学术自治、学术中立作为衡量大学成功与否的金科玉律。在这一理念指导下，西方现代大学的管理制度也较为独立，其运转模式类似一个公司或企业。这种模式的好处是大学依赖于社会化的职业管理，社会化程度、专业化要求和工作效率很高。如果以这一套西方现代大学制度或西方学术界主导的标准来衡量，我国的高等教育体系并不合格。然而，我们应该看到的是，由于中国现代大学管理制度中的特色和属性，所以部分具有政治属性的部门和机构在促进人才培养的过程中所发挥的功能和作用是不可或缺的。实际上，西方现代大学独立、自由、自治的管理制度是在其相应的政治、文化和社会土壤之上建立的。而中国高校现代大学制度也必须建立在中国的政治、经济、社会和文化基础上。

如果无法对中国社会和文化做出具体考量，无法对中国高等教育领域存在的深层次问题进行充分考虑，那么人们就难以全面认识中国大学制度。事实上，任何一种大学制度都不是无本之木、无源之水，它都根植于相应的社会制度和文化中。人们若要对中国高等教育及其所代表的现代大学制度有一个较为清醒的认识，就需要结合中国社会发展的历史背景和社会现实要求来对其进行审视和反思。因此，大学管理制度的形成不仅是内部治理的问题，而且是大学与社会、大学与国家的综合治理的问题。一个好的大学管理制度一定不是偏颇的、极端的模式，而是能够协调各方面的利益，能够在诸多利益主体之间达到一种平衡状态的模式。对于中国特色现代大学制度的建立而言，其就是要在中国社会转型和发展的历史语境下，不断审视、改革、创新和完善，提出新问题，从而给出具有时代内涵、教育本质和高校特征的独特答案。

（二）完善中国特色现代大学制度

《纲要》提出，要从完善治理结构、加强章程建设、扩大社会合作和推进专业评价四个方面，来探索和完善中国特色现代大学制度。应该说，中国特色现代大学制度既充分吸收了现代大学制度的基本要素，又结合了中国的实际国情和社会现实，体现了鲜明的中国特色。

1.完善治理结构是中国特色现代大学治理结构的重要特色

中国特色现代大学的治理结构，包括党委领导下的校长负责制、健全的议事规则与决策程序、发挥学术委员会和教授的治校作用、发挥教职工代表大会和学生代表大会等群众团体的作用。说到底，中国特色现代大学的治理结构包括两个方面的内容。

一是党委领导下的校长负责制。即坚持社会主义办学方向，贯彻和执行党的方针、政策，坚持立德树人，依法治校，其最终目标是培养德、智、体、美全面发展的中国特色社会主义事业合格建设者和可靠接班人。保证高校社会主义办学方向、坚持有效的思想政治工作和德育工作、培育和践行社会主义核心价值观是把握意识形态工作的领导权、管理权和话语权的重要途径。这是中国高等教育的特色，是西方现代大学制度所没有的。

二是健全的议事规则与决策程序。即建立规范合理的决策机制和规则，实行民主决策、科学监督、有效管理的机制，其中教职工代表大会和学生代表大会等群众团体要发挥应有的主体作用。

2.加强章程建设是当前中国特色现代大学制度建设的重要途径

其包括各类高校要依法建立和制定大学章程，依照章程的规定依法治校。特别是要建立、实施聘任制度和岗位管理制度,确立科学的考核评价和激励机制。在法律法规许可的范围内,充分尊重学术自由,营造宽松的学术环境。通过章程建设,切实提高大学的管理效率,建立学术与行政共生的管理体系,进而充分发挥大学的育人功能。

3.扩大社会合作是中国特色现代大学建设的重要方向

现代大学从来都不是"象牙塔",它时刻与社会保持着紧密而重要的关系。例如,有效利用社会力量建立高校理事会或董事会,健全社会支持和监督学校发展的长效机制;探索高校与企业合作共建的模式,推进资源共享,形成协调合作的有效机制,大力发挥大学服务社会的作用;积极推进高校后勤管理的社会化改革,充分提升大学的管理效率和服务水平。

4.推进专业评价是中国特色现代大学建设的重要走向

高校和社会力图建立国际化、规范化的大学评估制度,鼓励各类专门机构对大学学科、专业、课程等的水平和质量进行评估,建立高校质量年度报告发布制度;积极加强与国际高水平教育机构的合作,形成中国特色学校评价模式,并逐步实现目标。以上措施能够有效督促大学加强人才培养的力度,是提高我国大学教育质量的重要趋势。

应该说,以上四个方面充分体现了创建中国特色现代大学的目标和方向。中国特色现代大学制度既充分吸收了现代大学制度的基本要素,又结合了中国的实际国情和社会现实,体现了鲜明的中国特色。

(三)高等教育体系完备的最后一关

通过反思和实践,人们发现,制度建设只是完善大学制度的第一步,更重要的是制度的实施与运行,而实现这个过程的关键是包括师生在内的所有参与者。这些参与者是大学主体,他们的主体性在大学制度的运行中得以体现。

现代大学管理实质上包含学术体系和行政体系这两个体系。前者主要通过大学的学术制度、教师的胜任力、学科的发展水平、人才培养的成效等方面得以体现,后者则是围绕学术体系形成的管理服务工作。西方现代大学的这两方面体系被划分得较为清楚,责任界限也非常明晰。学术的责任主要依靠教授,以管理服务为中心的行政体系的职责则归于行政职员,且前者是主导大学运行的主体,后者是服务者、从属者。但是,这并不是说后者不重要。事实相反,它为学术体系提供了必不可少的支撑。以学生事务为例,其标准化、职业化的工作有效地支撑了现代西方大学的正常运转。但是两种体系的截然分开对于人才培养的弊端也同样明显,尤其是管理服务的过分社会化与人才培养的脱节,更加不利于人才培养。经验证明,当前阶段这种两分的体系和模式也较难适应中国的文化土壤,学术队伍与职员队伍之间常常会出现矛盾和问题，甚至可能出现整体对立或不合作的严重情况。

中国特色现代大学制度实质上就是以立德树人为出发点，以全面提高教育质量为目标，实现全员育人、过程育人的人才培养模式。这种模式特别是学生组织方式，如发挥辅导员、班主任的积极作用，对于人才培养有着积极的作用，显然也更加适应中国高等教育的发展现状。因此，人们在尊重学术体系的育人功能的同时，也不能忽视管理体系育人作用的发挥。人们认为，中国特色现代大学制度是学术体系与管理体系两者有机结合的共同体，两者是大学体制的一体两面，对立统一，共同参与育人这一过程，共同实现人才培养的终极目标。

在中国特色现代大学之中，管理体系的重要性不言自明。而学生事务管理工作是大学人才培养工作的重中之重。高校辅导员队伍是学生事务管理工作的主力，是大学生思想政治教育和德育工作的骨干力量，也是大学实现立德树人这一目标的关键依靠力量。中国高校辅导员制度的建立，不仅完善了大学管理服务体系，更为重要的是，它解决了大学人才培养过程中立德树人和学生全面发展的实际难题，在人才培养过程中发挥着不可替代的重要作用。可以说，高校辅导员制度的建立，进一步丰富和完善了中国特色现代大学制度和管理体系，是中国高等教育的重要特色，也是中国高等教育体系完备的最后一关。

第三节 高校辅导员队伍建设的途径

一、推进高校辅导员队伍理念建设

（一）深化辅导员队伍建设理念

为满足大学生的主体性与多样性的思想政治教育需求，辅导员不仅要体现大学生思想理论教育、咨询辅导、事务管理与大学生全面发展的关系的理念，还要进行大学生心理健康咨询、职业生涯规划与就业辅导、学习指导、生活服务等理论与方法的深入研究，并形成专门领域的系统理论。同时，坚持以人为本，注重提高思想政治教育的针对性、时效性、吸引力和感染力，这就要求辅导员队伍建设一定要凸显以人为本的理念。

1.紧密结合大学生的实际需求

在辅导员队伍建设中，紧密联系社会发展实际和学生的思想实际，是提高教育时效性的关键点和突破口。着眼于理论在实际中的应用，才能从根本上体现理论教育的吸引力与感染力。

在新形势下，大学生的发展需求，充满了对辅导员工作紧密联系学生实际的期待。学生如何在新的社会环境中立身处世、成长成才，是他们自身的发展诉求。在这样的需求下，辅导员队伍建设必须要紧密贴近大学生的实际，关注大学生的成长成才需求。首先，辅导员要带着深厚的感情关心大学生的切身利益，重视他们的合理需求，通过"理"与"情"的不断结合帮助大学生解决学习、生活中遇到的实际问题。其次，辅导员要主动发现大学生的实际问题，及时响应他们的诉求，引导大学生以合理方式表达诉求。最后，辅导员要站在大学生的角度设身处地为大学生想问题，与大学生保持平等的地位关系。

2.积极深入大学生的生活

辅导员要深入大学生实际成长的生活世界，在贴近生活中提高思想政治教育的时效性。在高校，大学生的生活世界主要是大学生的学习活动，同时还体现为各种人际关系中的党团组织、班级、社团、宿舍、社区中的集体活动，包括文体科技等多方面的校园文化活动。

首先，学习活动是大学生生活世界的主体部分。高校辅导员要将对学生的思想工作与学习教育培养融为一体，针对学生的学习目的、学习动力、学风建设等方面加以引导。

其次，辅导员要把课内教育与课外教育有机地结合起来。辅导员要拓展教育的方式与途径，在活动中渗透思想政治教育，促进学生综合素质的提高和个性的发展。

最后，网络是进行思想政治教育的新载体。辅导员要充分利用好这一载体，深入了解网络环境下大学生思想活动发展的新特征，探索新规律，发挥网络思想政治教育的优势，引导大学生成长成才。

3.充分发挥大学生的主体性作用

辅导员工作要做到贴近学生，只有以大学生的所思、所想、所感、所要为出发点和落脚点，才能真正做到"以学生为本"。

辅导员在实际工作中，一是要真正重视大学生的主体性。辅导员要与大学生建立起平等、民主与互动的关系。尊重学生的个体差异。注重培养学生发挥个性，调动学生自觉参与教育活动的积极性。二是要遵循大学生主体性作用发挥的正确机制。辅导员要真正关心学生、帮助学生、爱护学生，用"德高为师，身正为范"的人格魅力感染、引导学生形成说服疏导、选择指导、示范引导的教育方式方法。三是要强化大学生的自我教育。辅导员要注重发挥大学生的主体作用，将思想政治教育与主体性教育有机地结合起来。

（二）完善辅导员队伍建设目标

辅导员队伍建设的目标要与思想政治教育的目标保持一致。确定行为目标，对有效开展实践活动具有重要的作用。辅导员目标体系应贯穿于辅导员队伍建设的全过程。辅导员队伍建设的目标体系能够给予辅导员工作主客体双方共同的价值追求，并在具体的实践活动中对其进行强化。激励作用指辅导员制度本身即涵盖了辅导员和学生共同的价值追求与希望，因而有助于激励双方向着共同的目标而努力。

辅导员队伍建设要以国家及社会发展为基本出发点，包括社会环境及国家相关政策。辅导员制度目标体系的制定，要与高等教育发展水平、社会发展状况等因素相结合，同时要从国家现有的路线、方针、政策出发，与国家的相关政策及规定保持一致。辅导员制度目标体系的制定，还要考虑辅导员队伍建设与发展所依存的内部条件，包括高校自身的校园文化及物质基础、辅导员队伍的现状及大学生对思想政治教育的需求等因素。无论是外部环境还是内部因素，都会对辅导员制度目标体系的制定产生重要的影响。并且，它们之间是相互作用的，共同影响着辅导员的目标体系。

我国开展大学生思想政治教育的根本目的是促进大学生的全面发展。促进大学生的全面发展需要有一支专业的队伍，而辅导员是开展大学生思想政治教育的骨干力量。因此，辅导员队伍建设的根本目标同样也是促进大学生的全面发展。辅导员队伍建设要实现大学生全面发展的根本目标，需要将目标具体化，其首先要建设一支能够开展好大学生思想政治工作的队伍。

一方面，"专家化"是改革开放以来我党对辅导员队伍建设的一贯要求。要培养和造就一批思想政治教育方面的专家、教授和理论家，高校应当采取有力措施切实加强德育队伍建设，努力培养和造就一批思想政治教育的专家和教授，要鼓励和支持专职辅导员成为思想政治教育工作方面的专门人才。

另一方面，在确立高校辅导员队伍建设新机制的条件下，职业化背景下的专家化，有着更深层次的含义。高校辅导员工作涵盖思想政治教育、心理咨询与服务、职业生涯规划与就业指导、学生日常事务服务与管理、学生活动及实践策划与辅导、学生宿舍服务及管理、党团建设及班级管理等。每一项工作都是专业性非常强的工作。因此，高校要在辅导员"职业化、专家化"的根本目标下，制定具体目标。对辅导员的工作职能进一步细分，使其专业性更为突出，使辅导员成为学生教育、管理、服务某一方面的专家。即有的成为心理健康教育方面的专家，有的成为就业指导与职业生涯规划方面的专家，有的成为党团建设及班级管理方面的专家等。

（三）提升辅导员职业价值观水平

辅导员职业价值观的提升有助于推动辅导员制度的发展。辅导员职业价值观的提升，主要靠外部环境与自我教育两方面的共同作用。而自我教育是提升辅导员职业价值观的根本动力，具体包括以下五个方面：

1.提升职业认知水平

辅导员入职前要了解辅导员这个职业的社会地位和意义。熟知所要任职高校的组织结构、辅导员升迁政策、薪资待遇等情况。在此过程中，还要进行准确的自我定位，根据变化的形势政策，用发展的眼光来看待辅导员职业未来发展的轨迹，从而不断合理调整自己的职业期望值。

2.端正职业价值态度

个体所需要的职业价值的实现，是通过社会需求职业价值来体现的。这两种需求之间的关系是相互促进、相互影响的。辅导员要认清自身职业的社会价值及重要使命，这要求辅导员自身应确立符合社会主导价值准则的职业价值观，真正理解并践行社会主义核心价值观。力争通过自我教育获得对辅导员职业价值的理性认识，将社会对辅导员的职业期望内化为自身职业价值取向，增强职业角色认同感，树立职业光荣感与自豪感。

3.加强职业道德修养

这就要求辅导员理性地面对国际国内形势的急剧变化、多元价值观共存的现状，在坚持社会主义核心价值观的基础上，通过"自重、自省、自警"来警示和鞭策自己。另外，职业道德情感也是贯穿辅导员整个职业生涯的重要内容。"感人心者，莫先乎情"，辅导员应爱护大学生、尊重大学生。在学业上，其应成为传道、授业、解惑的教师；在情感上，其应成为与大学生和平相处、平等相待的知心朋友。

4.注重职业素养提升的持续教育

自我教育是一项长期工程，这就需要辅导员通过专业化、终身化的学习，不断克服专业背景对自己工作造成的阻碍，不断地"自我更新"。应积极主动地参加学院和学校组织的辅导员培训、辅导员沙龙以及相关报告会和讲座；积累心理学、思想政治教育、职业生涯规划等方面的知识，在理论学习中不断取长补短，并积极参加各种实践活动；不断提升知识能力和工作水平，努力成为专业性人才，并向专家型人才的方向发展。

5.注重自我的职业生涯规划

辅导员在工作中要进行合理的职业规划。应结合自身实际特点，在不同时期制定不同阶段的职业发展目标，通过自己的努力去实现目标，从而激发自身的工作潜力，使自己在不同阶段都有获得成功的机会。工作中的不断进步和取得的阶段性成功是辅导员获得职业幸福感的重要源泉,而由此带来的职业成就感可以形成强大的动力,促进辅导员在职业发展中不断丰富自我、完善自我和调整自我,从而不断获得职业乐趣。

二、优化高校辅导员配备建设

(一)严格选聘制度

自中央16号文件颁布以来,各地高校在辅导员选聘方面相继取得了显著的进步,同时也充分认识到严把入口关是从源头上实现辅导员队伍优化的保证。按照职业化的发展要求,辅导员选聘制度应该建立在职业标准化的基础上。辅导员职业标准体系包括静态和动态两个有机结合的考察体系。

1.明确选聘标准

第一,严格政治标准。由于我国辅导员制度的特殊性,所以担任高校辅导员的人员必须政治立场坚定,具有敏锐的政治洞察力和鉴别力,在重大问题上要确保思想上和行动上与党中央保持高度的一致。因此,辅导员选聘要严格保证被选聘者的政治性。

第二,注重学历结构的优化。目前,我国辅导员专业结构呈现出综合化的特点。但随着辅导员工作专业性的增强,适当选聘与辅导员工作相关专业的硕士或博士毕业生担任辅导员,使之从事专业性较强的工作,能够有助于辅导员"专家化"发展目标的早日实现。

第三,建立严格的选聘程序。高校要保证辅导员选聘环节的公平公正,就必须建立严格的选聘程序。程序公正是选聘结果公正的保证。在入职资格考试方面,应逐渐形成统一的考试机制。在面试环节,除要有本学校相关部门的面试人员外,还应聘请思想政治教育方面的专家或优秀辅导员来共同组成评审团。这样不仅提高了面试评委的专业水平,而且也在一定程度上保证了面试结果的公正性。在心理测试环节,要聘请心理方面的专家对应聘者进行专业的心理测评。

2.注重对辅导员应聘者内隐胜任力的考察

在辅导员的选聘上,除静态的制度规定外,还要构建全面立体的考察应聘者素质的动态测评体系,要注重选拔具备育人能力和育人素养的人员来担任辅导员。

第一,在培训中考察。在对应聘者进行前期的一系列考核后,还要对其进行有针对性的培训。培训主要采用实践活动的形式,要注重考察应聘者的求职动机、个性、价值观等内隐胜任力的内容。在活动中应对培训者的素质和能力进行跟踪评价。根据考核结果,判断其是否具备担任辅导员的能力和素质。

第二,在见习中考察。在辅导员资格认证中,高校应该将见习考察作为辅导员资格认证标准的有机组成部分，具体包括见习内容、见习机制、考核标准和方式。要确认见习在辅导员选聘体系中的地位，从而规范辅导员选聘制度中的见习制度。见习是一个双选的过程，即使应聘者对辅导员工作和岗位有了进一步的了解，高校也应使应聘者的基本素质和能力得到充分展现。通过见习，高校能进一步考察应聘者是否适合辅导员工作。这是辅导员选聘制度的最后一个环节。通过该环节的应聘者，即可以正式成为辅导员，否则，不能被选聘。

（二）优化辅导员人员配备

有关优化辅导员的人员配备问题，高校一方面要保障专职辅导员的配备，另一方面还要优化辅导员的配备结构。

1. 辅导员配备比例

《普通高等学校辅导员队伍建设规定》的第六条规定了高校要按照1：200的比例配备本专科专职辅导员。从新中国成立以来辅导员队伍配备的比例要求看，1：200的比例是配备比例要求最低的。随着辅导员工作难度的加大，大学生思想政治方面的需求日渐增多，辅导员1：200的配备似乎也有待商榷。不同高校、不同专业的学生都有其自身不同的特点，如国防生、艺术类学生等，有其不同于普通学生的特点和需求，因此适当提高辅导员与学生的配备比，将更有利于辅导员工作的开展。

2. 优化辅导员配备结构

辅导员的年龄结构、职称结构、工作年限、专业结构等都呈现出一个良性的发展态势，这是促进辅导员队伍发展的保证。有关辅导员结构的优化配备，要靠完善的辅导员制度予以保障，这是辅导员队伍完善与发展的根本。一个好的制度保证，会激励更多的辅导员长期从事辅导员工作，使之在辅导员工作中建功立业，实现自身的职业理想，实现辅导员队伍的职业化和专家化的目标。同时，如何将现有的辅导员队伍进行优化分配，最大限度地发挥辅导员的工作实效，也是需要探讨的一个问题。如在高校范围内，相关部门应当根据辅导员的工作年限、工作业绩、所学专业等对辅导员进行合理调配，使辅导员能够在其岗位上发挥最大的作用。对于工作年限较长、工作业绩较突出的辅导员，应给予其适当的政策倾斜，减少其在各岗位间的流动。

三、加强辅导员队伍思想政治培训建设

高校辅导员作为高校教师队伍和管理队伍的重要组成部分，集教育引导、管理分配、服务学生等多元化职责于一身。随着教育事业的不断发展，新时期新形势对辅导员队伍的培训建设有了升级化的高标准、严要求。因而，加强辅导员队

伍思想政治的建设，建设一支具有高素质、专业化、全能化的辅导员队伍就显得意义重大。

思想政治建设是学生工作队伍建设的核心和灵魂，是增强辅导员队伍创造力、凝聚力和战斗力的源泉，是提高辅导员素质的根本途径，也是构建高校管理体系管根本、管方向、管长远的基础性工作。

高校辅导员建设正处于贯彻落实党的十八大和十八届三中、四中、五中、六中全会精神，深入贯彻习近平系列重要讲话精神、推动高校政治改革的重要时期。应对复杂严峻的高校管理新形势，迎接新的机遇和挑战，高校要创新性地结合当代政治生态环境，寻求加强高校辅导员队伍思想政治建设培训的新途径。

（一）确立人才本位的培训理念

自古以来，人才资源一直是各个行业争抢博弈的主要资源之一。确立人才本位的培训理念是确保工作行业顺利发展的第一要义。重视人才资源、加强人才的内生（内部培训）与外引（扩大招聘）是市场竞争的迫切要求。人才本位的培训理念，不是简单的基础知识填鸭式灌输、短期单一技能的文本培训，而是辅导员培训组织构建一个长期的、有效的、有体系的培训信仰，以促进辅导员队伍向"专家型""思想型""管理型"转变，切实提高其领导学生队伍的能力水平。

（二）建立双向统筹的培训机制

培训部门要充分履行辅导员系统培训的牵头抓总的职能，践行集体调训与个体培训的双向统筹培训规划。一方面，要充分做好参加培训的辅导员的信息征集工作，提出有预见性的培训指导思路，在培训周期、培训班次、培训内容和人员集中选择上做好妥善的统筹分配工作，强化宏观管理，规范双向统筹标准，严格执行计划；另一方面，要允许学院以及辅导员本人以正当理由适当选择参训班次、时间、形式等。实行辅导员个体自我需求与社会集体发展、工作实际需要相结合的培训机制。

（三）更新现代科技的培训方法

引入现代科技手段，包含设备层面的更新换代，主要涵盖培训时间、培训空间、培训形式等多层次的培训方式的更新。一方面，充分发挥新时代科学文明与通用技术的功效，结合网络传输、多媒体设备、远程监控、电化教学等通用的新方式方法，最大限度地突破时间、空间给辅导员培训教育带来的局限，解决在职辅导员求学心理的冲突矛盾；另一方面，在现有专题讲座、名师演讲等教学模式的基础上，更新培训方式，引入个案分析、场景模拟、小组讨论等新颖途径，丰富授课形式，着重结合辅导员工作生活中的实际情况进行有针对性的分析与研讨，把传道解惑、自思自省、互动互助等行为引入课堂，充分提升辅导员教师的积极参与度与灵活创造力,增强为学生服务的效果。

(四)丰富细致全面的培训内容

目前,高校在培训授课方面普遍存在内容覆盖面小、涵盖知识少、涉猎广度窄等问题,丰富辅导员队伍培训课程的内容,将培训内容细致化、层次化、具体化是一项亟待解决的问题。人们可以采取以下有针对性的具体措施:

一是对缺少基层工作经验的辅导员,采取"老带新"的模式,增加其实践教学内容,帮助新辅导员尽快进入工作状态,了解学生的工作实际。

二是对有一定发展潜力、近期可提拔的老辅导员教师,要注重提升他们的政治修养与文化素质,可以构建能力提升培训模块,如决策力(decision power)模块、领导力(guide power)模块、影响力(influence power)模块、创新力(innovation power)模块等内容,对其进行全方位的领导能力培养,有针对性地对其进行培训,从而建立全新的辅导员领导干部能力培训课程体系。

三是对高校工作认识有局限性的辅导员教师,要有计划、有目的地选派他们到国内或国外其他优秀高校参加走访学习。

新时期的社会与市场需求,对高校辅导员队伍的综合能力有了进一步的高标准与严要求。目前,高校辅导员教师在培训建设过程中所面临的内外部环境、主客观因素、虚实化场景等在不断发生新一轮的微变与巨变。这要求高校辅导员队伍思想政治建设的教育培训工作必须坚持更新培训理念、丰富培训内容、增加培训方法和完善培训机制,如此才能使之紧跟时代步伐,适应新形势任务,从而更好地提升服务学生体系的能力。

四、完善高校辅导员队伍长效机制建设

(一)构建协同育人机制

高校要优化资源配置,树立协同育人的理念,寻求发掘各项育人的要素,把教书育人、管理育人和服务育人结合起来建立协同育人机制,从而统筹推进思想政治工作的建设。

第一,创新教书育人方式。首先,改进教学内容和教学方法。学生主观能动性发挥的程度影响着教育效果。在课堂中,如果学生没有得到主动实践的机会,那么教育效果就会大打折扣。因此,教育者要研究新时代的发展变化,结合学生的心理发展水平,改进教学方式,研制一套符合时代要求的思想政治理论课教学论,让学生在具有时代鲜明特征的教学方式的指导下,提高思想认识深度。在课堂教学中,教师要增加符合学生思想政治工作要求的内容,激发学生的学习兴趣。其次,教师之间要深化合作。高校要建立思想政治课教师与非思想政治课教师协

同育人机制，培养非思想政治课教师的思想政治理论素养，帮助非思想政治课教师制订不仅适用于学科知识，还能够提升学生综合素养的教学大纲。在实战过程中，当专业课教师发现学生存在思想问题时，思想政治理论课教师应能够适时给予其帮助，使高校专业课与思想政治理论课相互配合，同向同行，发挥每一门课程的育人功能。最后，开展师风师德专题宣传活动，提高教师的职业道德水平。例如，组织全员培训，了解文件精神；通过校报、电视、网络等多种载体宣传先进人物事迹，开展征文比赛和演讲比赛等。

第二，健全管理育人机制。首先，建立健全思想政治工作的领导机制和组织机构。党政干部要把学生的思想政治教育放在首位，带领工作队伍合力开展思想政治教育工作。这不仅需要相关部门及人员发挥政治领导核心的作用，积极参与学校重大思想政治问题的决策和管理，推动学校民主建设，贯彻落实党的教育路线，而且还要加强各个部门的联系、沟通、协作，建立联动工作机制。此外，还要鼓励党政班子成员互相监督，加强联系，增进团结。在院系层面，党员院长同时任党组织副书记，贯彻落实着学院的党建工作和思想政治教育工作。其次，改进和完善关于思想政治工作的管理制度，保障高校教育事业的发展。建立健全各类规章制度是高校的重要职责，建立制度后还需要将规章制度落实在实际工作中。最后，为了避免不当言论危害校园文化建设，高校还要进行网络管理，加强网络舆论的监督和管理。出现违法信息在校园内传播的情况时要追根溯源，找到危机产生的机制和源头，惩戒不法分子。廓清网络环境的消极影响，为学生提供安全的网络文化氛围。

第三，完善服务育人机制。高校要将思想政治工作和保障性服务结合起来，使大学生一边享受校园服务一边受到精神上的感染。此外，高校还要仔细观察，从小事做起，注意学生的一言一行，不断提高自身的服务水平，把学生的安危冷暖时刻挂在心上，体察学生的愿望，畅通学生的诉求渠道，解决学生的实际困难。在为学生提供服务的过程中，针对不同年龄和性格的学生，分层次进行教育，抓住时机适时开展思想政治教育，以提高大学生思想道德修养。

（二）完善监督考核机制

建立和完善考核评估机制，首先要从考核待遇、岗位职责和素质标准等入手。例如，强化组织考评，对于党政干部，要将静态考察和动态考评结合起来，将横向分析比较与纵向分析比较结合起来。静态考察是在年底的时候打出综合分数，但缺少对完成具体任务情况的分析。动态考评是依据干部在关键时刻发挥的作用进行积分制打分，全程跟踪干部的思想动态，给予干部及时和客观的评价。要使考评工作制度化，需要实行定期考评和随机考评相结合的制度。根据工作需要，随机对干部进行不定期考评,通过走访调查、民主座谈、实地考察等形式,多层次、多角度地了解干部表现。不仅要掌握其在工作时间中的表现,而且还要了解其在工作之余的生活和社会交往等情况,从而将考核贯穿整个过程。对于教师考核,认真鉴定教师的思想品德状况,探索教师定期注册机制。

同时,还要完善竞争机制,加强竞争意识,实行优胜劣汰和奖勤罚懒的政策,使每位成员有危机感,将压力转化为学习和工作的动力,充分挖掘其潜力,提高整个队伍的活力。完善考核制度,将考核常态化,提高队伍素质的核心竞争力。对于优秀的个人要善于发现,给予其表彰,发挥其典型引领的作用。为调动成员学习的创造性和积极性,可以逐步实行与能力和业绩相适应的工资分配形式。此外,对于在考核中不合格的人员,要与其诫勉谈话或者安排调离。在党政干部考核中,要强化问责制度。出现重大事故的责任者,要按照党内规定、有关法规严肃处理。要长期坚持竞争更新机制,与时代的变化发展相适应。

(三) 健全激励机制

高校思想政治工作队伍的激励机制可以分为四个部分:

1.角色激励

高校每位思想政治工作者要有高度的责任感和使命感,要明确自己的角色定位,尽职尽责。要根据责任的轻重,给予不同津贴,加大表彰激励力度,推进落实思想政治工作。

2.目标激励

把制定的思想政治工作目标分为长期和短期,根据完成每个阶段目标的实际情况进行绩效考核,分阶段、分内容地进行公开判评,对完成情况好的人员进行嘉奖,以激发队伍成员的工作动力。

3.典型激励

在高校中树立学习榜样、表彰先进,营造思想政治工作队伍崇尚先进、学习先进、争当先进的氛围。高校应该重点发现工作者的闪光事迹,将有培养潜质的先进典型随时上报。高校还可以开展优秀教育成果奖评选活动,形成自下而上推荐和自上而下挖掘的方式。

4.物质激励与精神激励相结合

对思想政治工作上有突出贡献的先进工作者要及时给予物质奖励,并与精神激励结合起来,使表彰激励作用能够得到有效发挥。第一,高校要完善各种与思想政治工作队伍密切相关的工作机制,如津贴制度、岗位聘任、职称评聘等。第二,在完善基本工作机制的同时,在表彰大会、校报等媒体上宣传先进事迹,以激发工作者争先创优的积极性。

(四)健全保障体系

健全保障体系,是尊重和保障思想政治工作者正常发展、激发工作者的使命感,使之专心投入高校思想政治工作的重要手段。

第一,在薪酬保障方面,中央宣传部和教育部党组联合印发的《关于加强和改进高校宣传思想工作队伍建设的意见》提出,高校要进一步加强组织协调、统筹兼顾和督查推动。高校要调整思想政治工作队伍的数量和质量、优化队伍结构、厘清岗位职责。在落实中央的有关政策和要求时,结合学校的发展情况,因地制宜,组织部门在党委领导下牵头抓总,把思想政治工作经费纳入学校年度经费使用计划中,从而形成层层保障。高校要建立规范、有效的资金投入和保障制度,从制度和机制上切实解决好思想政治工作队伍的职称和待遇问题,加大党政干部、思想政治课教师与辅导员队伍深度融合的专项经费投入,设立专项资金,确保协同育人工作的顺利开展,推动高校思想政治工作的正常运行,增强队伍的归属感、安全的保障感和奋斗的成就感。除了工作队伍人员的保障外,还要加强思想政治工作基础设施的建设,并不断增加资金投入,以切实保障开展思想政治工作必要的资金。比如,思想政治工作书籍阅读室、基层党校、团校等地实施建设需要有资金的投入,举办文体活动如比赛、竞赛、联欢会和其他活动需要有经费,现代化的技术装备及各种宣传工具的配备也要有资金上的保证。

第二,在职称晋级和职务晋升方面,针对思想政治工作队伍的机制要与其他专业任课教师和行政人员有所区别。例如,给思想政治理论课教师安排的课时比其他教师多,会导致思想政治课教师缺少对科研方面的投入,因而在制定评定标准时需要同时考虑科研能力和课时负担问题。因此,高校应该分专业和分岗位进行职称评定,在评议、序列、指标方面都单独划分,以切实保障思想政治理论课教师在职称评审方面的权益。关于党政干部的保障机制,虽然许多高校干部都是学者出身,尽职尽责地在学校管理岗位工作,但是管理岗位事务繁忙,使得其缺少时间投入科研,因此,高校要给予其一定的条件支持,让其可以在管理岗位上安心工作。

第四节 高校辅导员队伍的未来发展方向

一、具有学科梯队的专业化发展队伍

(一)专业的思想政治教育学科支撑

在对辅导员制度发展的经验总结中,高校必须将辅导员工作作为一门科学。

辅导员工作如果只依靠经验，而没有专业的学科支撑，那么其很难在高校中与其他学科共同发展，专业的发展梯队也就无从谈起。在对辅导员职称结构进行调研时发现，辅导员中有中级职称的占54.20%，有副教授职称的占6.19%，有教授职称的占0.44%。而在全国各地普通高校教职工职称结构中，有中级职称的占36.879%，有副高级职称的占27.85%，有正高级职称的占10.67%。通过比较可以发现，高校辅导员队伍的专业技术职务在对应层次上要低于专任教师，尤其是在副高级以上职称上的差距尤为明显。同时，相对于专业教师而言，辅导员队伍整体上专业水平不高，科研能力较弱。在深入研究学生工作问题和解决学生问题的专业需求方面，尤为力不从心。可见，辅导员队伍并没有形成合力的专业发展梯队。

（二）选拔思想政治教育学科带头人

在辅导员队伍发展梯队的建设中，选拔学科带头人，也就是培养辅导员队伍中的专家，应该是一个重要的发展方向。一个专家型高校辅导员要具有以下三个基本方面的能力：一是专家不仅要掌握该学科的知识和运用知识的能力，而且还应具备科学研究的能力；二是要工作效率高，要能在较短的时间内完成更多的工作；三是洞察力，要有发现恰当的解决问题的方法的能力。按照此逻辑，专家型辅导员还应该掌握丰富的辅导员工作专门知识，并能够熟练运用，高效地解决学生所遇到的问题，并对其进行有效指导。

（三）重视辅导员结构层次建设

这是辅导员梯队建设的关键。辅导员的结构层次至少应包括以下几个方面的内容：

第一，年龄结构。在对辅导员的年龄结构进行调研时发现（如表7-1所示），25周岁以下及36周岁以上的辅导员较少。而在26~35周岁之间的辅导员所占比例达80%。这样看来，年龄构成不是很合理，尤其是36周岁以上的辅导员所占比例较少，这样是不利于辅导员队伍的梯队建设的。因此，高校应重视中青年辅导员队伍的发展，建立稳固的辅导员发展机制，鼓励辅导员长期从事辅导员工作。中青年辅导员将成为辅导员队伍中的骨干甚至专家。

表7-1 辅导员年龄结构调查表

辅导员年龄段	所占比例
25周岁以下	9.07%
26~30周岁	35.62%
31~35周岁	42.48%
36~40周岁	7.08%

| 41周岁以上 | 5.75% |

第二，任职年限。在对辅导员工作年限进行调研时发现，辅导员工作1~5年的占47.79%，6~10年的占38.27%，11~15年的占11.50%，16年以上的占2.43%。高校要统筹规划专职辅导员的发展，鼓励和支持一批骨干辅导员攻读相关学位或进行业务进修，使之向职业化、专家化的方向发展。在未来的辅导员队伍中，辅导员工作的年限会逐渐增加，同时也会有辅导员终身从事该工作。

第三，学历结构。目前，为全面提高辅导员整体素质，各高校都对辅导员的学历层次提出了明确的要求。多数高校要求是硕士研究生学历及以上。但与国外相比，我国的辅导员在学历和专业层次上与之还有较大差距。从国家2013~2017年的辅导员培训计划来看，国家将对辅导员进行学历规划。鼓励并支持辅导员攻读硕士、博士学位。可见，高学历的辅导员将逐渐成为辅导员队伍的主体，同时将逐渐向专家化的方向发展。

二、具有专门学科支撑的综合化发展队伍

学科的综合化是目前辅导员队伍的一个重要特征。但是，这种学科的综合化既没有突出个体的专业特征，也没有体现整体的专业互补。同时，从学科角度上分析，辅导员队伍的这种学科综合化还缺少一个专门的学科支撑。虽然思想政治学科为辅导员工作提供了学科上的指导，但是思想政治不等同于学生工作，辅导员给予学生的指导和帮助不仅要有思想政治方面的教育，还应包括心理辅导、学习方法指导、职业规划与就业指导、生活指导等内容，这些专业知识和技能是思想政治学科难以体现的。因此，加强辅导员专门学科的建设，应成为辅导员学科发展的一个重要趋势。

辅导员工作应是一门综合化、应用型学科，是以辅导员工作理论为基础并指导辅导员工作实践的专门性学科。按照大学生的发展需求，辅导员工作学科的理论体系应当包括以下五个方面的内容：一是关于大学生成长成才规律的理论，二是关于辅导员工作本质的理论，三是关于辅导员工作规律的理论，四是关于辅导员工作管理的理论，五是关于辅导员工作比较研究的理论。用专业化的理论回应现实需求，以理论指导实践，辅导员队伍建设才能够突破目前的发展瓶颈，实现科学化发展。

由于高校辅导员工作内容繁杂，涉及面广，且一些工作要求具备该方面较高的专业水平，如思想教育、心理咨询、职业规划与就业指导等。高校要求辅导员将每一方面的专业知识都系统掌握是不太不可能的。如美国的学生事务管理人员，分类非常细致，包括心理、职业、学习、生活等各个方面，每类学生事务管理工

作人员都只负责相应类别的工作。在辅导员未来的发展中，高校可以借鉴国外的经验，将辅导员工作进一步细分成多个方向，包括心理辅导、宿舍辅导、就业辅导等，这样辅导员队伍将呈现出综合化的发展趋势。

但值得注意的是，辅导员队伍综合化的发展，不是将其划分到各个学科中，而是在辅导员专门学科支撑基础上的综合发展。辅导员制度是具有中国特色的制度，是高等教育制度发展过程中积累的宝贵经验。无论将辅导员如何细分，其根本的政治性是不变的，其基本的思想政治教育和管理职能是不能变的。

三、具有大数据思维的辅导员人才队伍

大数据人才是进行数据应用、数据管理以及统筹数据规划的主体，在高校思想政治教育的大数据创新中发挥着重要作用。高校思想政治教育融合背景下的大数据创新并不是单纯地拥有数据技术，也不是简单地进行数据收集、存储、管理，数据分析需要专业的数据人才队伍作为支撑。纵观当前的高校思想政治教育队伍，其学科背景和经历大都与大数据技术学科相差甚远。在对数据的敏感度和大数据应用方面极为匮乏，所以，他们本身没有挖掘数据与信息的能力，因而也无法判别、预测出结果。虽然有专门的大数据技术人才，但是，数据分析专家的本职工作是对庞杂的数据进行深入分析，其对高校思想政治教育的本质内涵和现实诉求并没有专业的了解。高校思想政治教育产生的数据不是一堆冰冷的数字，而是蕴含着人的思想情感的数据。对这些数据进行分析，需要的不仅是对一堆庞大的数字进行语义识别、分类关联以及可视化呈现，还包括窥探数字中所蕴含的思想性、情感性的要素，即思想政治教育的意蕴。因此，高校在融合大数据进行思想政治教育创新的过程中，所需要的大数据人才，是集数据分析能力和思想政治教育能力为一体的。

面对人才队伍这一困境，高校可采取以下几方面措施：第一，在优化思想政治教育队伍结构方面，高校要进行多元化人才的引进，强化对具有大数据专业背景人才的引进力度。同时，还要在思想政治教育队伍中强化数据素养教育，提高相关人员的数据意识，使之在意识层面突破传统"数据意识淡薄"的束缚，使思想政治教育者对所关心的事或物的数据具有敏锐的感受力、判断能力和洞察力，以及对数据价值的认同，对教育教学实践中接触到的相关数据及其异动具有敏锐的嗅觉。数据意识是整个数据应用的关键性条件，对于强化思想政治教育者认识大数据的能力，以及思想政治教育者在大数据应用中主体性的发挥具有重要作用。第二，为激发高校思想政治教育队伍参与统计学、网络技术等大数据相关专业知识培训的积极性，高校需制定相关政策予以支持，并适度地采取物质鼓励与精神激励相结合的方式，为高校思想政治教育队伍营造良好的培训氛围和条件。第三，

为增强高校思想政治教育队伍中大数据人才的后备军力量，高校可以培养专业化和多元化并存的数据人才，积极开展学科协同发展新模式、新思路，开发高校思想政治教育与大数据融合的相关课程，以更好地实现大数据人才与思想政治教育人才的统一。同时，为提升资源整合效果，不同院系不同专业的教师，可以为学生定制个性化的培养方案。对于人文社科类学生，可以多补一些"术"（工具手段类）的内容；对于理工类学生，可以多补一些"道"（思想方法类）的内容。

四、具有创新的工作方式与方法

在信息时代，如何改进辅导员工作方式和方法，使之适应时代发展需要，提升大学生思想政治教育工作效果，已成为摆在辅导员面前的一个严峻问题。随着网络的发展，现代的辅导员工作方式还包括辅导员博客、组建班级QQ群等。但是，辅导员的这些工作方式中还存在着某些弊端。如经验性大于技术性、专业水平的提升空间不大等。

辅导员工作"课程化"是未来辅导员工作的必由之路。所谓"课程化"，即辅导员工作和专业教师"上课"一样，但又不完全等同于授课，其工作节奏要坚持教材的稳定性与学生工作实际的变化性相结合。辅导员工作"课程化"能够突出辅导员的教师身份，工作系统性和专业性较强，能够提升教育效果。

辅导员工作方式程式化与工作方法多样化是相统一的。教育环境与学生群体时刻都在发生着变化。辅导员工作只有不断创新工作方法，才能不断适应大学生的发展需求。在任意一种辅导员工作方式中，创新工作方法都是一个永恒的主题。辅导员的工作方法随着工作水平的提升而不断创新与发展，而网络的不断发展，使得网络思想政治教育的方法也不断丰富，这是高校思想政治教育发展所面临的新课题。

第八章　新时代提升高校辅导员职业能力的有效路径

高校辅导员具备与工作需求相匹配的个人职业能力是胜任该职业的前提。从辅导员职业能力建设的整体模型和各层次模型看，这是一项系统而复杂的能力建设系统。本章将从辅导员学科的发展、辅导员职业的确定、辅导员能力水平的合理化评估、辅导员培养等角度探索辅导员职业能力的建设问题，从而进一步推动辅导员朝着既定职业目标奋进，使辅导员在高校思想政治教育工作队伍中取得更大的政治认同、组织认同和个体认同，助力高校思想政治工作质量的提升。

第一节　完善高校辅导员职业能力建设的制度保障体系

"双一流"建设是新时期各高校的重要发展契机，是高等教育达到国际标准的过程，同时，高校招收专门人才的门槛也逐渐提高了。高校辅导员成为硕士研究生，甚至是博士研究生毕业后一个重要的职业选择，但从高校选聘辅导员时的报名情况来看，报名者都比较盲目。这是因为很多应聘者选择从事辅导员工作的直接原因，是觉得高校的工作比社会上其他工作具有更高的稳定性和舒适度。多数应聘者对辅导员的认识都停留在国家关于辅导员的一些制度政策上，或停留在对自己接触过的辅导员的印象上，仅有少数应聘者对辅导员职业有深入的了解。这就势必导致这样一个问题：求职者在缺乏对自身职业能力、辅导员职业角色和职业发展等的清晰认识和理解的情况下，单纯地为了找工作而竞聘辅导员岗位，这对辅导员专业化、职业化建设会有不利影响。因此，从高校对辅导员的职业角色和岗位职责定位，以及把高校辅导员作为人才引进的机制来说，构建起科学的培养体系，完善的选拔机制，将高校辅导员作为一类专门人才进行培养，势在必行。

一、建立辅导员专业人才培养制度

辅导员专业人才培养是高校思想政治工作专业化发展的重要路径,《标准》为辅导员专业人才培养奠定了政策基础,以能力为导向的辅导员职业成长机制指明辅导员专门人才培养的科学走向。专业型人才是指符合社会职业岗位的具有特定的专业和技术的人才,其相关技能得到国家相应权威部门认定,在其工作岗位上能促进岗位职能的充分发挥及个人职业的充分发展。建立辅导员专业人才培养制度首先需要职业准入机制建设的科学化。当前各高校辅导员的选拔和聘用机制或多或少存在这样那样的不足,有些高校明知有问题也无法提出合理的解决办法。辅导员专门人才培养制度体系的不健全,带来了辅导员职业生涯内外部的困扰和挫折,导致一些高校和部分辅导员发展受阻。因此,高校要选聘专业的人员来专职从事大学生思想政治教育工作。如果把不适合或者没有长期打算从事辅导员工作的人选拔到辅导员队伍当中,对学校发展、学生成长以及辅导员队伍的进步来说都会有较大的问题。而培养一批具有职业理想和较高职业能力素质的辅导员人才,不仅可以达到学校教职工队伍建设和辅导员自身职业发展双赢的效果,还可以高质量地完成国家对高校辅导员职业发展的要求,从而实现高校辅导员助推学生成长成才、提升人才培养质量的目的。

建设高校辅导员专业人才培养制度,还要通过多学科交叉培养的模式,探索在硕士层面培养辅导员专业研究生的制度。例如,东北师范大学曾经在各高校都熟知的"2+3"辅导员选留机制中,在后三年的硕士学习阶段鼓励有志长期从事辅导员工作的研究生兼职辅导员攻读思想政治教育专业。这样的措施大大提升了东北师范大学辅导员队伍的稳定性,成为该校在学生工作领域取得突出进步的重要保障。多年来,国家对在岗辅导员的培养进行了多项探索,进行了辅导员年度人物评选、思政专项课题研究、辅导员精品项目创建、高校辅导员专项博士计划开展、辅导员职业技能大赛和思政优秀网络作品评选等。那么是否可以尝试在各高校的马克思主义学院或者国家辅导员培训基地,招收部分硕士研究生来专门学习和研究高校辅导员工作的职业技能,培养专职的辅导员队伍呢?目前,国家每年有包含300个名额的高校辅导员专项博士研究生培养计划,但这一培养计划在实施过程中也暴露出了一些需要改进和提升的地方。一方面是该计划缺乏辅导员专业的人才培养计划,另一方面是对那些理工科学业背景的辅导员来说,考取辅导员专项博士研究生是一个极大的挑战。此外,从已考取、在读的博士辅导员来看,很多辅导员实际上成了研究马克思主义原理的博士,导致专项培养计划出现了"专项不专"的问题,这也一度引起教育部的高度关注。因此,在硕士阶段开设高校辅导员工作研究专业,聘任长期在一线从事辅导员工作的具有高级职称的辅导员和思想政治教育专家来担任导师，让学生专门研究辅导员工作，专心从事辅导员工作实践与理论的研究，这样的专门人才培养方式越发显得重要，也更能促进辅导员队伍的职业化、专业化。这样的机制能将辅导员职业能力建设提前到职前阶段，既能够为高校辅导员队伍培养后备人才，又能避免辅导员从业者有不必要的困惑和压力，使辅导员队伍稳定有序地发展。

目前，探索辅导员专业硕士培养制度与选择辅导员职业的群体日益壮大，逐步促进了高校人才培养方式的改革。高校尝试对辅导员进行专门培养，这样能够促进辅导员学科化发展，同时提高研究生人才培养体系与市场需求体系的适配度。通过对学生进行辅导员专业基础知识、基本能力、核心素养、实践能力及工作研究能力的专门化培养，学生可充分了解辅导员的工作内容、性质，并提升个人能力。实际情况表明，在2000年前后开始的"2+3""1+3""2+2"等辅导员选拔和培养制度的探索，得到了多数人的认可。笔者也是学校"2+3"制度选留下来的辅导员。从起初的无职业意识，到慢慢地有职业认同感、职业能力的提升，再到主动申请攻读思想政治专业高校辅导员专项博士学位，就是一个不断地评估和调整个体职业胜任力的过程。这个过程中也使个人获得了较大的职业归属感，促使个人坚定辅导员职业化的发展路径。

将合适的人放到合适的岗位上发挥最大的教育作用，是高校内部治理的重要内容。高校内部体系中如果有一支能够充分将个人专长与专业特长不断强化并能发挥出教育水平的辅导员工作队伍，是高校的财富。高校辅导员培养体系实践和比较结果证实，"2+3""1+3""2+2"的辅导员专业人才培养模式，特别是东北师范大学、武汉大学等学校的先进经验可以被进一步推广。这些模式既能够帮助学校选拔更适合于本校的辅导员，又给了职业主体更多的选择空间，形成了良性的双向互动。2021年，陕西师范大学在思想政治教育硕士招生时增加了辅导员工作研究方向，这是高校辅导员专业化人才培养跨出的重要一步。所谓的专业化是一个过程的概念，具有过程性，要有一定的理性思考和技术支持，如心理学内容、职业规划师相关内容、社会调查技术等。构建辅导员职前人才培养体系和完善的职业成长学习系统，是帮助辅导员职业胜任力提升的重要保障。辅导员誓词和辅导员职业能力标准的健全，让辅导员明白最基本的职业道德。而对辅导员具体的要求、专门的要求，则需要在辅导员专业人才培养过程中体现。很多属于辅导员人格品格的内容，也应当在专门人才培养的过程中强调。这些都要使辅导员基于专业的知识对遇到的具体情况做出判断，采取行动，做出科学准确的评估，并对下一步行为有一定的判断。笔者认为，辅导员应该有相应的资历认证机构，如辅导员协会等。目前，我国此类机构只有辅导员工作研究会，设在山东大学，主要做组织辅导员职业技能大赛、制定辅导员访学制度和《高校辅导员》杂志的选稿出版工作。辅导员没有更多的专门组织开展相应的研究，因此，我们要多建立这种组织，覆盖到每一位辅导员。总的来说，辅导员专业硕士的培养是使专业人才学习专门的理论、进行专门的实践的培养过程，与"2+3"等辅导员人才选拔机制的结合是非常有效的尝试。

综上所述，通过探索尝试建立辅导员专业硕士培养制度，对有志于从事辅导员职业的学生进行职前能力培养，不仅可以确保从事高校辅导员的人系统地学习职业知识，进行职业能力训练，还可以解决长期困扰辅导员的想学没时间学且学习缺乏指导、不学又干不好的矛盾问题，从源头解决问题。同时，高校也能够有效地改善新入职的辅导员岗位适应困难、工作效果不佳、学校培养成本大等系列问题，提高学校教师队伍的整体质量。

二、健全辅导员职业准入制度

辅导员选拔制度是各高校在入口对辅导员职业能力的测量，是对有志于从事辅导员职业的应聘人员的选拔，过程是开放的、公平的。通过长期的探索，多数高校已基本形成辅导员选拔制度。例如，此次参与调研的39所高校中，有27所高校由学工部门主导辅导员招聘，占比69.23%，其中，有61.54%的高校是从辅导员胜任力的角度对应聘者进行辅导员综合能力测试的。有学者研究过陕西省2017—2019年辅导员应聘报告蓝皮书中关于陕西省内辅导员招聘条件的内容，发现各高校在设置招聘条件时要求应聘者的毕业院校级别高于或者等于应聘院校的级别，应聘者就读的本科院校要为国内高水平大学；研究生辅导员应聘者中，专业为心理学、思想政治教育学、教育学的最受欢迎；从选拔的优先条件来看，男生优先，有学生主要干部经历、学生竞赛获奖经历等的优先。由此可见，高校在招聘辅导员时的一些基本要求。同时，绝大部分高校也启动了对应聘对象的心理测试、行政能力测试、结构化面试等，通过严格的准入制度，把好入口关，这也是提升辅导员队伍质量，促进辅导员职业能力建设的重要举措。

建立辅导员职业准入制度，应该从国家的宏观引导、地方的保障支持和高校的因校制宜等方面进行谋划。就国家层面而言，应在原有的制度体系基础上完善准入机制。人的适应性培养、经验总结、技能提升是一个循序渐进、逐步发展的过程，辅导员的职业能力建设必然也是一项系统的周期性工程。辅导员工作的内外部环境不断变化，工作对象具有独特性，因此对新入职的辅导员的能力水平素质进行科学化的评估，是保障辅导员快速成长的重要方法，也是辅导员职业发展的基础。目前，各地各高校在这方面都有自己的政策，但缺乏指导性的文件。中发〔2016〕31号文件进一步规范了辅导员工作环境，这也是国家出台辅导员选拔制度和政策文件的良好契机，能在制度和政策上确保把真正愿意做辅导员、真正适合做辅导员、能够将个人能力素质外化为教育行为的优秀人才选拔到高校辅导员岗位上来。教育部第43号令进一步规范了辅导员队伍建设的目标、内容及方式，对辅导员职业所需的能力进行了新的规定和扩充，这意味着辅导员自身也必须做出相应的提升与改变。同时，该规定还提出了，要不断提高辅导员职业能力发展的专业化的总要求，但具体如何提高还需要出台相应的指导办法，以确保该规定与辅导员人才选拔、培养与考核机制紧密结合，为促进辅导员队伍的高质量建设提供保障。目前，高校在辅导员选聘的入口把关上仍存在一些问题。很多高校抱着把优秀的人才选进来再培养的心理进行辅导员选聘，而选聘时所确立的优秀人才选拔标准，常常不是以严格的辅导员职业能力标准为参考依据的，选出来的人中以管理岗和教学科研岗为职业发展目标的人大有人在，这不仅对辅导员队伍稳定性带来了冲击，还会给高校辅导员职业内部带来很大的负面影响。此外，目前高校辅导员工作评价体系不健全问题突出，辅导员工作质量难以评估，教育效果难以体现，再加上一批不以专职辅导员为职业发展目标的"临时工"的存在，思想政治工作很难达到学校的预期，也很难满足学生需要。

由此看来，尽快出台科学的选拔机制是保障辅导员能力建设的前提，这样才能有效补充辅导员队伍，缩短辅导员基础素质和能力建设周期，减少辅导员队伍内部人员的流失，降低培养成本，最终形成辅导员选聘及职业能力发展的科学模式。

三、完善辅导员职业责任制度

职业责任源于角色。"角色"一词来源于拉丁语，起初是指戏剧中演员刻画的形象。戏剧中的角色将生活中的典型人物及事件刻画出来，与社会现实形成连接，让观众形成个体认识。我们每个人在社会中都有自己的角色，社会角色往往就是我们的社会地位的客观反映。一定的社会角色有着一定的社会行为范式，符合一定的社会规则、社会责任，履行一定的社会义务。高校辅导员从其社会角色的产生与社会期盼来说，都需要一个真正意义上的角色与职责的明确。在访谈中，我们发现，80%以上的辅导员认为自身工作存在职责不明、效率不高的问题。他们长期处在随时待命状态，这使得很多辅导员对其中一些工作，尤其是大量的繁杂的重复性工作，以及突发事件产生了恐惧心理。有老师谈道："很多人认为辅导员就是杂工，是可有可无的角色。这导致学校从领导到机关，再到学院教学科研的教师，对辅导员的认识不够，有的还持传统认识，有的认为辅导员都年轻，做不了什么重要的事情。总的来说，辅导员要得到认可，难。"还有老师说："从整个学校的成员体系架构来说，辅导员角色的定位也很奇怪：职能部门和院系其他人都认为只要与学生相关的事情就应该找辅导员，'上面千根线，下面一根针'的现象突出。"可见，辅导员的工作职责一直没有被明确，工作界限不清楚。笔者认为，其他岗位的老师给辅导员安排工作时，应通过主管学生工作的部门统一协调。此外，辅导员产生时是"政治辅导员"，但现在该职能似乎被弱化了，事务性作用被无限扩大。多数高校都没有严格按照教育部出台的辅导员工作制度去安排辅导员的工作，辅导员的角色和职责不清。还有一种说法是，"辅导员是高危职业"，一旦学生有事情，辅导员就要冲在第一线，好像这也全是辅导员的事情。针对这种情况，学校应该有学生突发事件应急方案。

辅导员的工作和生活不能分开，有些高校要求辅导员住在学校宿舍，甚至要求辅导员在宿舍办公。但实际上，辅导员有自己的生活，学样不能把工作塞满辅导员生活和工作的每一个缝隙，各种各样的活动都要求辅导员到场。高等院校辅导员有着多重身份，他们在多重角色中不停地转换，容易产生自我认识上的混乱，且普遍面临职称评定或晋级提拔的困惑，影响了其自身的职业认同。新时期，在"双一流"建设的背景下，辅导员依然对所从事的职业没有较高的认同，这直接影响了他们工作的质量和效果。从目前的职业角色定义来看，辅导员具有思想政治教师和高校管理干部的双重身份。从教育职能的发挥和标准来看，高校辅导员的职责复杂程度是高于教师或者管理干部的。但从现实中辅导员的社会地位来看，高校内外部对辅导员职业的认知都是不够的。因此，高校辅导员职业角色和定位都还需要教育部和各大高校高度重视，并使全体师生达成共识。

角色的明确是高校辅导员职业能力建设的关键前提。在高校内部确定以高校辅导员岗位职责为前提的辅导员角色定位，并在辅导员职业内外部体系中达成共识，是解决辅导员角色不清、职责不明、定位不准的前提条件。辅导员制度和辅导员角色的产生都是为了维护学生思想的稳定，辅导员自身过硬的政治素质是其开展工作的基础，也是胜任工作的基本要求。辅导员工作是以"政治工作""思想工作""灵魂塑造"为基本出发点的工作，这与其在现实中"两眼一睁忙到熄灯，熄灯以后胆战心惊"的状况存在较大的偏差。在访谈中，我们发现，高校辅导员工作问题还具有一些共性。比如，所有学生是辅导员的学生，学生的问题就是辅导员的问题，学生的事情就是辅导员的事情等认知偏差。这使辅导员担负了大量的事务性工作和职责范围外的工作，大量时间被工作占据，难以抽身继续提升个人的职业能力和水平。高校内外许多人都没有正确地认识辅导员岗位，把辅导员看成了行政人员。这种错误的认知在职业评价时必然会给辅导员带来心理创伤，使其无法与职业认同、悦纳和归属等产生联系。

辅导员主业没做好、副业做不完的问题一直困扰着辅导员这个群体。辅导员的很多职责在辅导员岗位没有分化出来的时候是由专业教师来担任的，而辅导员这个职业独立出来的目的非常明确，是为了更好地开展思想政治教育工作。但高等教育大众化、大学生低龄化、基础教育应试化及家庭教育缺位等问题，导致高等教育承担了诸多管理服务的职责，也使大多数高校辅导员几乎成了学生的"服务员"和"管理员"，应付学生事务与服务学生就占据了辅导员的全部时间和精力，开展思想政治教育的主业倒荒废了。国家不断强化辅导员队伍建设，明确其职责范围就是为了进一步强化其核心功能。但从现实来看，辅导员被多个部门"呼来唤去"的现象仍然普遍存在，工作的应然与实然的矛盾冲突对辅导员队伍造成了很大的冲击。主责主业干不好，职业地位得不到正确的认识，职业认同感、归属感较低，必然导致辅导员队伍的不稳定。

因此，从制度层面明确高校辅导员的职责，就成为解决高校辅导员能力不足问题的重要举措之一。在明确国家政策的基础上，在校内外，从高校领导、职能部门到教学科研岗教师都需要形成共识，真正改变只要学生有问题就是辅导员有问题的错误认识，从而减轻辅导员承担大量职责范围之外的工作的压力。各高校党委应指导学生工作部，依据教育部关于辅导员队伍建设的相关规定和文件要求，从实践层面梳理清楚辅导员的岗位设定目、职责规范、权利和义务等相关内容，以确保权责匹配。同时，还要构建多级明确的体系。首先，分管校领导对辅导员的角色要有正确认识，合理分工，并制定合理的监督保障制度；其次，行政部门负责人和单位党政一把手从自己做起，认真贯彻教育部和学校关于辅导员角色和职责定位的规定，更好地协调和安排好辅导员的具体工作；三是学工部门和各学院分管学生工作的处级干部要真正将制度放在前面，告别做老好人的想法，做好辅导员接受指令和开展具体工作的保护和指导工作；最后，辅导员自身要有清晰的角色认识和准确的定位，不能人云亦云，要基于辅导员岗位职责要求不断提升自身职业能力，以发挥教育作用。

四、构建高校辅导员工作协同制度

协同是指人们相互合作，以实现一定的共同目标，体现了事物整体发展过程中相互协同与合作的关系。习近平总书记强调，要努力开创高等教育事业发展的新局面，高度重视并实现高等学校"三全育人"的教育实践局面。全员、全过程、全方位是协同理念的重要体现，辅导员也要有协同理念，正确处理与教师、管理人员以及学生干部之间的关系，搭建协同合作工作平台，履行个人职责，完成人的全面发展的教育目标。学校也要建立辅导员个人发展与学生成长成才的协同机制，促进辅导员能力发展与教育过程的融合。辅导员的工作对象是大学生，两者亦师亦友，能在相互了解、相互信任和相互支持的基础上共同成长。辅导员要把握好当代大学生的思想行为特点，认真研究他们成长发展的规律，分析学生的优点和缺点，并通过调查研究、谈心谈话、开展校园活动等引导学生健康成长。辅导员是学生最亲密的陪伴者，对大学生的成长起着积极的引导作用，就此而言，辅导员工作是一份"技术活"。大多数辅导员都比较年轻，可以做学生的朋友，陪伴大学生度过成长成才中的关键四年，帮助大学生寻找解决问题的有效途径，培养他们的独立意识和健全人格，从这个角度看，辅导员工作也是一份"良心活"。辅导员必须把握好学生工作的度，有所为有所不为，既不能万事包办，也不能撒手不管，要使师生之间形成规则和边界，促进互相认同的师生关系的形成，在良好的师生互动中获得职业满足感，并提升自己对辅导员职业的认同感。辅导员与学生之间的协同机制是辅导员职业能力建设的内部机制，是辅导员工作实践层面的机制，是动态发展的机制，因此，辅导员与学生之间的协同成长机制，会因辅导员个体职业能力水平的差异而不同，而充分掌握处理辅导员的组织、实施和指导工作与学生自我服务、自我管理和自我教育之间关系的技巧，参与必要环节，实现工作目标是辅导员的一项关键能力。

辅导员有九大职责，都需认真做好，但辅导员岗位从产生到今天，其职责是从思想政治教育工作起始并逐渐增加和扩充的，高等院校辅导员的首要职责仍是思想理论教育和价值引领。其中，思想工作是基础工作，价值引领是立足点，要重思想更要重引领，将核心落实在"价值引领"上。可见，辅导员这一角色具有鲜明的政治性。从业人员应具备优良的理论素养、坚定的政治信仰、敏锐的鉴别能力和强烈的责任意识，才能在大是大非和原则问题上坚持正确的政治立场和价值选择。在实践中，高等院校要重视党中央相关文件精神的落实，完善和细化高校辅导员的工作职责，保证辅导员回归其本职、承担其责任，发挥其理论教育与价值引领的直接优势，为实现高等院校一流建设目标贡献力量。与此同时，要理顺制度，强化高校辅导员的职业认同感，提升其政治意识、大局意识，让其通过自学、培训等多种形式，时刻谨记高等院校辅导员工作的重要性和历史使命，为辅导员专业化、职业化和专家化发展奠定基础。

高校辅导员不可能孤军奋战，其工作本身是对学生的教育、管理和服务的综合，辅导员必将与学校教师团队、管理团队和服务团队等多个团体构成协作体。比如，辅导员可以通过搭建与教师团队协作的学风建设平台，通过学生活动学术化路线，进一步发挥思政课程的教育作用，提升辅导员工作效率。这在一定意义上借助了学生对学术权威的信任，可以通过专业教师的学术引导发挥思想政治教育功能，同时也规避部分辅导员思想政治教育能力不足的问题，丰富了教育途径，扩大了思想政治教育工作队伍。可以说，在当下，充分发挥团队作用是提升辅导员职业能力的主要方式。首先，学生工作行政部门要搭建起辅导员与其他教师协同合作的能力提升平台，将上下级关系转变为共同发展关系，促使辅导员队伍科学化发展。其次，辅导员各团队间要建立协同关系，如建立起有共同研究方向、主要专业特长一致等不同类别的工作协同团队，更大范围地开展工作实践和理论研究。再次，同一单位内部的辅导员要建设协同体系，避免大而全的工作模式，以专项工作、专人负责的模式减少重复性劳动，提升团队的工作效能感。最后，构建起辅导员与非学工部门的协同工作系统，以解决多头领导的问题，理顺工作关系。此外，我们还可以通过一些行之有效的方式提升辅导员工作的效率。一是，学校在内部治理体系中理清各部门的职责，进一步理顺工作对口关系，从学校行政部门层面形成较好的工作协同机制，尽量避免辅导员直接从行政部门领任务的情况。二是，完善学生管理和服务的制度体系，提升学生的规则意识，建立起学生与职能部门的直接关系。比如，建好线下"学生事务服务大厅"和线上"电子服务一站式办事平台"等，减少辅导员事务。三是，提升学生敬畏规则的意识。目前，各高校都有非常全面的学生管理制度，基本上覆盖了学生的校园学习生活，但在实际的执行过程中，总会有学生忽视制度或者超越制度规定的现象。造成这些问题的主要原因，一方面是学校没能够认真地执行制度体系，导致学生对制度的认可度不高，使制度形同虚设，没有效力；另一方面是学生不了解、不清楚相关制度，凭借个人认识行事，导致秩序混乱，出现难以弥补的问题或直接与学校发生冲突。鉴于此，我们应该在制度的实行上提出明确要求，对所有的教职员工进行制度执行培训和监督，使其按照规章制度进行工作。同时，在新生入校时就对学生做好学校规章制度的教育，让学生按规则行事。公平公正的制度体系有利于减轻纠纷，让辅导员把更多的精力和时间放在主要职责上。四是，营建良好的个人成绩与团队绩效共享的关系。高校辅导员的工作有慢效应性、繁杂性和不确定性的特点，辅导员们很容易与职业角色分离，不能合理定位自己，对职业没有规划，缺乏明确的职业目标和理想，不能沉下心来思考并开展工作，以至于"骑驴找马"的现象普遍存在，这势必会影响辅导员对自身职业的认同感。将个人成绩与团队绩效结合，用个人成绩为团队绩效增添色彩，让团队绩效激励、带动个人创造更多成绩，可以有效提升辅导员的职业认同感，增加自己提升职业能力的动力。

高校要建设好辅导员与学生的协同系统，比如"师生共同体"——有共同愿景的师生，在生活、学习、工作中形成有效互动、你中有我、我中有你、同发展共成长的良好关系。辅导员自身发展与学生成长成才是同向同行的，二者目标一致、利益一致，是共同体的关系。辅导员要建立与学生平行发展的体系，围绕主体工作创造工作业绩，以此来提升职业认同感：一是把握好学生成长成才与辅导员自身职业发展规律之间的关系，不断地将工作实践转化为研究成果，将学生成长过程中辅导员工作的具体实践和取得的成效转化为成功的工作案例进行推广，并著成研究青年学生成长成才的文章参与考核和职称评定。二是践行"理论和实践研究"的岗位职责，把青年学生成长的每一个阶段都当成是一项好的研究课题，关注学生多层次、多样化的需要，多角度、多维度地对学生成长的阶段化特征进行分析，发现问题并解决问题，提升辅导员工作质量，助力一流人才培养。三是高校辅导员要成为"一专多能"的高水平思想政治工作者，将岗位职责的全部内容进行落实，按照辅导员职业能力素质要求全面开展职业训练，以满足学生成长需求。四是与学生之间相互信任，形成良性的合作关系，在相互支持中学习成长，构建一个畅通的相互交流沟通的渠道，使学生能公开地表达自己的感受和意见。

辅导员工作协同制度的构建，是解决现实困境的重要突破口和必选路径，是辅导员回归职业本位的重要制度。它能帮助辅导员职业能力建设得到更加专业化的发展，在形成内部健康发展的有效机制的同时，促进职业外部对辅导员职业的理解和认同。

五、改进辅导员考核评价制度

靶向引导机制，是对辅导员职业能力建设具有明显效果的管理机制。评价本身具有典型的导向性、激励作用和监督作用，是推动职业主体实现职业目标的积极因素。高校要通过对辅导员可量化的显性职业能力测评与难于量化的隐性能力评估相结合的形式，形成对辅导员主体的内外部共识，达到评价有效与辅导员发展共赢的目的，从而形成评价与能力提升的良性互动。正确利用科学的评价体系，能够帮助辅导员实现过程行为与目标行为之间的有效平衡，达到激励和促进辅导员发展的作用，而辅导员个人能力和水平的不断提升也能进一步促进组织工作产生效果，最终实现既满足组织需要又促进辅导员个人发展的目的。辅导员职业能力评价主要发挥评估、导向和激励的作用，并促使三者结合，引导辅导员朝着正确的行为方向发展，帮助高校辅导员管理部门形成科学的选拔与培养发展体系，激励团队及个人朝着更高的目标奋斗，从而不断提升个人能力及团队的工作质量和效率。

辅导员职业发展双通道模型，是当前大部分高校为辅导员制定的发展模型，通常被称为"两条腿走路"。辅导员选择管理通道或和专业通道的发展模式都各有利弊，因此需要辅导员正确评估自己并做出正确的选择。管理通道是高校管理干部的发展通道，主要体现的是上下级关系。此通道相对来说是比较完善的，每一个层次都有明确的选拔制度，但存在着评价标准不明确、考核内容难量化和有主观人为因素等问题。在专业通道上，绝大部分高校都实行了辅导员职称单独评定的办法，评定的标准多是在教师评定标准的基础上适度降低，但加入了学术研究要以学生工作为主、成果要体现学生工作特点等要求。这些硬指标体现了明显的靶向作用，能促使选择这个通道的辅导员通过自身努力达到相应的评定条件。辅导员职业能力的测评体系是依据高校辅导员职业能力层次结构（见图8-1）来具体制定评价考核标准的，以此为依据建立起的以岗位胜任为靶向的评价体系和职业发展机制有助于辅导员职业能力建设体系的完善。

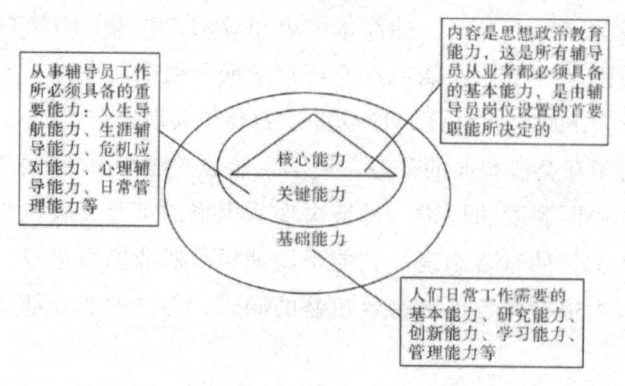

图 8-1 高校辅导员职业能力层次结构

辅导员的职业能力层次结构清晰地展示了辅导员不同能力级别所应具有的能力，它从辅导员的核心能力、关键能力、基础能力三个层面做了精细化规定，形成了专业发展通道。建立不同阶段辅导员能力水平的量化体系，并设定与之相对应的发展级别，是高校辅导员考核评价制度的改革发展方向。同时，对如何运用好新技术强化过程评价系统的建设，去除主观因素的影响，较客观地以促进辅导员职业稳定性、工作水平提高和工作效果显现为目的的考核评价制度的发展等问题的探索，对于提升辅导员职业能力建设有着至关重要的作用。总而言之，以核心能力水平测量为第一出发点，构建新形势下高校辅导员职业考核评价制度体系，是教育行政部门及高校重要的观测点。

第二节　建立高校辅导员职业生涯规划体系

职业生涯规划是从业者对自己的人生目标与能力水平的合理预判，是使个人职业发展目标与组织预期高度契合的过程。辅导员的职业生涯规划建设符合一般从业者职业生涯规划的普遍规律。辅导员的职业生涯规划，既要看到高等教育事业发展的需要，也要高度关注学生成长成才与辅导员自身职业追求的需要。辅导员职业生涯规划是一个从业者长期从事辅导员职业并取得理想的职业成效的过程，是高校辅导员在工作岗位履行工作职责的过程中对个人的性格特征、能力水平、外部因素进行反复评估，使其能够长期从事该职业并逐步提升职业效能的过程。它包含辅导员的内职业生涯规划和外职业生涯规划。但我们在访谈中发现，辅导员职业生涯规划意识淡薄，往往依附于学校的整体组织规划，对自身职业发展的计划是被动、消极的。尽管国家、政府和高等院校已经颁布了一系列关于辅导员职业认识与规划的文件，但很多辅导员仍然主体意识不强，职业生涯规划意识淡薄，缺乏对职业的思考和设计，刚入职就在想别的出路。

适应社会发展需求，提高辅导员的综合素质，不断明确高校辅导员的身份定位和岗位定位，建立起科学的高校辅导员职业生涯规划理论，使辅导员从业者既能够通过一定的途径实现个人的全面发展，又能成为高校人才队伍的重要组成部分，这已经成为我国高等教育改革与发展面临的重要课题之一。

一、全面提升高校辅导员的职业意识

提升辅导员职业意识是辅导员职业生涯规划的基础。随着高等教育事业的不断发展，辅导员职责的广泛性和角色的复合性要求我们对其做出新的解释。高校辅导员岗位职责的扩充和应对新事物能力需求的不断增加，也需要我们不断提升对高校辅导员职业的科学认知，从而促使辅导员提升职业意识，自觉提升个人职业能力。

辅导员职业认知是指辅导员对自己所从事的学生教育、管理和服务等工作的价值、功能、任务，以及自身权利与义务、职业行为规范等的认识乃至自觉。这体现了个人与组织之间的关系，体现了高校辅导员的个体认知和辅导员从业者的群体认知情况，包含了对辅导员职业价值、职业地位、社会声望、职业体验、职业价值观和职业精神等多个方面的认知。这蕴含着辅导员的内部认知和外部认知。因此，我们要构建起内外互相促进的职业生涯规划的积极的职业认知体系，这是提升辅导员职业能力建设的情感基础，是基础中的基础。

从辅导员职业意识构成要素（见图8-2）中，我们不难看出，积极的辅导员职业意识影响辅导员职业生涯规划自觉性，对从业者是否选择辅导员职业，并为了能够长期从事辅导员工作不断提升自己的能力，具有至关重要的作用。如果辅导员能做到明确职业理想，坚定职业信念，以辅导员工作价值为个人最大价值，做一个"走心"的辅导员，那么他必将成为一名优秀的榜样型辅导员。因此，辅导员个体及高校应该通过职业培训增强辅导员职业意识，同时也通过职业能力大赛和年度人物评选等活动，增强辅导员队伍集体职业意识，提升辅导员队伍凝聚力，增强辅导员制度体系中的制度意识，增强辅导员发展体系的制度化运作，形成辅导员的职业自觉，从而进一步明确工作职责，增强职业归属感和自我效能感，坚定职业信念，提升辅导员职业意识。这样的良性循环体系一旦形成，会使辅导员产生更多的提升个人职业能力的内生动力。

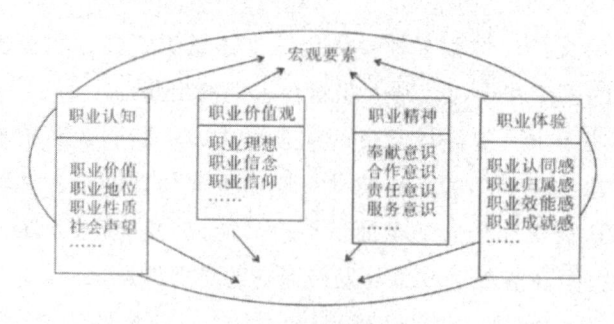

图 8-2 辅导员职业意识构成要素

二、科学开展辅导员个人职业能力评估

职业能力评估体系是高校辅导员提升个人职业能力的科学参考体系，是确保辅导员朝着正确的方向不断攀登职业巅峰的导航系统。准确判断、科学规划、积极行动，源于一套合理高效的工作绩效考核评定体系，这也是辅导员队伍专业化建设的重要保障之一。辅导员在从教育、管理和服务的不同维度对工作效果进行定量比较的同时需要开展定性分析，或者引入量表对教育对象进行测量，将职业能力水平和职业道德素质相结合，将个体职业发展实际与学生成长评价相结合，将隐性成效与显性成效相结合，最终形成有效促进职业发展的体系，实现辅导员职业的创新。辅导员职业能力的评估体系包括内评估体系和外评估体系，辅导员科学地进行职业生涯规划需要辅导员个人的不懈努力，更需要组织行为确保辅导员职业生涯发展环境的不断优化，以帮助辅导员实现职业能力的提升与职业目标实现的协调统一。

辅导员个人职业能力评估内容包含了个人性格特征、职业技能、职业心态与信念。对个人性格特征的评估可以通过自我陈述的形式不断地总结、反思个人是否具备高校辅导员职业所需的特质，如有亲和力、友爱、合作、民主、热忱等，同时也可以通过使用性格、气质量表，如明尼苏达多项人格测验、艾森克人格问卷、霍兰德职业兴趣测评等标准化量表展开测量，帮助个人更加准确地掌握个人的性格特征。此外，辅导员也可以使用一些通用的关于管理能力、应变能力、人际关系等的测试问卷，使辅导员清楚自身的能力水平与职业发展需求之间的距离，有针对性地做出职业能力建设计划，并将此计划融入个人大的职业生涯发展体系当中。以上这些是辅导员对个体内部的评估，是对自我的认识过程，也是个人职业心态和职业信念形成的关键环节。辅导员可以通过辅导员职业能力清单不断地对自己的能力进行检验并制订能力提升方案，实现个人职业能力水平的不断提高。

与此同时，辅导员还需要对个人外部环境进行分析评估，以使自身职业能力建设得到保障。比如，清楚社会的经济文化环境对于辅导员职业的需求，清楚学校的发展现状及发展规划，清楚学校对于辅导员职业发展的需求。再比如，清楚学校辅导员的制度体系、管理作风、待遇政策等，特别是要清楚学校对辅导员队伍建设的长远规划与采取的具体措施。比如，学校对辅导员的考评指标是否科学、专业。所有高校都会对辅导员工作进行定期考评，即通过已经形成的辅导员考核指标体系对辅导员的工作效果进行评价，并确定优秀、良好、合格等考核等级，这些往往与辅导员的待遇挂钩。一般学校的辅导员考核都是对辅导员常规工作进行评价，是基于辅导员关键职业能力展开的，通常包含辅导员个人总结、所带学生情况、所在学院评价和学校管理部门评价四个部分的内容，实际赋分项多为学生情况、学院和上级部门（学生处）评价三项。辅导员会根据考核指标体系不断地提升个人职业能力，但这些指标不能够全面地考察辅导员工作的实效性，这是各高校辅导员管理部门面临的重大难题。也就是说，对辅导员的职业态度、职业信念、职业信仰的考察体系需要进一步完善，这样才能真正发挥辅导员职业能力考核体系的导向作用。各高校要高度重视辅导员工作考核体系，充分发挥考核体系的导向作用，以促进辅导员自我提高与进步为最终目的，强化评估体系的精神鼓励和物质激励作用，不断提高辅导员的认同感和效能感，帮助辅导员坚定辅导员职业信仰，将辅导员职业作为个人为社会发展贡献力量的载体，无怨无悔地为自己的事业奉献终身。

各高校要建立起定量与定性相结合、过程与结果相结合、体系内与体系外相结合，注重工作实效，师生公认、学工体系内认同的制度评价体系；形成多维度、全体系的评价、考核和监督机制，加大对辅导员职业社会声望的舆论氛围营造，促进辅导员对职业的积极认知；对考核不合格的辅导员要有惩戒措施或退出机制，这对辅导员的个人职业发展和学校学生工作队伍都是重要的保障；要不断健全完善辅导员的评优表彰机制，对考评结果为优秀的辅导员要定期组织其参加省、地区、校级优秀辅导员的评选活动，调动辅导员工作的积极性，并使评优、考核的结果与辅导员个人职业发展有效结合，如将国家级别的实践奖励或先进个人荣誉列为个人职务或职称晋升的加分项，等等。总之，评价体系的完善与构建能够促使辅导员队伍不断地提升自身职业能力建设。

三、及时明确辅导员个人职业方向

目标引领方向，人一旦有了清楚的奋斗目标，就会有明确的前进方向。一个人渴望成功，就必须给自己确立一个明确的目标。目标一旦确立，什么应该做，什么不应该做，为什么做，为谁而做，都一目了然。人就会在目标的指引下，朝着正确的方向不断努力，最终实现既定目标。辅导员职业规划能够帮助辅导员对自身未来职业生活进行科学设计，让辅导员立足现实条件，尽可能全面地权衡个人发展条件，制订明确的职业发展方向和目标，将实现个人职业价值与辅导员团队建设有机统一，使辅导员更清楚自己的职业行为对实现职业目标的积极作用。职业发展愿景因人而异，目标取向型的辅导员在对自己性格、价值进行分析后选择辅导员职业，坚持不转岗，终身从事辅导员工作；一些辅导员在做一段时间的辅导员工作后转为管理干部；一些辅导员经过一定的实践锻炼后转到教学、科研、实验等岗位；还有一些辅导员遇到更好的选择就告别辅导员职业。而就当前我们开展的辅导员职业能力建设的研究来说，主要是针对有志长期从事辅导员职业的从业者的。

辅导员在自己的岗位上经过专门化的学习和训练有了自己的工作特长与优势，如学生心理健康教育与心理辅导、学生职业咨询、学生价值观教育、思想政治教育大数据研究等等，这也可以成为个人专门化的工作，成为辅导员职业发展特色与职业发展方向。但如果辅导员评价保障体系不完善，使辅导员看不到理想的目标，而无法树立起走职业化发展道路的信心和决心，那么辅导员职业必将成为从业者转向其他岗位的跳板。因此，我们要充分发挥方向与目标对职业生涯的导向、调节、激励的作用。辅导员职业生涯目标的设定是其职业生涯规划的核心，而职业生涯规划是对未来职业发展方向的一个总体规划，方向确定以后，关键在于采取适时、适度的行动。正如彼德·德鲁克指出的那样："再好的计划也只是计划，只是良好的愿望。"要确保职业方向与目标的实现就必须采取一系列具体的措施和策略。辅导员要确定个人职业方向与目标且适时适度地进行目标调整，需要不断地参加职业实践，因此，辅导员在工作过程中除了做好分内的工作之外，还要主动承担一些责任重大的工作，并高质量地完成。

四、不断提升辅导员职业能力素质

以职业能力为导向的高校辅导员专业人才培养体系正在逐步形成，各地各高校也在加紧对辅导员培养方案的改革，以进一步强化培养过程的作用，并以强化实践能力和优化辅导员能力结构为重要突破口。高等教育正处在大众化教育阶段向普及化教育阶段转型的时期，面对教育对象、特点、载体、环境的深刻变化，体现出显著的时代性与创新性，辅导员只有具备了与时俱进的能力素质，才能够通过运用新技术、掌握新知识和使用新方法来迎接新挑战，也只有转变观念，提高水平，才能增强工作的科学性。辅导员职业能力的提升既是社会的需要，也是新形势下高校发展必不可少的部分，更是辅导员个体职业自觉的必由之路。构建新时代高校辅导员职业能力建设意识提升的互动关系（见图8-3），使社会支持、高校推动和个体努力构成有机统一体，确保以能力为导向的辅导员职业意识进一步加强，形成辅导员职业内外部生涯体系，帮助辅导员达到更高的职业水平，这

第八章 新时代提升高校辅导员职业能力的有效路径

是对辅导员职业能力提升意识的全方位思考。

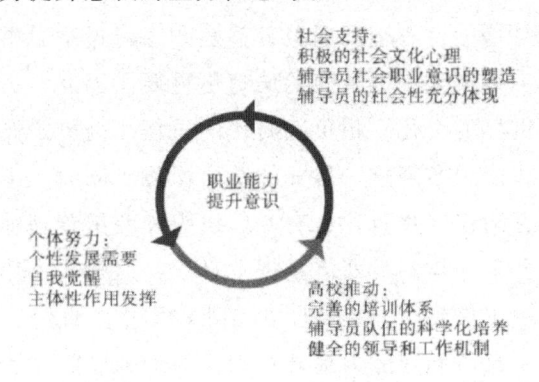

图 8-3　高校辅导员职业能力建设意识提升互动关系图

首先，社会支持是辅导员不断加强个人职业能力提升意识的环境助力。社会文化心理对人从事某项事业有着很大的作用，往往是促成或组织某种行为的无形力量。建立好的社会支持体系会帮助辅导员形成积极的社会文化心理，从而促进辅导员通过提升职业素质、职业技能，丰富职业阅历和人际交往，扩大职业网络，建立多重的校内外工作关系，从中寻求好的人际支持和职业发展意见，并不断调整个人职业行为，使其正向发展。人工智能时代的到来给各行各业带来了极大挑战，大数据技术的广泛应用，媒介素养能力的广泛提升等，都为辅导员职业发展指出了新的奋斗方向。同时，学生的教育、管理和服务工作个性化特征越来越明显，社会对人才的需求越来越精细化，这对辅导员职业的能力素质水平提出了更高的要求，使得高校对辅导员的培养和管理制度的配备也更为专业，由此体现出现在的辅导员具有较高的社会影响力。在辅导员职业发展趋势下，在辅导员的专业化程度要求越来越高的大环境下，辅导员提升职业能力水平是其适应社会需求的必经之路，这也是积极社会文化心理无形决定的。

同时需要看到的是，目前全球政治力量呈现多元化的形势，经济一体化进程加快、"一带一路"建设如火如荼、人类命运共同体正在构建。各种思潮风起云涌，互联网飞速发展，全球已经成为一个开放的系统。文化冲突成为不可忽视的问题，思想和价值观渗透，这些都必然成为辅导员开展思想政治教育工作的重要关注点。

其次，高校发展是辅导员不断加强个人职业能力提升意识的重要保障。高等教育"双一流"建设既是国家的重大战略，也是我国高等教育发展的必然选择。推进"双一流"建设必然要对高等教育改革提出新的全方位要求，辅导员作为我国高等教育中不可或缺的重要组成部分，只有不断增强职业认同，立足"立德树人"的工作岗位，守好学生思想政治教育责任田，当好学生健康成长的知心朋友，才能确保青年学生的成长成才与国家发展同向同行，从而成为"双一流"建设的助推器。伴随着大学的扩招，高校教育改革的深入，高校生源结构越来越多样化，学生思想和素质差异增大，心理问题也日益复杂。习近平总书记在天津调研时对青年学生强调，智商很重要，但情商的培育更重要。因此，为了使学生得到全面发展，更好地应对世界的变化，担负起时代的重任，高校需要更加完备的学生工作体系，辅导员工作成为实现这一目标的重要保障。同时，学生工作的复杂性促使高校辅导员职业逐渐走向规范化，有专门组织和专员管理辅导员工作，并把构建教育、管理、服务于一体的专业体系提上日程，这都要求作为学生工作者的辅导员与时俱进地转变工作观念并提高职业专业化水平。此外，高等教育与国际接轨，要求辅导员必须具备职业能力提升意识。为加强国际交流，使我国更好地参与经济全球化竞争，我国必须通过培养国际化人才来提高我国的国际竞争力，同时，也促使高等教育逐渐与国际接轨。这些都对高校辅导员的专业能力、思想水平以及政治修养提出了更高的要求。为此，高校辅导员必须不断总结实践经验，建立职业知识体系，探索与国际接轨的专业知识体系，应对新形势下的工作需求，不断朝着职业化发展方向奋斗。

高校要通过建立系统的辅导员培训体系、科学化的队伍建设机制和完善的管理与工作机制，形成辅导员提升职业能力的制度保障。制度建设是辅导员职业化、专业化的基础。科学有效的培训体系是辅导员职业能力建设的核心手段，队伍整体建设则是辅导员职业发展的组织基础。高校的发展进入了新的平台、新的轨道，内涵式发展、质量的竞争使学校更加注重精准、精确发展。同时，高校已经进入社会竞争体系之中，就业难、考研难、创新难等问题成了人才培养的难题。辅导员工作要适应高等教育发展的需要，就不得不将职业能力建设置于发展和变化之中。总而言之，高校的发展促使体制机制及保障体系不断完善与创新，并为高校辅导员职业能力提升提供重要保障。

最后，个体的全面发展是辅导员不断促进个人职业能力提升的源泉。在大多数情况下，人的行为是从个人视角出发做出的。辅导员个体人生理想的实现要以个人职业梦想的实现为基础，而个体的全面自由发展是辅导员个人职业能力建设的原动力，能使个体按照个性化需求不断学习、磨炼、实践，最终实现个人职业目标。而在当今这样一个知识更新速度快、信息化发展的社会，辅导员要谋求更好的发展，不断提升专业素养和知识储备，就要实现自身专业化的发展。一方面，辅导员要主动通过专业化的培训不断提高自身素质，更好地持续地为大学生提供优质、专业化的教育与管理服务；另一方面，辅导员要按照《标准》规范自身职责、健全辅导员的发展与管理机制，更妥善地处理好社会认同问题。总的来说，辅导员自我意识的觉醒，是辅导员将自己作为研究对象，深入思考和研究个人的价值的结果。辅导员要通过提升个人职业价值认同来强化个人的职业意识，成为主体极度认同的社会角色,从而大大激发辅导员个人职业能力提升的意愿,形成职业能力提升的源泉。

综上所述,高校辅导员的工作关系到立德树人的根本问题,关系到高等教育为国家建设、社会发展、民族振兴,为国家输送什么样的人才的问题。大学生普遍处于稳定心理结构形成之前的阶段,他们的自我认知、社会关系等尚处于萌芽阶段,面对学业的迷茫、情感的困惑和就业的压力等多重困难,他们急需外界的有效帮助。这就要求辅导员不断实现专业化发展,以更好地满足大学生的成长需求,引导大学生走出思想困境。大学生的问题具有典型的时代性、发展性,这极大地拓展了辅导员开展新时期高校思想政治教育工作的职业空间和职责范围。因此,推动高校思想政治教育工作不断向纵深发展,通过加大社会支持,完善高校的保障体系和增强辅导员个人职业意识,来加强辅导员个人职业能力提升意识,已成为推动辅导员职业不断实现专业化发展的重要途径。

第三节 完善高校辅导员的职业认同体系

"职业认同是主体对具体职业的角色认知、情感体验和行为倾向,也是个体从自己的经历中逐渐确认自己为某一职业角色的过程。"它既指一种状态,这种状态体现了辅导员对自身所从事职业的认同程度;同时也是一种过程,这个过程体现了辅导员在自身工作实践中逐步完善自我角色确认的过程。辅导员职业认同是增强职业归属感的基础。辅导员在职业活动中要明确职业目标,以专业化、职业化培养的途径,全面提升自身的综合素质能力,最终实现理想的职业目标。高校辅导员职业认同关系结构图(见图8-4)清晰地显示出个体认同、学生认同、学校认同、社会认同四个方面的统一。其中,学生认同、学校认同、社会认同直接影响着辅导员自身职业认同度的高低;同时,个人情绪因素、社会地位因素、福利待遇因素、成长经历因素也对自身职业认同度有着重要影响。

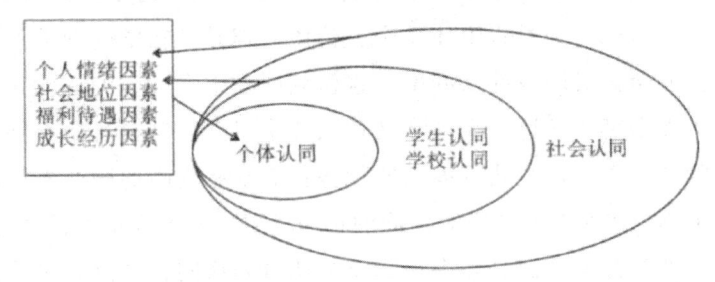

图8-4 高校辅导员职业认同关系结构图

一、营造高校辅导员职业认同的社会环境

环境（Environment）包括自然环境和人文环境，社会认同环境属于人文环境的范畴。无论是自然环境还是人文环境都会对人的思想、行为和情感产生影响。开放的、阳光的、积极的正向性环境，帮助人借用周边环境因素来消除负面的落后的价值影响，从而使人与环境高度契合，使人的才智充分发挥。亨利·塔菲尔的社会认同理论将个体认同与社会认同做了明确区分，辅导员的个体认同较之对辅导员群体的认同是辅导员职业认同的核心。辅导员要能够正确认识自身所从事的职业，认同辅导员职业群体，同时形成职业内部的偏好并对群体外偏见形成正确认识，以此来维护职业自尊。而通过职业内外部的对比，不断提升个体对自己职业群体的认同，是提升自己职业的社会认同的关键。全国辅导员职业能力大赛、"全国高校辅导员年度人物"评选、辅导员名师工作室建设、高校辅导员专项博士培养、全国高校辅导员培训基地建设、教育部人文社科高校辅导员专项课题研究等工作增强了高校辅导员职业的影响力，扩大了高校辅导员的宣传和影响面，能帮助更多社会其他领域的人，特别是大学生的家长们对高校辅导员形成正向认同，也能在很大程度上增强辅导员对辅导员职业的社会认同感，体现了极强的激发力和号召力。有研究者谈到，优秀辅导员的基本角色形象是"爱的守护者、专业引导者、'舞台'搭建者以及理论探索者"。调查结果显示，69.23%的被调查者认为辅导员职业认同度低是导致辅导员队伍不稳定的重要因素。因此，在社会认同理论的视角下对高校辅导员身份认同进行研究有重大意义。

辅导员处于社会职业环境中，形成的社会文化心理、职业自觉及人际环境，对辅导员职业角色的认可、职业价值及职业发展状况都会产生影响。美国社会学家里斯曼将社会性格分为传统导向型、自我导向型和他人导向型社会性格。对辅导员来说，这三种社会性格特征都对其产生了较大的作用力，但他人导向作用占据了较大份额，而且效果明显。教育坚持以学生为本，辅导员对学生开展教育、服务与管理，并在这样的过程中体现个人价值。辅导员在学生的满意度、社会的认可度中，提升个人对职业的认同度，这份认同是来自社会的认同。辅导员融入社会这个陌生而多变的环境，在社会文化系统中得到提升自身职业能力素质的动力。在整个社会当中，社会认可度高的优势行业享有更高的职业美誉度，这必将促进从业者个体的职业态度和职业信仰的正向发展，并形成良好的循环互动关系。辅导员要在一切社会关系的总和中得到充分认可和认同，是需要多系统、全方位的努力才能实现的：一是加强辅导员典型人物、典型事例的宣传；二是提高辅导员职业选聘的专业化水平；三是畅通辅导员职业的发展通道；四是发挥专家引领作用。这些都是促使更多人关注辅导员的重要途径，能使辅导员职业得到更高的

社会认同度，从而形成高校辅导员提升职业能力的内生和外部动力。

二、优化高校辅导员职业认同的校内环境

新形势下，高等学校全面开展"双一流"建设，高等学校的内涵式发展、质量之争全面开启，这给高校全体教职工带来了新的机遇和挑战。在"双一流"复杂的系统工程中，一流的辅导员队伍无疑是其中的重要组成部分，必须相应地建成一流拔尖创新人才的成长环境、培养机制和师资队伍，这是系统优化"双一流"工程的必然要求。辅导员作为对学生进行价值引领、思想教育的专职人员，是培养合格建设者和可靠接班人的复合人才，更要自觉地提升自身职业能力和综合素质，在大学生的理想信念、道德观念、价值观念的养成中发挥引领作用。

"双一流"建设给高校辅导员职业认同赋予了新的内涵和要求。辅导员作为培养一流拔尖创新人才的一线工作者，必须对"双一流"建设的时代要求与重要意义有充分的认识，要对"一流"建设标准有准确的把握。"双一流"建设对高校辅导员工作质量提升提出了更高要求，对辅导员的政治站位和价值目标提出了更高的要求，因此，高校要围绕"双一流"建设，着力强化辅导员职业内涵发展，突出强调辅导员工作质量的提升。另外，高等学校内部治理体系的科学化是提升辅导员职业认同的重要保障，而辅导员作用的校内认同是辅导员职业认同的重中之重。第一，明确辅导员思想导师的政治站位。价值观教育是辅导员的主要职责，学生形成社会主义核心价值观，是对辅导员职业的强力回应。对此，高校内部广大师生要形成共识。第二，明确辅导员心灵守护者的重要角色。辅导员的主要任务是抓好学生稳定的工作，这也是学生工作的重中之重。帮助大学生正确面对挫折、对竞争压力、对求职压力、对情感压力，要与学生经常性谈心谈话，对学生进行学业指导、生涯辅导，深入了解学生情况，帮助和引导学生正确解决问题。让广大学生清楚地认识到，当遇到生活困难、情绪问题等生活琐事时可以及时去找辅导员，及时解决问题，以积极阳光的状态来面对学习生活。第三，明白辅导员是大学生就业择业的参谋者。就业创业的压力对大学生来说日趋严重，辅导员需要在就业信息获取、就业政策宣传、职业价值观教育、求职技能提升等方面做大量的工作来帮助学生。第四，明白辅导员是大学生日常生活的管理者。自律、自立是大学生修习的关键课，习惯的养成需要点点滴滴的积累，辅导员对学生进行规章制度和法制教育，不断增强学生的规则意识和法律观念。不难看出，辅导员是一个多角色交互的群体，很多工作处于工作末端的现状是高等教育的客观需求，因此，高校需要创造不断提升辅导员职业认同的体制机制。

高校要通过进一步明确辅导员岗位职责来增强辅导员职业认同感，为其创造良好环境。要营造良好的职业氛围，让辅导员岗位职责上会、发布、上墙，让各

职能部门解读，改变呼风唤雨式地给辅导员安排工作的现象。要打通辅导员成长通道，营造科学的竞争环境。当前，辅导员职业化发展的重要难题就是成长通道不畅通，竞争环境有待改善。大家对于辅导员缺乏学理性的实践成果的认可度不高，教授级的辅导员凤毛麟角，做到教授级别的辅导员往往也会另谋高就，脱离一线学生工作。目前，国家在不断地出台各项激励措施，鼓励辅导员职业终身化。如在国家政策的激励下，东北师范大学王占仁、重庆大学蒲青平、西安交通大学王远等老师获得了思想政治教育杰出人才的称号；大连海事大学曲建武老师获得了全国道德模范称号等。这些杰出的教育工作者都是将学生一线工作当成了自己的终身事业并成了学生工作专家的。此外，各地方教育部门、各高校也应该畅通并完善符合高校辅导员实际的职称评聘渠道，并通过不断完善辅导员工作评价和考核机制，让辅导员工作价值得以彰显。完善辅导员的考核评价机制，首先要从辅导员职业功能和职业定位的角度出发，合理规划考核的参照体系，明确并量化核心内容，让辅导员在进行职业内部规划与外部协调适应的过程时有章可循，从而不断完善个人职业意识，形成职业信仰，大大增强职业归属感与认同感。

综上所述，高校内部的辅导员职业认同是对辅导员职业影响最大、最直接的因素，是让辅导员感受最强烈的。而实现高校内部辅导员职业认同保障体系的科学化发展是提高辅导员职业战斗力和竞争力的根本保证，是辅导员获得职业能力提升的关键因素。因此，不断优化高校内部辅导员职业认同环境体系是当前提升高校辅导员职业认同的突破口。

三、增强高校辅导员从业者的主体认同感

辅导员工作是辅导员创造职业价值的过程，而获得职业价值会让辅导员感到巨大的满足。辅导员的工作对学生来说是润物无声的过程，其价值显现过程也表现出深远性。无论到什么时候，人都有善恶之分，都要反省自己，更要寻找出自己的高贵与美。辅导员从业者对自身善的发现、美的发现和不足的反思，会使其形成职业自觉行为，形成辅导员从业者的主体认同。帮助辅导员形成稳定的职业态度、积极的职业信念，能够帮助辅导员更好地支配个人行为。而职业信念一旦形成便有持久性，这是辅导员提高职业认同的心理动力，是辅导员形成职业自觉的强大动力、支柱。同时，它也有一定的调节功能，能在辅导员职业能力建设过程中起到价值导向的指引性作用。辅导员需要从以下几个方面提升个人的职业认同，进一步坚定职业信念。

首先，客观认识自我。信仰是信念的更高层次追求，人一旦有了信念和信仰，就会形成精神自觉和行动自觉。因此，我们要激励辅导员进一步坚定职业信念，并逐步形成更高层次的职业信仰。辅导员作为从事人的思想工作、精神信仰培育

的专职人员，一定要坚持实事求是的务实精神，正确客观地认识自我，为自己确定合理的奋斗目标并逐步实现目标，这样才能不断增加对自我行为的认同，降低职业倦怠感。辅导员也可以通过明尼苏达多项人格测验、职业能力测评、霍兰德职业测评等不断地认识、完善自我。

其次，做好心理调适。消极的心理应对方式往往会使人无法通过调整状态而恢复正常心态，辅导员可以通过以下几种方法来达到健康的心理状态。第一，运用积极的心理暗示，告诉自己事情可以做好。第二，劳逸结合。辅导员总觉得有做不完的事情，总觉得压力很大，但适时休息并不意味着停滞不前，辅导员要构建个人管理系统，劳逸结合，这样才能更好地胜任工作。第三，培养个人的职业兴趣，将兴趣融入个人职业生活当中，以此为切入点建立起兴趣发展平台，从而形成较好的职业人际关系。比如，可以通过沙龙等方式与同行交流互动，在提高职业技能的同时转移注意力，纾解生活与工作中的压力。第四，坚持体育锻炼，以此来增强信心与勇气，增加干劲和精神，使自己能够身心愉悦地从事辅导员工作，实现精神与物质的协调，这样，个体价值也会逐步提升并得到认可。

再次，丰富个人知识技能。自信心是职业认同的重要力量源泉，丰富的知识技能是获取自信心的重要途径。辅导员要通过丰富个人知识技能，较好地处理个人职业理想与人生理想之间的关系，实现个人奋斗目标，并形成不断发展进步的动力，使内心的丰盈成为自我认同的有力补充。辅导员在实际工作中可以通过学习很多专业技能来确保个人工作的有效开展，提升工作效率、工作质量，增强职业效能感，从而提升个人对职业的满意度，形成较强的职业认同感。

第四节 强化辅导员学习培训制度体系

学习包含主动学习和被动学习。主动学习是学习者积极的学习行为，被动学习是学习者在组织要求或任务驱动下的学习行为，无论是主动学习还是被动学习都是提升个人知识技能的过程。我们可以肯定，人的发展是在不断学习的过程中得以实现的，人只有学习才不会被淘汰。因此，辅导员要在巩固基础、传承优良传统的基础上，不断培养应对新问题、新挑战的能力。这是一个不断成长的过程，需要辅导员职业主体内外部因素共同努力、相互协调，这包括国家的顶层设计、政府科学有力的支持、高校系统的贯彻落实及辅导员个体的主观努力等。构建完整的学习培训体系，是辅导员提升个人能力素质的必由之路。学校要通过完善辅导员学习培训体系、创新学习方式、改进学习方法等，不断丰富辅导员职业能力提升的方式方法，真正实现理论与实践的有效结合。

一、制定辅导员学习培训规划

学校要构建培养、完善与提升一体的辅导员能力提升学习培训保障平台，形成职前学习有基础、岗前培训有系统、在职培训有针对、专业培训有保障、学历进修有渠道的学习培训体系。这一体系包括：1、职前学习：促使辅导员全面认识自己的职业，坚定职业选择；2、岗前培训：能够帮助即将入职的辅导员消除恐慌和不适，做好职前的心理和工作准备；3、在职专业培训：是保障辅导员职业能力提升有针对性、系统性、专业性的重要过程，能确保辅导员顺利高效地做好各项工作；4、学历进修培训：能够保障辅导员专业能力水平提升，助力其个人职业发展，是提升辅导员职业能力的重要途径，对促进队伍稳定、科学化发展发挥着核心作用。

但是，这些学习培训系统都少不了辅导员个人的主动性和培训意识、主体积极性的发挥，只有将职业学习培训融入辅导员个人成长学习系统当中（见图8-5），才能全面提升辅导员的职业能力。辅导员要做好学习培训，就要从以下几个方面做起：

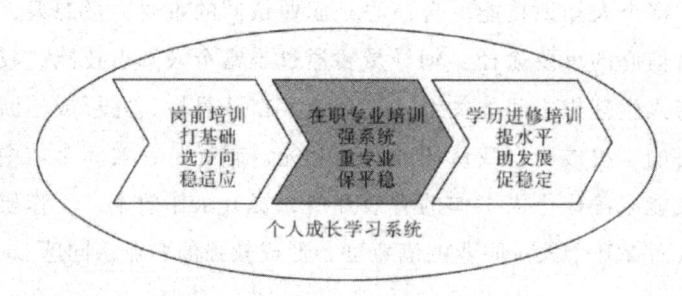

图 8-5 辅导员个人成长学习系统

第一，集中发力，抓住岗前工作培训的关键起步点。在职前培训阶段，辅导员需要系统地集中地学习职业知识，全面了解职业内容，将个人职业规划与工作需求相结合。职前培训的根本目的在于提高辅导员开展各项工作的能力素质，使其更加快速有效地进入工作状态。通过让辅导员系统学习所需职业知识，展示其所需职业技能并对其开展必要的重复训练，可以让辅导员快速地适应新工作。特别是对有理工类学科背景的新入职辅导员来说，这样的职前集中学习培训至关重要。学校通过对辅导员进行有关整体职业发展设计、职业知识、岗位职责、学生工作规章制度、职前团体心理辅导等内容的培训，帮助辅导员对自己未来所要从事的工作有一个整体的认识，搭建起职业能力提升的第一层台阶。

第二，精准实施，用好在职专业培训的专业提升点。抓好工作节点，有针对性地对辅导员开展业务培训，是在职辅导员专业培训的主要内容。针对所带学生的不同阶段所需要的能力进行培训，不仅能够减轻辅导员工作压力，还能在很大程度上提升辅导员工作效率，节约校内资源，防止不必要的问题发生。比如，在新生适应阶段，辅导员需要对学生进行专业认知、集体生活、排除不安全因素等方面的教育。这时候对辅导员进行所需工作能力的训练，可以让辅导员精准把握不同时代大学新生的特点和存在问题，并学习行之有效的解决问题的方法。又如，一二年级阶段是学生容易发生矛盾的阶段，针对所带学生处于这一阶段的辅导员，要进行帮助学生人际交往、维持心理健康及建立团队意识等教育能力的训练。再如，对大三的辅导员开展HR思维视角下就业创业指导能力专项训练，能使辅导员具备应对学生考研、就业和创业等困惑所需要的能力。这些，都需要学校和辅导员共同协作，更有针对性地做好不同阶段辅导员的能力提升体系建设。此外，学校也可以通过构建辅导员阶段化成长帮扶团队的模式，定期拓展团队工作论坛，研讨交流阶段性工作问题，以达到辅导员能力提升的目的；可以通过开展在线学习、专家报告、团体辅导、课题研究、学术论坛等多种形式的活动，来强化辅导员的理论学习和业务能力；还可以通过挂职锻炼、走访调研、观摩考察等方式，让辅导员学习先进的经验，以此来促进个人能力的提升。

第三，整合资源，把握在职学历进修培训的职业发展点。国家要出台鼓励辅导员攻读思想政治专业（高校辅导员专项）博士的政策，制定全国高校辅导员研修与培训管理办法，鼓励更多的辅导员到世界高水平大学学习学生事务管理的成功经验，特别是要继续做好教育部高校学生工作者国外研修计划，派出优秀的致力于辅导员职业化发展的辅导员赴世界一流大学，开展关于学生事务管理及价值观教育的学习研究，并将研究成果转化为中国大学开展学生管理的有效做法。国家也要充分利用专家资源，在辅导员专项博士培养过程中开设相关的课程，促进学习成果的推广，让更多的辅导员受益，达到能力提升的目的。

二、创新辅导员学习培训形式

学习培训的目的是更好地帮助辅导员提升工作成效，而不是在其繁重的工作的基础上增加负担，使其形成消极认知，因此无论是组织还是辅导员个体都应该掌握科学、有效的学习培训方式。辅导员可以通过集中学习与自主学习相结合、理论学习与技能训练相结合、线上学习与线下学习相结合的方式，优化学习的体系结构与内容，充分实现学习培训的能力转化。

第一，集体学习与个人学习相结合。开展辅导员集中培训是提升其职业能力的必选动作。要化解当前高校辅导员培训工作的难题，首要也是必经的一步就是要把加强集体学习和个人学习相结合。集体培训学习多为组织行为，是现代高校辅导员成长为一名合格优秀的辅导员必不可少的环节，主要包括专业化培训和日常培训。专业化培训包括岗前培训、在职轮训和专门进修培训，处于不同职业阶段的辅导员可根据组织或个人职业需求开展学习。目前，无论是社会相关职业资质学习、教育行政部门针对辅导员的专题培训，还是各学校内部的培训都已经较好地开展起来了，这为辅导员集体学习提供了平台。日常培训是学校定期组织辅导员进行业务学习的一种培训方式，通过多渠道、多方式开展浸入式培训，同时就某一专项业务开展不定期培训。辅导员日常培训主要是为应对某一时期或某一具体工作中的问题，为确保工作的有序开展而开展的应对新挑战、解决新问题的学习培训，具有典型的创新性、适应性。

个人学习是指个人的学习行为。辅导员从业者产生不适应、倦怠及迷茫等问题，既有内因也有外因。外因主要是社会和高校的政策保障与具体组织规划不到位，而内因则多为辅导员职业内生涯体系与其职业现实的匹配度不高。其中，内因的影响力更大，同时，内因也会受外因影响。辅导员需要用积极的态度进行自我学习，预防职业倦怠，实现能力和素质的提升。首先，辅导员要认识自身能力，合理制订自我提升的标准。在新时代，面对百年未有之大变局，使命感和压力感要求辅导员积极调整自己，满足不断变化的职业需求。而稳住当下工作，不断应对挑战和压力，需要辅导员掌握自身的职业能力水平、职业性格特征以及自己的能力与实际需要间的差距，更好地适应环境。从内职业生涯体系出发，考虑个人的胜任力是激发个人主动学习和训练的无限动力。把自己想做的事情、爱做的事情做好所带来的成就感，必将促进个体更加主动正向地发展。辅导员要正确看待新形势下高校思想政治工作的复杂性、学生个性多元发展、新技术对工作的挑战等带来的诸多能力新需求，调整好心态和工作状态，不断学习新能力，提升处理新问题的能力，积极地开展工作，从而使问题迎刃而解，提高自身的应对能力。其次，辅导员要加强专业学习，改善知识结构。与此同时，辅导员要高度重视个人品德修养和良好师德的培养，正如孔子所说的，"其身正，不令而行；其身不正，虽令不从"，辅导员只有自身品德高尚，才有立场教育学生。

第二，理论学习与技能训练相结合。学习理论是为了更好地实践，辅导员工作有很强的实践性，而如何将学习掌握的理论知识，通过必要的途径、方法和手段应用到实践当中，就需要辅导员不断地摸索。比如，指导学生党支部工作时，党的基础知识、党支部工作条例等都是辅导员所需要的理论知识。提高大学生党员教育质量是一项需要长期开展的工作，如何将党支部建设、党员示范作用应用到提升全体学生的思想政治水平当中是辅导员需要学习训练的。比如，辅导员记录学生支部工作案例、录制微党课、组织学生赴爱国教育基地接受教育学习等实践，都要以扎实的理论功底为前提。另外，辅导员还需要强化实践技能训练，提升工作实操水平，因为举行学生班团会议、做好学生大会演讲、组织开展各项活动、参与学生自行组织的活动等都需要辅导员用学生喜欢和能够起到教育作用的手段和方法开展工作。此外，辅导员还可以通过专题工作坊、团体项目、主题沙龙及专家辅导等解决理论与实践脱节的问题，确保辅导员工作能力的提升。

第三，线上学习与线下学习相结合。作为新时期的高校思想政治教育工作者，高校辅导员应当对当前网络发展现状有较为清晰的认识，并且能够把辅导员工作与现代化网络工具相结合，在顺应潮流的情况下不断促进大学生身心素质的发展与提升。辅导员通过学习、研究和运用网络技术和工具，不仅可以实现与学生的积极的沟通与交流，还可以对自身理论知识的学习带来积极的影响。辅导员可以通过网络平台接受党和国家的理论教育培训，从而实时跟进了解党和国家的最新情况和政策，提高自身的理论和政策素养。"学习强国""中国大学生慕课"等在线学习平台，"高校辅导员联盟""一直在路上""发哥辅导员工作室""思政学者"等辅导员工作公众号，和新华社、《人民日报》、《光明日报》等思想政治教育学习平台等都是辅导员在线学习的重要平台。这些平台的即时性、便捷性，既降低了学习成本，又大大提升了学习效率。因此，在新时代下，要成为一名合格的高校辅导员，仅仅依靠线下的集体培训和自我学习还远远不够，必须主动将线上学习与线下学习结合起来，不断提升自身职业能力素养，为辅导员工作增添更多的活力，促进辅导员工作的持续性发展。

三、改进辅导员学习培训方法

科学的方法能够起到事半功倍的效果。因地制宜、因时而适、因人而异的理念是对学习培训差异化设计的重要要求，也是提升职业个体学习效率的重要方法。辅导员职业的独特性，以及教育规律的遵循，坚持因人施教、以生为本的原则，使辅导员不断调整学习培训方法，使激励与监督合力，提升学习培训对辅导员职业能力建设的正向作用。辅导员各类职业能力元素构成了辅导员个体职业能力系统，这是一个有机体，其中的各种能力元素相互作用，形成层级关系。如辅导员职业能力金字塔发展层级图（见图8-6）所示，高级层次以低级层次为基础，上下级层次之间形成相互促进、互相保障的关系。下一层次对上一层次的能力素质有着重要的影响作用，同时，上一层次对下一层次的能力素质产生重要的反作用。底层的能力建设体现出基础性、隐性的特征，越往高处，能力的专业性、显性特征就越突出。因此，辅导员要通过强化高级层、丰富中间层、筑牢基础层的方式，构建辅导员学习培训的科学体系，以实现提升辅导员职业能力的主要目的。其中，以下几种方法值得辅导员借鉴：

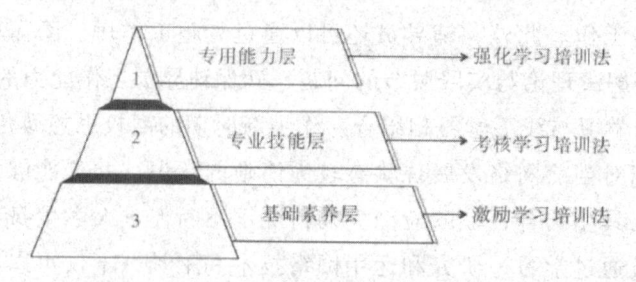

图 8-6　辅导员职业能力金字塔发展层级图

第一，强化核心内容学习培训法，提升辅导员职业能力。辅导员职业能力体系由众多能力元素构成，个体能力的建设是多种能力元素协同作用的结果。这既包括一般的基础素养层次能力，也包括专业技能层次能力，还有职业专用层次能力，并构成了金字塔结构式的能力发展模式。辅导员专用层次能力，是指辅导员履行岗位职责的知识和技能，可以通过培训学习、实践学习和经验总结等方式不断地巩固和提升。该层次的知识技能往往是辅导员选择的某一领域能力的纵深化发展，如心理辅导能力、生涯发展与就业创业指导能力、党员干部的培养能力等。这些能力需要辅导员不断地强化、训练，使辅导员能够充分发挥某一方向的职业特长，赢得更多的自信心。同时，这些能力的范围在不断变化，难易程度也随着工作对象的改变而不断变化，但整体而言，专业技能层次的能力水平要求越来越高，与教育对象的时代特征、复杂程度呈正向关系。

第二，考核专项内容学习培训法，完善辅导员职业能力提升的监督保障体系。辅导员能力的专业技能层介于专用能力层与基础素养层之间，能起到关键的桥梁作用，发挥着产生辅导员职业凝聚力的重要作用，是保障辅导员职业稳定的主要技能层。它包含了调查研究、沟通协调、组织管理、创新思维、压力分解等能力内容，具有方法论、行为学的显性特性。辅导员专业技能是学校开展辅导员评价的主要指标，高校通过出台相应的能力素质考核办法，制订专门的学习培训计划，统一组织辅导员参与学习，并通过不定期的测评和考查监督，对辅导员的学习培训状况进行跟踪。专业技术能力的强弱影响辅导员在职业体系内发展空间的大小，是组织对从业者个体的评价参照体系内容。辅导员只有通过学习培训，学懂弄通悟透，不断将理论与实践紧密结合，才能不断实现个人职业能力的提升。

第三，激励阶段内容学习培训法，夯实辅导员职业的综合能力。基础素养层的能力是辅导员从业者必须具备的最基本的能力，也是最深层次的能力，包括辅导员品格、个性特征、认知水平、责任心、事业心、态度及表达、交际和解决问题的能力等，具有典型的慢效应特征。该层次的能力特征需要辅导员对自我能力水平有正确认识，需要有较强的可迁移性，但该层次的能力往往难于量化。高校可通过提供优越的学习条件、直接的学习保障措施来激励辅导员不断地提升个人基础层次的素质水平。通过激励辅导员自主参加个人基础素养学习培训，促进辅导员职业发展激励动机和职业意识的提升，形成内生发展动力，大大提高辅导员职业能力的综合化发展。学校可以通过赠送书籍、购买学习资源、提供外出实践锻炼机会、去爱国教育基地参观、组织文化沙龙、举办体育活动等多种方式，为辅导员基础素养提升创造条件，提供保障。

总而言之，学习培训是实现辅导员队伍职业化、专业化的必经之路。职业化、专业化建设是一项极其复杂的系统工程，既包括理论学习也包括实践学习，学校应定期组织专题学生工作研讨会，开设学生工作论坛，让辅导员可以通过专家辅导、小组讨论、头脑风暴和研究成果分享的形式进行学习培训。

综上所述，提升辅导员职业能力建设的路径选择，决定辅导员职业能力提升的实际效果。高等教育管理部门及高校需要进一步完善辅导员职业能力提升的政策保障、体制机制和运行模式，通过完善政策制度、强化辅导员职业内外部生涯规划、提升辅导员的职业认同、完善辅导员学习培训体系等帮助辅导员坚定职业理想，提振职业精神，强化职业意识，稳定职业品格，不断提高自身能力建设，实现个体职业目标与组织职业目标的有效融合，在真正意义上促进辅导员队伍职业化、专业化建设，在高校思想政治工作专职岗位上贡献更大力量。

开展高校辅导员职业素养和能力建设研究，既是新时代加快推进教育现代化、建设教育强国的客观要求，也是新时代有效提升大学生思想政治工作质量的重要保障，还是新时代强化辅导员队伍职业化、专业化建设的内在要求。高校辅导员职业能力建设，合乎马克思主义关于人的全面发展理论，处于思想政治价值理论、环境理论和对象理论的研究范畴，依存于辅导员职业化、专业化发展理论。我国辅导员的职业化、专业化发展经过了艰辛的探索过程，但也取得了可喜的成绩，同时也存在很多突出的问题。经过新中国成立以来70多年的探索，特别是改革开放以来40多年的实践摸索，我国高校辅导员职业能力建设的基本内容逐渐清晰，有了基本的目标与原则，探索出了高校辅导员职业能力的构成要素，探明了提升高校辅导员职业能力建设的基本方法，初步构建了提升高校辅导员职业能力的模型。但是，高校辅导员职业能力建设具有很强的理论性和实践性，需要从理论到实践，再到理论再到实践的不断往复，既要重视理论研究，又要落实于实践。高校辅导员职业的历史性、时代性和技能性，决定了该领域研究的可变性和持续性。尤其是2014年3月，教育部印发《高等学校辅导员职业能力标准（暂行）》，规范了辅导员的工作职能和内容，推进了辅导员队伍建设体系的完善，加快了辅导员专业化的实现。但上述《标准》尽管从职业概况、基本要求、职业能力标准三个方面阐述了构建高校辅导员队伍能力的标准体系，也只能有限地提出一些较低层次的专业化要求，还存在高校辅导员职业能力建设内容不够完善、发展层级水平难于界定、执行条件不健全、素质能力要求与辅导员实际工作不对称、素质能力提升与工作新问题发展不同步、素质能力发展与高校综合改革要求不匹配、素质能力水平与从业者个体能力不协调，以及职业认同度不高、队伍不稳定、标准难以量化等影响建设的突出问题。对于这一系列问题，只有在深入分析的基础上，坚持运用马克思主义理论的基本理论、思想政治教育工作的基本原理，并结合职业发展的规律才能找到解决路径。总体来看，提升辅导员职业能力发展需要完善四个系统：高校辅导员职业能力建设的制度保障系统、高校辅导员职业生涯规划系统、高校辅导员的职业认同系统、高校辅导员学习培训系统。除此之外，辅导员职业能力建设还需要具体结合辅导员职业发展双通道模型、高校辅导员职业能力层次图、辅导员职业意识构成要素图、辅导员职业能力建设意识提升互动关系图、高校辅导员职业认同关系结构图、辅导员个人成长学习系统、辅导员学习培训金字塔结构式能力发展图等的具体建议实施。

　　为了能够更好地促进辅导员队伍建设，推动辅导员职业化、专业化、专家化的发展进程，让更多的辅导员获得职业幸福感，今后还需重点从以下几点继续深化辅导员职业能力的研究。一是加强辅导员学科化视角下的职业能力建设研究。从发展趋势看，虽然目前尚处于萌芽阶段，但从国家的重视程度、教育的需要和辅导员从业者的期盼来看，辅导员专业化、职业化发展是必然的趋势。因此，这将成为相关研究的一个重要方向。二是加强辅导员专业人才培养体系下的职前辅导员职业能力建设体系研究。从人才培养角度考察，辅导员专业人才的培养是未来思想政治教育专业不断丰富和深化学科发展的一个方向，也是辅导员专业人才培养的必然选择。人才培养需要学科体系的支撑，尤其是在高校及学生需要明显加大，管理和服务体系精细化、科学化、信息化、智能化等趋势的背景下，关注职前辅导员能力发展也是一个趋势。三是加强辅导员部分职能的转化机制研究。高校开展"双一流"建设的目的是提升人才培养质量，建成世界一流的大学和学科，培养世界一流的人才。随着我国国际化进程的加深，高校的国际化程度也不断加强，而当前辅导员所从事的大量日常事务性工作在国际上其他高校中基本上都已经由专门的事务部门来承担，不再由辅导员负责了。因此，在重视辅导员职业能力提升的过程中，能力的创新发展与能力转化是并存的，部分职能的转化也就使得其不再是辅导员职业能力建设的内容。四是加强辅导员退出机制的研究。随着高校辅导员队伍的逐渐充实，高校辅导员队伍将不断壮大，加上高校工作内容的变化，辅导员群体的流动性也将随着职业生涯无边界时代到来不断加大。从人才发展的角度看，适当的人才流动是合情合理的，但是过度的流动则会造成队伍的不稳定，影响工作效果和效率。因此，在进行辅导员准入制度建设的同时，建立完善的辅导员退出机制也是当前和今后研究中不能忽视的问题。

综上所述，辅导员职业能力建设是高校建设和发展的重要内容之一，也是提升高校办学质量和人才培养质量的必然要求。坚持"不忘初心、牢记使命"，把握正确的方向，勇立潮头，以职业化、专业化的职业信念和高水平的职业能力迎接时代的挑战，落实好立德树人的根本任务，全力促进学生全面成长，向社会输送德才兼备的具有崇高理想的建设者和接班人，为实现伟大的共产主义目标奋斗终身，这是每一位思想政治教育工作者的工作职责和庄严使命。

参考文献

[1] 黄丽娟.新时代高校思政教育理论与实践创新发展研究［M］.长春：吉林大学出版社，2023.01.

[2] 陈旭，刘宁宁，杨若琳.高校思政教育工作理论创新研究［M］.北京：线装书局，2023.05.

[3] 陶辉，何燕，阙小梅.民办高校辅导员职业能力建设及提升研究［M］.青岛：中国海洋大学出版社，2023.01.

[4] 梁杰华.高校心理健康教育"课程思政"建设研究［M］.长春：吉林大学出版社，2023.01.

[5] 简敏.守正与创新 高校辅导员"六点工作法"［M］.长春：吉林大学出版社，2022.02.

[6] 刘珺，彭艳娟，张立军.社会主义核心价值观与高校思政教育工作理论创新研究［M］.北京：新华出版社，2022.07.

[7] 谷生然，王安平，张晓明.大学生思想政治教育研究 第5辑［M］.武汉：华中科技大学出版社，2022.12.

[8] 蒋瑛主编；邓常春副.高校课程思政的思考与探索［M］.成都：四川大学出版社，2022.06.

[9] 李盛基，曾水英.新时代高校课程思政教育的影响因素及引导策略［M］.哈尔滨：哈尔滨工程大学出版社，2022.09.

[10] 叶琦.高校课程思政理论与实践探索［M］.哈尔滨：北方文艺出版社，2022.09.

[11] 张伟.高校思想政治教育建设与辅导员工作研究［M］.延吉：延边大学出版社，2022.03.

[12] 姚雪兰.新时期普通高校思政理论课教学方法与实践研究［M］.延吉：

延边大学出版社，2022.09.

[13] 付超，庞晓东，梁晓倩.课程思政教育理念引领下的高校体育教学改革与实践探索研究［M］.天津：天津社会科学院出版社，2022.05.

[14] 吕云涛.从理念到实践 当代高校课程思政路径探索［M］.长春：吉林大学出版社，2022.05.

[15] 顾雁飞.新时期高校思政协同育人机制探究［M］.长春：吉林大学出版社，2022.05.

[16] 王斌伟.高校思政工作"三项育人"协同机制构建研究［M］.广州：广东人民出版社，2022.12.

[17] 朱琳.新时期思政理论课教学改革探究［M］.长春：吉林大学出版社，2022.05.

[18] 刘仁三.新时代高校思政育人理论研究与实践探索［M］.北京：中华工商联合出版社，2021.09.

[19] 陈梦莹.辅导员工作实践与探索［M］.长春：吉林大学出版社，2021.01.

[20] 李娟.全媒体环境下高校思政教育改革创新研究［M］.北京：北京工业大学出版社，2020.07.

[21] 何林建.高校辅导员工作实战指南［M］.上海：上海交通大学出版社，2020.11.

[22] 夏吉莉.高校辅导员核心职业能力研究［M］.昆明：云南大学出版社，2020.12.

[23] 彭宗祥.新时代高校工程德育理论与实践［M］.上海：上海财经大学出版社，2020.11.

[24] 王东，陈先.新时期高校思想政治教育理论与实践［M］.北京：九州出版社，2019.05.

[25] 顾永新，刘萍丽.高校思想政治理论课实践教学案例研究［M］.西安：西北工业大学出版社，2019.05.

[26] 史凤萍，边和平，刘薇.高校思想政治理论课教学课程论［M］.徐州：中国矿业大学出版社，2019.04.

[27] 陈胜国.新时代高校思想政治教育创新发展研究［M］.北京：印刷工业出版社，2019.01.

[28] 肖国香.新媒体时代高校思想政治教育十论［M］.长春：吉林文史出版社，2019.05.

[29] 李芳.高校思想政治理论课教学方法科学化研究［M］.北京：中央编译

出版社，2019.03.

[30] 徐原，陆颖，韩晓欧."互联网+"时代高校思想政治教育创新研究［M］.燕山大学出版社，2019.07.

[31] 代黎明.高校思想政治教育实效性研究［M］.北京：北京理工大学出版社，2018.07.

[32] 奚冬梅，胡飒.高校思想政治教育教学与实践研究［M］.北京：光明日报出版社，2018.01.

[33] 徐茂华.高校思想政治教育的时代主题［M］.长春：东北师范大学出版社，2018.02.

[34] 岳云强.高校思想政治教育理论专题研究［M］.北京：九州出版社，2018.10.

[35] 何孟飞.新时代高校思想政治理论教学研究［M］.厦门：厦门大学出版社，2018.12.

[36] 魏榛.高校思想政治与心理教育研究［M］.世界图书出版西安有限公司，2017.06.

[37] 胡飒，奚冬梅.高校思想政治教育教学与实践研究［M］.北京：光明日报出版社，2017.12.